U0451311

本书系全国教育科学规划2014年度教育部青年课题"教育学视野中的隐喻研究"（EAA140343）相关研究成果。

教学隐喻论

高维 著

中国社会科学出版社

图书在版编目（CIP）数据

教学隐喻论/高维著.—北京：中国社会科学出版社，2017.12

ISBN 978-7-5203-1095-6

Ⅰ.①教… Ⅱ.①高… Ⅲ.①教学研究 Ⅳ.①G420

中国版本图书馆 CIP 数据核字（2017）第 234876 号

出 版 人	赵剑英
责任编辑	马 明
责任校对	胡新芳
责任印制	王 超
出　　版	中国社会科学出版社
社　　址	北京鼓楼西大街甲 158 号
邮　　编	100720
网　　址	http://www.csspw.cn
发 行 部	010-84083685
门 市 部	010-84029450
经　　销	新华书店及其他书店
印　　刷	北京君升印刷有限公司
装　　订	廊坊市广阳区广增装订厂
版　　次	2017 年 12 月第 1 版
印　　次	2017 年 12 月第 1 次印刷
开　　本	710×1000　1/16
印　　张	17.25
插　　页	2
字　　数	276 千字
定　　价	75.00 元

凡购买中国社会科学出版社图书，如有质量问题请与本社营销中心联系调换
电话：010-84083683
版权所有　侵权必究

序

高维的《教学隐喻论》即将出版，嘱我作序。我是本书第一个读者，还依稀记得他构想写作初稿时的那些艰辛且充实的过往。几年后，再读这本书，隐约见出他一如既往勤勉治学的当下，重温闻道先后术业专攻的古训，感慨系之。于情于理，都应该写几句话。

记得他入学后不久就向我表达了研究这个主题的意愿，我欣然表示同意。主要有两个方面的原因：一是作为哲学、语言学、心理学等学科的研究主题，隐喻正日渐成为跨学科的研究热点，但在教育学领域，隐喻还没有引起研究者的普遍关注，更鲜有研究者对隐喻进行深入的研究；二是在攻读博士学位之前，高维就已经围绕教育学中的隐喻作了大量的研究，并取得了丰硕的成果。基于自己的兴趣和专长，我相信他可以在"教学隐喻"这个领域产生更多持续性的成果。三年博士阶段的学习和研究是紧张而艰苦的，由于可直接借鉴的资料较少，他的研究常常处于困顿中。可喜的是，高维克服了这些困难，并以优异的表现完成了他的论文答辩。如今，他的学位论文被整理出版，我倍感欣慰。

在本书中，作者对国内外相关研究作了系统梳理，进而建立了自己的分析框架，重点从教学思想和教学实践两个维度展开论述。在教学思想方面，着重探究了教师个人理论中的隐喻形式和公共教学理论中隐喻的助推功能，为教学理论传播和教师个人理论发展提供了有说服力的启示。在教学实践方面，对中小学课程与教学中的隐喻展开了不同层面、不同视角的考察，提出了释放教学隐喻可能价值的教学策略。

以往教育学中的隐喻研究较多地停留于修辞学和教学方法层面，而本书则以认知隐喻理论为基础，将隐喻视为一种认知现象，对教学思想和实践中的隐喻进行了系统的梳理，全面地揭示了其存在状态及认知功能，从理论建构到实践探索都具有不少的创新点。

在理论建构层面，作者指出，"就像我们行走离不开双脚一样，我们的思想和言说离不开隐喻"。一方面，隐喻是教师个人理论独特的表征形式，教师创造和使用的教学隐喻往往被用于反映其教学信念以及对课程、教学和自我的认识。另一方面，隐喻也是公共教学理论发展的助推器，它在教学理论的假设、论证和表述中发挥着重要作用。作者还系统地探讨了中小学教学中的隐喻及其在学生认知和情感发展中的功能。这些探索不仅使教学思想和实践中弥散和潜隐着的隐喻得以清晰化，也使隐喻的认知功能得到了凸显。

在实践探索层面，作者提出了诸多释放隐喻认知功能的应用策略。比如，针对教师个人理论的缄默性以及教师教育课程中传播的教学理论知识的外在化问题，作者提出了基于隐喻促进教师缄默知识显性化和教学理论有效传播的策略与方法。又比如，针对中小学教学中儿童的隐喻思维常常被忽视乃至压抑的问题，作者基于古今教育家的隐喻智慧的启示，建构了教学隐喻应用的基本策略。这些策略对提升教师的隐喻智慧、发展学生的隐喻能力都具有一定的参考价值。

《教学隐喻论》一书是国内教育学领域第一本对教育教学中的隐喻进行系统研究的理论性专著。作为教学论研究中一块艰难开垦领域的成果，本书拓展了传统教学论的研究视域。作为一名年轻学者的新生著作，本书不免会存在这样那样的不足，也正是这些不足为作者留下了有待探索的空间。可喜的是，作者在博士毕业后，没有停下探索的脚步。经过近10年对隐喻的持续关注和研究，他已发表近30篇相关论文，其中多篇被转载，产生了较大的学术影响。

在当今教育"热点"不断翻新、教育研究日益浮躁的情形下，高维能够始终围绕一个领域踏踏实实地推进研究，确有一种咬定青山不放松，任尔东西南北风的坚忍，我以为这难能可贵，值得肯定。借此《教学隐喻论》出版之际，写几句话，既希望他能在这个领域里继续探索，也希望他的这种探索精神能对年轻学者们有所启示。

是为序。

杨启亮

2017年6月

目　　录

绪　论 …………………………………………………………………（1）
　第一节　研究缘起与意义 ……………………………………………（1）
　　一　个人的研究史 …………………………………………………（1）
　　二　教学隐喻：一个被忽视的教育范畴 …………………………（2）
　　三　研究的意义 ……………………………………………………（3）
　第二节　文献述评 ……………………………………………………（4）
　　一　关于教育教学思想的隐喻研究 ………………………………（4）
　　二　关于教学实践的隐喻研究 ……………………………………（10）
　　三　总结与展望 ……………………………………………………（15）
　第三节　研究思路与方法 ……………………………………………（16）
　　一　研究思路 ………………………………………………………（16）
　　二　研究方法 ………………………………………………………（18）

第一部分　隐喻与教学隐喻

第一章　隐喻观：从修辞到认知 ……………………………………（23）
　第一节　隐喻界说 ……………………………………………………（23）
　　一　狭义的隐喻界定：修辞视角 …………………………………（23）
　　二　广义的隐喻界定：认知视角 …………………………………（25）
　第二节　人类赖以认知的隐喻 ………………………………………（27）
　　一　绵延着的隐喻认知思想 ………………………………………（28）
　　二　隐喻：人类认知的基本方式 …………………………………（31）

第三节　无所不在的隐喻 ………………………………………（37）
　　　　一　宗教 …………………………………………………（37）
　　　　二　哲学 …………………………………………………（39）
　　　　三　科学 …………………………………………………（42）
　　　　四　艺术 …………………………………………………（44）

第二章　教学隐喻：教学思想与实践中的隐喻现象 ……………（47）
　　第一节　教学隐喻界说 …………………………………………（47）
　　第二节　教学隐喻的基本特征 …………………………………（50）
　　　　一　情知的统一体 ………………………………………（50）
　　　　二　功能的二重性 ………………………………………（52）
　　　　三　开放与多样 …………………………………………（54）
　　第三节　教学隐喻的生存环境 …………………………………（56）
　　　　一　教学思想 ……………………………………………（56）
　　　　二　教学实践 ……………………………………………（57）

第二部分　教学隐喻与教学思想

第三章　教学隐喻与教师个人理论 ………………………………（63）
　　第一节　教师个人理论视域下的教学隐喻 ……………………（63）
　　　　一　何谓教师个人理论 …………………………………（64）
　　　　二　作为教师个人理论表征的教学隐喻 ………………（66）
　　第二节　教师个人理论的内容及其隐喻表征 …………………（69）
　　　　一　教学信念 ……………………………………………（70）
　　　　二　关于课程的认识 ……………………………………（73）
　　　　三　关于教学技术与艺术的认识 ………………………（74）
　　　　四　关于自我的认识 ……………………………………（76）
　　第三节　不同成长阶段教师教学隐喻的特征 …………………（78）
　　　　一　职前教师 ……………………………………………（79）
　　　　二　新手教师 ……………………………………………（81）

三　经验—专家型教师 …………………………………………（85）
　　四　教育家型教师 ……………………………………………（87）

第四章　教学隐喻与公共教学理论 ……………………………（91）
第一节　教学理论科学化背景下教学隐喻的遭遇 ……………（91）
　　一　自然科学的崛起及其对社会科学的影响 ………………（91）
　　二　教学理论科学化的历程 …………………………………（93）
　　三　教学隐喻的遭遇 …………………………………………（98）
第二节　教学隐喻与教学理论的发展 …………………………（101）
　　一　以水喻教：儒家绵延着的教学理解 ……………………（101）
　　二　生物学隐喻与西方教学理论的发展 ……………………（108）

第五章　教学隐喻在教师教育中的应用 ………………………（117）
第一节　教学隐喻与教师缄默知识显性化 ……………………（118）
　　一　教师个人理论的缄默性问题 ……………………………（118）
　　二　教学隐喻：教师缄默知识显性化的重要方式 …………（120）
　　三　基于教学隐喻的教师缄默知识显性化的意义 …………（122）
第二节　教学隐喻美的意蕴及其理论传播价值 ………………（127）
　　一　教学隐喻美的因素 ………………………………………（128）
　　二　教学隐喻审美心理描述 …………………………………（131）
　　三　教学隐喻的理论传播价值 ………………………………（134）
第三节　教师个人理论与公共教学理论的"对话" ……………（137）
　　一　师范生对教学的隐喻性认识 ……………………………（138）
　　二　教学隐喻应用于教学理论的传播 ………………………（142）
　　三　对教师教育的启示 ………………………………………（143）

第三部分　教学隐喻与教学实践

第六章　教学隐喻与学生的心理成长 …………………………（149）
第一节　儿童的隐喻思维及其教学遭遇 ………………………（149）

一　儿童隐喻思维的诞生 ……………………………………（149）
　　二　儿童隐喻思维的发展规律 ………………………………（152）
　　三　儿童隐喻思维的教学遭遇 ………………………………（155）
　第二节　教学隐喻：学生心理成长的路径 ……………………（160）
　　一　教学隐喻在学生认知发展中的作用 ……………………（160）
　　二　教学隐喻在学生情感发展中的作用 ……………………（164）
　第三节　对相关教学理论的实践观照 …………………………（168）
　　一　皮亚杰的认知发展与学习理论 …………………………（169）
　　二　维果茨基的最近发展区理论 ……………………………（171）
　　三　杜威的思维与教学五步理论 ……………………………（173）

第七章　教学隐喻实践的历史沿革 ………………………………（176）
　第一节　古代的教化隐喻及其当代教学启示 …………………（176）
　　一　儒、道、禅的教化隐喻 …………………………………（176）
　　二　《圣经》中的教化隐喻 …………………………………（189）
　　三　与古希腊哲学逻辑的比较 ………………………………（192）
　第二节　现代教学隐喻的实践探索 ……………………………（195）
　　一　隐喻课程的开发 …………………………………………（195）
　　二　教育家的隐喻智慧 ………………………………………（199）

第八章　教学隐喻在教学实践中的应用 …………………………（207）
　第一节　课程中的隐喻及其教学意义 …………………………（208）
　　一　语文课程中的隐喻 ………………………………………（208）
　　二　科学课程中的隐喻 ………………………………………（213）
　　三　课程中的隐喻的教学意义 ………………………………（219）
　第二节　教师教学隐喻智慧的修炼 ……………………………（225）
　　一　汲取隐喻智慧的资源 ……………………………………（225）
　　二　关注影响教学隐喻效果的因素 …………………………（227）
　　三　了解教学隐喻应用的基本流程 …………………………（229）
　第三节　学生隐喻能力的培养 …………………………………（231）
　　一　学生隐喻能力的构成 ……………………………………（231）

二　学生隐喻能力的培养策略 …………………………………（234）

结　语 ……………………………………………………………（237）
　第一节　隐喻的力量 ………………………………………………（237）
　第二节　对隐喻力量的再审视 ……………………………………（239）
　第三节　研究反思与展望 …………………………………………（240）

参考文献 …………………………………………………………（243）

后　记 ……………………………………………………………（263）

绪　　论

第一节　研究缘起与意义

一　个人的研究史

"隐喻"这个概念对人们来说并不陌生。在中小学时期，我们就被教导隐喻是比喻的一种类型。对笔者来说，关于隐喻的认识在很长一段时间也仅限于此。与隐喻的真正结缘是在硕士研究生时期。在学习中，笔者阅读到了一些涉及教师隐喻的文章。至今笔者仍清晰地记得一个将教师比作"三明治"[①]的隐喻。这个隐喻形象、生动地揭示了教师在社会、家长和学校之间面临的重重压力。在无以言说的隐喻魅力的吸引下，笔者搜集了大量关于"教师是什么"的文章。不同的教师隐喻从不同的视角扩展着笔者对教师角色的认识。当时，教学隐喻的种子已埋入了笔者的心田。随后，笔者开始有意识地关注教育言说中的隐喻表达，发现形象、生动、新颖的隐喻常常引人入胜，使人记忆深刻。然而，至此笔者对隐喻仅有直觉的感受，并无理性的思考。

在硕士学位论文确立对教学隐喻进行研究后，笔者开始阅读隐喻相关的著作。随着对隐喻研究的逐渐了解，笔者日益发现自己原初对隐喻认识的肤浅，隐喻存在的广泛性及其力量完全超出了笔者的想象。在隐喻跨学科研究的知识背景下，笔者对教学理论中的教学隐喻进行了系统的考察，分析了教学隐喻演变的脉络及其原因，并进一步探究了教学理

---

① 佚名:《中国教师是三明治?》，2006 年 8 月 16 日，腾讯网·教育频道（http://edu.qq.com/a/20060816/000220.htm）。

论中教学隐喻的认知功能。① 硕士学位论文对教学隐喻的初步研究奠定了笔者以后研究的基础。

进入博士研究生学习阶段，笔者开始了对反映教师教学思想②的教学隐喻的思考，并做了一些研究③和实践④。同时，笔者开始关注中小学教学实践中的隐喻现象。随着理论视野的开阔，笔者日益认识到，隐喻不仅仅广泛存在于教学思想中，课程知识及其教学中同样弥漫着隐喻。与教学思想中的隐喻相比，教学实践中的隐喻更加异彩纷呈。隐喻的魅力继续吸引着笔者探索的脚步。

二 教学隐喻：一个被忽视的教育范畴

隐喻犹如活跃的精灵，广泛地存在于教学思想与实践中。然而，这样一种广泛存在的教育范畴，尚没有引起教育研究者应有的重视。

许多研究者迷恋教育学的科学化，过分追求教育学概念的明晰和逻辑的严密。在此过程中，他们忽视甚至排斥隐喻，认为隐喻是非科学的。然而，19世纪末20世纪初以来，教育学迷恋科学化，并没有使其在科学之林中获得美名，反而失却了古代和近代教育思想的灵动和活力。⑤ 事实上，隐喻作为教育教学言说的基本方式，在教育教学理论中从来就没有消失过。现当代经典的教育教学理论，如杜威的实用主义教学理论、建构主义教学理论、后现代教学理论也都蕴含着丰富的隐喻。只是研究者们更加重视这些理论中的概念和逻辑，而忽视了其中的隐喻语言。这些理论中的隐喻不是可有可无的，而是在根本上支撑着这些理论的展开。

在许多专业的教育研究者忽视甚至排斥隐喻的同时，隐喻语言为教

---

① 高维：《教学理论中的教学隐喻研究》，硕士学位论文，南京师范大学，2010年。
② 严格来讲，"教学思想"通常指对教学的逻辑化和系统化认识。本书在宽泛的意义上使用"教学思想"概念，其泛指各种对教学的认识，与"教学观念"的含义相近。
③ 高维、李如密：《教师教学隐喻图画的比较研究》，《上海教育科研》2011年第7期；高维、刘文娟：《幼儿园教师是什么——学前教育专业学生对幼儿园教师隐喻的理解》，《幼儿教育》（教育科学版）2011年第7—8期。
④ 2010年9月到2011年1月，笔者负责两个本科班教学论课程的教学。在此过程中，笔者初步将教学隐喻应用于教师教育课程中并收集了一些一手资料。
⑤ 高维：《教学理论中的教学隐喻研究》，硕士学位论文，南京师范大学，2010年，第1页。

育实践者广泛地使用着。也许他们无法给教学下一个明晰的定义，但是每一个教师都可以通过隐喻来表达其对教学的理解。这种理解是开放性的和个体性的，它体现了教师对教学的独特的体验和认识。当前，教师的隐喻语言受到了一些教师个人理论研究者的重视①，但是他们往往仅将隐喻视为教师个人理论的表征形式，没有从更宽广的学术视野对其进行探讨。

在教学实践中，过于尊奉科学知识、过于强调逻辑思维，忽视甚至漠视隐喻思维在一定程度上造成了学生思维的桎梏和想象力的缺失。虽然一些教师也有意识地在教学中使用隐喻，但在他们那里隐喻仅仅被当作一种促进学生理解抽象知识的教学方法。当代语言学、哲学、心理学等学科的研究发现，隐喻在人类文化中居于关键的地位。隐喻不仅弥散于人文知识中，也广泛地存在于科学知识中。然而，除了语文学科普遍将隐喻视为一种修辞，数学和自然学科常常将类比视为一种推理方式，英语学科主要将隐喻视为词汇教学的手段外，教学实践中的隐喻现象并没有得到更深入的探讨。

总之，隐喻在教学思想与实践中广泛存在，并具有重要的价值。我们需要对隐喻的价值和功能有更深入和明晰的认识。以"教学隐喻"为主题的研究，将对其中的一些问题进行澄清。

三 研究的意义

在当代隐喻认知思潮的背景下，教学隐喻研究具有多重意义。

其一，有利于教师反思和建构自己的教学思想。广大教师也有自己的教学思想，只是在许多情况下，教师的教学思想处于一种缄默的状态。如果通过隐喻的形式，促进教师对自己缄默知识的显性化，将有利于教师对自身教学思想的反思和构建。同时，针对当前教学理论课程所传授的教学理论往往游离于教师个人教学思想之外的现状，通过隐喻的形式传达教学理论有利于教师对各种理论及其本质的理解。在教师教育课程中，基于隐喻将教学理论与教师个人教学思想一同在课堂上讨论，更有利于教师形成具有反思性和开放性的教学思想。在此过程中，教师将对

---

① 当前我国的相关研究成果参见陈向明、鞠玉翠、姜美玲、吴卫东等人的著作。

隐喻的功能有所认识，并可能将隐喻运用到自身的教学中去。

其二，有利于培养学生的隐喻思维和创造力。人类文化在很大程度上都是隐喻性的。在教学实践中教师揭示课程知识中的隐喻现象有利于学生对知识本性及其产生过程的认识。教师以隐喻的形式开展教学也有利于学生对抽象知识的理解。当前中国学生创造力的缺失，一定程度上在于学生的想象力被过于强调逻辑的教学桎梏了。重视隐喻在教学中的运用，并有意识地培养学生的隐喻思维和能力，将有利于学生创造力的培养。同时，隐喻思维是中国传统文化最鲜明的思维方式。探讨教学中的隐喻问题，需要挖掘传统文化的精髓，这也是对传统文化精华的弘扬。

其三，有利于扩展教学论学科的研究视域。在教学论学科的视野中，对教学思想与实践中教学隐喻的研究，作为教学论研究中一块很难开垦的领域，有利于扩展传统教学论的研究视域。首先，对教学理论中教学隐喻的深化研究，将进一步明确教学隐喻在教学理论发展中的价值，进而丰富教学研究的方法论。其次，将培养学生的思维能力尤其是隐喻思维能力作为教学的一个重要目的，有利于完善教学的目的论。最后，对教学实践中作为教学策略的教学隐喻进行研究，有利于丰富教学的方法论。

第二节 文献述评

在语言学、哲学、心理学等学科的隐喻研究的背景下，20世纪80年代后教育学视域中的隐喻研究开始增多并日益呈现出蓬勃发展的态势。这些研究可以分为两大方面：关于教育教学思想的隐喻研究和关于教学实践的隐喻研究。

一 关于教育教学思想的隐喻研究

（一）国内教育教学理论中的隐喻研究

在教育学科学化及其弊病的背景下，自20世纪90年代开始，我国教育学中对隐喻的专门研究开始出现，其后出现了不断增多之势。时至今日，积累了一些研究成果。下面对其中的重要内容进行简要的梳理。

1. 隐喻的价值

隐喻在教育理论的形成和转换中具有重要的价值。赵蒙成探讨了隐喻在教育理论形成过程中所发挥的激发研究灵感、厘定研究目标、提出理论假设、表达研究结果等作用。① 折延东和龙宝新则探讨了隐喻的转换在教育理论研究体系重构中的作用。他们研究了隐喻转化的三个层面：教育学科和其他学科之间的转换、教育学科内的转换和教育学科与实践的转换。这些转换将有利于推动教育理论的更新、发展和传播。②

以上研究往往是思辨性的论述，缺乏系统翔实的实证支撑。石中英通过对教育学理论中三个隐喻（"洞穴"隐喻、"种子"隐喻、"生长"隐喻）的分析，揭示了隐喻在柏拉图、夸美纽斯和杜威教育理论体系中的根基性的地位。③ 笔者在硕士学位论文中，对古今中外主要教学理论中的教学隐喻进行了梳理和分析，发现隐喻方法是教学研究的基本方法，隐喻在教学理论发展的各个时期，都或多或少、或显或隐地发挥着重要作用，教学理论发展的历史基本上是教学隐喻不断超越的历史。④

如果说以上研究者是对已有教育教学理论中隐喻的元研究的话，还有研究者运用隐喻思维，对教育教学理论进行了创造。如熊和平将课程与戏剧相类比，探讨了"摹仿型"与"间离型"课程观的差异及"间离型"课程取向的价值。⑤ 另外，在教育研究中，还有许多通过其他学科，尤其是自然科学的概念和原理（如自组织等）来类比教育教学的研究。对这些"学科隐喻"，在此不再展开论述。

2. 隐喻的变迁

基于对隐喻价值的认识，一些研究者对教育思想中隐喻的变迁进行

---

① 赵蒙成：《论隐喻在教育研究中的作用与规则》，《湖南师范大学教育科学学报》2008年第4期。
② 折延东、龙宝新：《隐喻在教育理论研究体系重构中的作用》，《教育评论》2004年第2期。
③ 石中英：《简论教育学理论中的隐喻》，《北京师范大学学报》（社会科学版）1997年第2期。
④ 高维：《教学理论中的教学隐喻研究》，硕士学位论文，南京师范大学，2010年，第49页。
⑤ 熊和平：《课程的间离效果与课程改革：基于隐喻的分析》，《教育发展研究》2008年第22期。

了研究。教育思想中或显或隐地存在着支撑它的隐喻,对这些隐喻的挖掘有利于更好地认识这些教育思想,而对不同时期教育思想中隐喻的梳理,更能深入浅出地展现教育思想变迁的过程。正因为如此,我国许多研究者对教育思想中的隐喻进行了梳理和分析。如笔者通过对教学理论发展史的梳理发现,教学理论中的教学隐喻在"源域"上经历了从"自然隐喻""生活隐喻"到"学科隐喻"的扩展过程,在存在方式上经历了从"显性隐喻"到"隐性隐喻"的扩展过程。①

还有许多研究者从隐喻的视角对教育中的一些范畴进行了历史梳理。这些研究包括对教师、儿童、知识、课程、教学、学校等主题的隐喻变迁的探讨。可以分为两个方面:一是对经典教育理论中隐喻的梳理,如钟启泉对怀特海的"消化说"、杜威的"实验说"、弗莱雷的"对话说"、罗杰斯的"人格说"等关于知识的隐喻的梳理②,张灵芝对课程的"脚本隐喻"到"经验隐喻"再到"文本隐喻"的历程的梳理③。二是对日常教育观中隐喻的梳理,如丁炜探讨了传统社会的教师形象隐喻——蜡烛论,现代社会的教师形象隐喻——工程师论和园丁论以及信息社会中的教师形象隐喻——导航者论。④ 这些研究在对隐喻变迁梳理的基础上,往往重点探讨当前具有现实价值的某些隐喻,如钟启泉肯定了基尔的"知识即舞蹈"隐喻,并探讨了其教学论意义及其对我国课堂教学改革的启示。

以上从隐喻变迁的视角对教育教学思想的梳理,大都没有理论创建,但有利于对教育教学思想变迁的反思,也有利于受众对教育教学思想的理解。

3. 隐喻的局限性

在认识到隐喻价值的同时,还有研究者探讨了隐喻的局限性问题。其主要包括以下两个方面。

---

① 高维:《教学理论中的教学隐喻研究》,硕士学位论文,南京师范大学,2010年,第41—43页。

② 钟启泉:《知识隐喻与教学转型》,《教育研究》2006年第5期。

③ 张灵芝:《走向"和合之境"——从隐喻的视角透视课程观的嬗变及走势》,《上海教育科研》2002年第7期。

④ 丁炜:《从对教师的隐喻性陈述看教师形象之变迁》,《教育评论》2001年第3期。

其一，对某一隐喻弊端的分析。当人们独奉某一隐喻而缺乏批判性的反思时，隐喻的迷惑性就会多于明晰性。因此，对某一隐喻的批判性反思是有价值的。曹永国以后现代的立场对"园丁"隐喻所承认的教师和学生之间的二元对立以及教师绝对的权利进行了批判，指出园丁隐喻在很大程度上预示了现代教育的困境并成为制造现代教育困境的"共谋者"。[①] 郑金洲则对"塑造""教育是经济发展的杠杆""蚕""蜡烛"等隐喻进行了探源，并分析了其局限性。[②] 这些反思有利于纠正人们对某一隐喻的过分"崇拜"。不过，我们也应认识到，隐喻在本质上是通过一事物来认识和理解另一事物。教育中的隐喻实质上是通过与其他事物类比，来凸显教育某一或某些方面的特征，如将教师与"春蚕"类比来凸显教师的"奉献精神"，将教师与"园丁"类比来凸显教师对学生的呵护。如果将这些隐喻泛化，将"源域"的所有特征都投射到教育上，所得出的认识很可能是不适当的。因此，我们应该关注隐喻的言说主体和语境，防止隐喻的泛化。

其二，对隐喻思维的反思。有研究者从更宏观的视野对隐喻思维本身进行了反思，如吴卫东指出类比（隐喻）思维是一种不严密和不确定的思维。[③] 隐喻通过一事物来认识和理解另一事物，而不面向事物本身，但事物之间的相似性程度有强有弱，而且不同的人往往会发现不同的相似性。这样，基于隐喻的理论就缺乏客观性，致使其在当代教育科学研究中的合理性遭到质疑。

科学化的教育学言说方式往往是"客观性"的、说明性的，而隐喻是开放性的、启发性的。隐喻注重个体的理解，这弥补了客观主义教育研究的弊病。而且，隐喻在教育研究中一直都或明或隐地存在着，在教育学理论的假设、论证和传播中都发挥着重要的作用。[④] 人们对教育学中隐喻的质疑源于对其缺乏深入的认识。当然，重视隐喻的价值并不代表主张在教育学研究中只使用隐喻这样一种言说方式。由于隐喻本身所具

---

① 曹永国：《论园丁——对现代教育教师隐喻的反思》，《社会科学论坛》2004年第2期。
② 郑金洲：《若干教育隐喻探源》，《上海高教研究》1997年第9期。
③ 吴卫东：《论教育研究中的类比思维》，《浙江教育学院学报》2007年第2期。
④ 高维：《教学理论中的教学隐喻研究》，硕士学位论文，南京师范大学，2010年，第45—47页。

有的不严密性和不确定性，只有将其与事实的、逻辑的言说方式相结合，才能使隐喻性的言说更为明晰，从而更好地发挥它的认识价值。

4. 已有研究存在的问题

我国教育教学理论中的隐喻研究取得了较丰硕的成果，但还存在以下问题：其一，许多研究对隐喻的理解还停留在狭义的认识上，这不利于全面深入地认识教育教学理论中广泛存在的比喻、类比等现象。其二，关于隐喻价值的研究，没有将其放在多元措辞方式①和多元教育研究范式并存的背景下进行探讨。这不利于对隐喻思维和言说方式进行合理的定位。其三，许多对教育教学理论中隐喻的历史变迁的研究，往往就显在的隐喻本身展开论述，没有深入地探究教育教学理论中潜隐的隐喻及其背后认识论以及教育研究范式的转变。这影响了研究的深度。因此，对教育教学理论中隐喻的内涵与外延、变迁历史、认知功能等问题仍需更为系统、深入的研究。其四，除了少数研究教师个人理论的学者，我国研究者鲜有对教师教学思想中的隐喻进行探讨。而且既有的研究者也仅仅将隐喻作为教师个人理论的一种表征。其通过隐喻来研究教师个人理论，并没有对表征教师个人理论的隐喻进行系统的研究。总体来看，我国教育教学思想视域中的隐喻研究主要局限在抽象的理论层面，对教师教学思想中的隐喻关注不够。

（二）国外教师教育视野中的隐喻研究

隐喻在国外教师教育实践中得到了较广泛的应用。笔者曾对国外相关研究进行了综述②，研究发现：国外教师教育视野中的隐喻研究主要涉及隐喻在反映和改善教师教学思想与实践中的作用，教师构建教学隐喻的策略与方法，教师教学隐喻的内容与分类等。这些研究大多具有实证性，并渗透于教师教育课程之中。教师构建自身教学隐喻的策略和方法主要有反思个人生活史和教学史；通过写作和反思日记、句子完形、做PPT等中介；设定教师开发教学隐喻的进程和内容等。

---

① 措辞方式主要有逻辑、事实、隐喻和故事。参见［美］麦克洛斯基：《经济学专业的措辞》，载麦克洛斯基等《社会科学的措辞》，许宝强等译，生活·读书·新知三联书店2000年版，第133—155页。

② 高维：《国外教师教育视野下的教学隐喻研究》，《上海教育科研》2009年第12期。

土耳其学者萨班（Ahmet Saban）也曾对西方教育领域中的隐喻研究进行述评[①]，指出隐喻在教学和教师教育中可以发挥10个方面的功能：（1）反映教师的专业思想；（2）作为教师专业角色认同的原型；（3）作为教师教育者的教学策略；（4）作为教师教育者的教学评价工具；（5）作为教师教学反思的媒介；（6）作为心智的模型；（7）作为发现的工具；（8）作为改进教学的跳板；（9）作为研究的工具；（10）作为课程理论。显然，以上大多数内容都关涉教师的教学思想。

（三）比较与评论

在教师教育的背景下，国外学者进行了大量的隐喻研究，这些研究往往渗透于教师教育课程中，以促进教师的教学反思以及教学思想与实践的改善。与此相对，我国教育教学理论中的隐喻研究主要探讨隐喻的价值、隐喻的变迁、隐喻的局限性等问题。国外的隐喻研究关注教师的教学思想，而对教育教学理论中的隐喻研究不足。我国的隐喻研究主要局限于教育教学理论范畴，对教师的教学思想关注不够。这都在一定程度上造成了理论和应用研究的断裂。我国未来的研究一方面应加强隐喻在教师教育中的应用研究，另一方面应寻求隐喻理论研究和应用研究的相互支撑。以下主要针对教学领域提出一些展望。

教学理论研究的最终目的是为教师形成合理的教学思想服务。我国今后的隐喻研究应该向实践拓展。这可以从以下两个方面展开：一是职前教师教育。教师教育者可以设计课程，通过一定的策略与方法帮助师范生开发自己的教学隐喻，并在同学之间相互交流，以修正和扩展自身的认识。二是在职教师教育。在职教师的教学隐喻反映了他们对教学的认识，其对自身教学隐喻的挖掘和反思，有利于澄明自身的教学思想，并实现对自身教学思想的反思乃至转变。总之，职前教师教学隐喻课程开发和在职教师教学隐喻构建、反思和转变的根本目的在于实现其对教学复杂性和动态性的认识，乃至对教学实践的改善。

教学理论客观主义的主导性研究旨趣以及僵化的传播方式，致使教学理论课程呆板顽固、枯燥无味。这显然不利于教学理论的传播。由于

[①] [土耳其] 萨班：《隐喻在教学和教师教育中的功能》，高维编译，《上海教育科研》2010年第10期。

教学理论中都或显或隐地存在着隐喻，因此挖掘并凸显这些隐喻，用隐喻和逻辑相结合的方式来传播教学理论就成为可能。隐喻本身所具有的情感性、开放性、启发性，将更有利于教学理论受众理解教学理论的本质，从而扩展其对教学的认识。经典著作和教科书中的教学理论只是作为历史的形态存在，面对现实的教学情境，教师需要有自己的教学思想和教学隐喻。因此，在基于隐喻理解教学理论的同时，教师教育者可以鼓励教师发掘、创造自身对教学的隐喻性认识。如此，隐喻的理论研究和应用研究就可能实现初步的互动。

二 关于教学实践的隐喻研究

（一）国内教学实践中的隐喻研究

在我国，除了个别研究者对教学实践中隐喻的人文价值进行了理论探讨[①]外，绝大多数研究者（多数为中小学教师）对学科教学中的隐喻进行了应用研究。这些研究涉及语文、数学、外语、政治、历史、物理、化学、生物等学科，基本涵盖了基础教育的所有科目。其研究内容主要包括比喻（类比、隐喻）的类型、作用、运用原则与方法。其中，通过案例阐释具体操作方法方面的探讨最为丰富。这也体现了中小学教师对应用研究最为关注。

总体来讲，只有极少数研究者关注了教学中隐喻的分类[②]，已有的分类也普遍存在逻辑混乱的问题。许多研究者论析了比喻、类比等在教学中的作用，包括：有利于引起学生的兴趣；有利于学生对新知识的理解；有利于新旧知识的联系；有利于培养学生的创造力；等等。教学中使用比喻、类比的原则问题也引起了一些研究者的关注。如李如密等指出教学比喻应遵循同构性原则、新颖性原则、审美性原则、生活性原则、有限性原则。[③] 范衍道认为类比一定要紧扣题目，具有针对性；类比的例子一定要有吸引力、说服力，而且含意单一；类比完后，应趁热打铁，引

---

① 张祥云：《人文教育：复兴"隐喻"价值和功能》，《高等教育研究》2002年第1期；宋晔：《隐喻语言：一个被忽视的教育范畴》，《清华大学教育研究》2003年第5期。

② 范衍道：《浅谈物理教学中的类比法》，《教学与管理》1992年第6期；魏利群：《巧用类比 轻松解惑——妙用类比法于生物课堂教学》，《教学月刊（中学版下）》2010年第6期。

③ 李如密、刘云珍：《课堂教学比喻艺术初探》，《全球教育展望》2009年第6期。

入正题。①

大量研究结合具体学科探讨了教学中运用比喻、类比、隐喻的实践和案例。如在语文教学中主要涉及比喻修辞的赏析;② 在数学教学中主要涉及比喻和类比在数学概念、公式、法则教学中的运用;③ 在英语教学中主要涉及基于隐喻的词汇教学④等。这些翔实的操作性案例具有较强的应用价值。

在重视比喻、类比等在教学中价值的同时,一些研究者结合学科的特点,谨慎地提出这些方法的局限性。如在物理教学中,类比方法得出的结论具有或然性,其正确与否尚需要实践的检验。⑤ 同时,在使用时,被运用说明问题的相似点一定要清晰明确,否则可能会使学生获得模糊的甚至是错误的观念。⑥

各学科教学中的隐喻研究,在取得丰富成果的同时,还存在一些问题。(1) 对课程知识中蕴含的隐喻的丰富性缺乏系统的认识。无论是科学课程还是人文课程都蕴含着丰富的隐喻,这些隐喻在知识的建构中具有重要作用,但已有的研究仅仅对零星的案例进行分析,且局限在某一学科范围内,缺乏宏观层面的一般考察和分析。(2) 对学生隐喻思维的培养重视不够。已有研究大都从教师教的角度,论述类比、比喻等在学生理解课程内容中的价值及其方法,很少深入探讨指导学生在学习过程和问题解决中主动地运用隐喻思维⑦这一重要问题。(3) 对隐喻思维和逻辑思维的关系缺乏探讨。已有研究往往孤立地谈论比喻、类比的应用及其价值,鲜见将其与逻辑思维一起讨论。隐喻思维和逻辑思维是什么关

---

① 范衍道:《浅谈物理教学中的类比法》,《教学与管理》1992 年第 6 期。
② 徐爱佺:《比喻教学例谈》,《语文教学之友》2008 年第 11 期;李法元:《比喻句探析及其教学策略》,《小学教学参考》2009 年第 7 期;吕巧玲:《探究方法 强化实践——〈雨中〉比喻句的教学片断及评析》,《小学教学设计》2004 年第 7—8 期。
③ 尚继惠:《浅议数学教学中的比喻艺术》,《教育实践与研究》2002 年第 2 期;傅佑珊、古永喜:《类比推理与立体几何教学》,《数学通报》1991 年第 11 期;唐宗明:《数学教学中类比推理的几种方式》,《苏州教育学院学报》(自然科学版) 1993 年第 3 期。
④ 众多的硕士学位论文云集于基于隐喻的词汇教学这一研究领域。
⑤ 叶桂华:《类比方法在物理教学中的运用》,《物理教师》1998 年第 10 期。
⑥ 夏铁成:《物理教学中类比方法的应用》,《江苏教育》1983 年第 6 期。
⑦ 对学生的隐喻思维做较深入探讨的论文有:张显彬:《"论证的方法——比喻论证"教学简案》,《语文教学通讯》2009 年第 7—8 期。

系,以及在教学中如何处理二者的关系是一个需要着重思考的问题。
(4) 对繁杂的实践研究,尚缺乏宏观的理论综合。我国教学实践中的隐喻研究大都是局限于某一学科内的经验性总结①,这些经验总结亟须理论的提升。

(二) 国外教学实践中的隐喻研究

西方一些学者对语言、数学、科学等学科教学中隐喻的存在形态、价值以及应用进行了诸多的研究,发现隐喻在促进记忆、扩充观念、发展创造性思维以及解决问题等方面具有重要的价值。

洛 (Graham Low) 较早将语言学的隐喻研究成果应用于语言教学中,指出隐喻是语言使用的核心,并弥漫于大部分语言系统中,因此,应给予隐喻更重要的地位。基于对隐喻功能的认识,他构建了将隐喻应用于语言课程设计的框架,试图通过教授隐喻来促进学生系统地理解词义,基于明确的观念主题引导学生反思已有的常规隐喻并进行新隐喻的创造。② 在认知隐喻研究的背景下,哈迈 (Randal Holme) 主张在教学活动中,教师应该将隐喻视为一种认知现象,而不仅仅是语言现象。他分析了语言教学中隐喻的多种形式,如比喻、类比、寓言等,并探讨了隐喻在词汇、语法和写作教学中的应用。③ 洛还对外语教学中的隐喻问题进行了探讨。④ 这些问题包括:什么时候将教学内容视为隐喻,怎样对待文化的差异性以及是否应该首先教本义。他认为,我们不能仅仅将当今的认知理论应用于课堂教学中,还应谨慎地思考,将多少隐喻性的语言展示给学生才是合理的。同时,我们还需考虑隐喻在话语(谈话)的层面上是如何被使用的,以便实现我们希望通过隐喻在学生身上实现的目的。

丹尼斯 (Marcel Danesi) 研究发现,"CMT (概念隐喻理论) 是一种

---

① 不过,在外语学科中涌现了大量的基于隐喻认知观的教学研究,尤其是基于莱考夫概念隐喻理论的词汇教学研究。这主要是因为国外关于隐喻的诸多理论最先在我国外语相关专业尤其是应用语言学专业传播。

② Graham Low, "On Teaching Metaphor", *Applied Linguistics*, Vol. 9, No. 2, 1988, pp. 125 – 147.

③ Randal Holme, *Mind, Metaphor and Language Teaching*, New York: Palgrave Macmillan, 2004.

④ Graham Low, "Metaphor and Education", in Raymond W. Gibbs, Jr. ed., *The Cambridge Handbook of Metaphor and Thought*, New York: Cambridge University Press, 2008, pp. 223 – 226.

潜在的非常有力的教学工具，其揭示了各种文本中潜在的隐喻，从文学到数学和科学"，"包含 CMT 的教育学框架，不仅对学生的数学问题解决有帮助，而且可能延伸到各种类型的学习者、学习任务以及教育环境"①。哈什逊（Charles B. Hutchison）等人认为运用叙事或类比是组织学生头脑中知识的一种重要方式，其探讨了科学教师如何运用类比帮助学生组织知识以促进记忆。②

阿布森（Peter J. Aubusson）等人合著的《科学教育中的隐喻和类比》对科学教育以及科学教育研究中的隐喻进行了系统的研究。③ 在课程与教学方面，其探讨的内容主要有：科学发展史上的隐喻与科学教学中隐喻的差别；科学课程与教学中隐喻的存在状况及其存在的问题（如教科书中隐喻的确切性参差不齐，教师在教学中不够重视学生对隐喻的理解）；科学教学中隐喻的基本类型；为达成明晰的理解，教师使用隐喻时可遵循的模式；科学教学中隐喻的情感向度，即隐喻在激发学生学习兴趣和动机中的作用；学生在教学中通过隐喻主动地认知问题。

卡梅伦（Lynne Cameron）对一个由 9—11 岁儿童组成的班级中的教育话语进行了研究，力求揭示隐喻在科学课堂中是怎样被使用的，学生是怎样理解他们遇到的隐喻的，以及隐喻对学习的价值。在对隐喻进行严格界定的基础上，卡梅伦从隐喻的密度和语法形式、常规与非常规隐喻等角度对在班级中收集到的隐喻进行了分析。随后，她还通过两个特定的含有隐喻的文本来测试儿童的隐喻理解能力。最后，她对研究进行了回顾和讨论，指出："在调查到的隐喻中，日常的隐喻占到了多数。新奇的、个体化的隐喻比较少"，"我们不容易将隐喻与其他语言使用，如暗示、比较、夸张、分歧、转喻等相区分，它们之间缺乏清晰的边界"，

---

① Marcel Danesi, "A Conceptual Metaphor Framework for the Teaching of Mathematics", *Studies in Philosophy and Education*, Vol. 26, No. 3, 2007, pp. 225 – 236.

② Charles B. Hutchison and Bobby L. Padgett, "How to Create and Use Analogies Effectively in the Teaching of Science Concepts", *Science Activities: Classroom Projects and Curriculum Ideas*, Vol. 44, No. 2, 2007, pp. 69 – 72.

③ Peter J. Aubusson, Allan G. Harrison and Stephen M. Ritchie eds., *Metaphor and Analogy in Science Education*, Dordrecht: Springer, 2006.

隐喻不仅同时具有理性和情感的功能，而且具有元认知的功能。[①]

唐纳德·桑德斯（Donald A. Sanders）和朱迪思·桑德斯（Judith A. Sanders）基于左右脑分工的研究成果，对人类历史上（孔子、耶稣、佛祖等）悠久的教学隐喻传统进行了梳理，并指出长久以来，我们过于重视左脑的技能，如分析、逻辑的思考、连续性的推理以及文字表达，并将其视为教育之树的主干，现在是我们对这种教育观重新评估的时候了。右脑的技能，如综合、感知、图像、想象对于树的生长同样是重要的，而且其支持着能够长出观念获得、创造性和创新成果的树枝。[②] 由于隐喻在激活右脑方面的功能，因此他们提倡将隐喻作为教学的重要工具，并设计了具有综合性的隐喻课程来贯彻这一思想。

对西方教育领域中蓬勃开展的隐喻应用研究，有研究者进行了反思。如洛指出："隐喻分析在解决教育问题和指示富有成效的变迁方面能够产生积极的作用，但这只有在方法论问题得到澄清以及证据得到严格评价的情况下才可以。"[③] 基于对已有研究存在问题的分析，他指出了21世纪初外语教学中隐喻研究的五个关键的趋势：

（1）许多已有的研究成果仅仅是提示性的（建议性的），这些研究结论来源于小样本和成熟的学习者，并且缺乏后测追踪。而且，当以数据分析隐喻的重要性时，数据的有效性没有被评估。现在所需要的是数量较大的、水平多样的样本，推迟的后测以及对数据有效性的评估。

（2）这些大样本的研究将检验非直接的（隐喻）教学会促进学习的主张，就像其检验直接教学有利于记忆的主张一样。

（3）隐喻教学的多样化的方法和技术仍需要进一步的研究。

---

① Lynne Cameron, *Metaphor in Educational Discourse*, London: Continuum, 2003, pp. 266 - 267.

② Donald A. Sanders and Judith A. Sanders, *Teaching Creativity Through Metaphor*, New York: Longman, 1984, p. 151.

③ Graham Low, "Metaphor and Education", in Raymond W. Gibbs, Jr. ed., *The Cambridge Handbook of Metaphor and Thought*, New York: Cambridge University Press, 2008, p. 215.

（4）教学研究应该联起手来，尝试在语义和应用（实践）水平上，在教学任务和活动中革新隐喻教学材料和整合隐喻教学。

（5）未来的研究应重视对隐喻能力的某些方面的测试。创新性的研究应该确立隐喻能力与一般语言能力是如何吻合的，并发现一条熟练的测量途径，尤其是关于生产性读写能力的测量。[①]

洛对外语教学中隐喻研究趋势的探讨对教学基本理论层面的隐喻研究也有诸多的启示，如要重视大样本的实证研究、隐喻课程的建构、隐喻技术的开发以及学生隐喻能力的测试和培养。

概而言之，国外教学实践中的隐喻研究呈现出了以下几个方面的特点：（1）以认知隐喻理论为思想基点。国外从事教学实践中隐喻研究的一些学者横跨语言学和教育学两个学术领域。这有利于其将语言学中兴起的隐喻认知思想引入教学领域的隐喻研究中，从而开展扎实的学术研究。（2）实证取向。国外教学实践中的隐喻研究基本上都是实证的。卡梅伦著的《教育话语中的隐喻》（2003）是其中的典型代表。（3）重视课程建构。与我国研究者特别重视运用隐喻的方法不同，国外研究者以更开阔的思路试图将隐喻融合于课程设计和教学过程中，甚至有研究者专门设计了培养学生创造力的隐喻课程。（4）一些学者将隐喻作为一个稳定的研究方向。如英国学者卡梅伦和洛是国际隐喻研究和应用协会的核心成员，其长期执着于教育领域中的隐喻研究，并发表了系列研究成果。

三　总结与展望

以上从两条线索对教育领域中的隐喻研究进行了梳理：一是关于教育教学思想的隐喻研究，主要涉及教育教学理论中的隐喻研究和关于教师教学思想的隐喻研究；二是关于教学实践的隐喻研究。总体来看，在教育教学思想领域，中西方的研究取向差异明显。我国关于教育教学思想的隐喻研究，主要局限于教育教学理论领域，而西方更注重教师教育

---

① Graham Low, "Metaphor and Education", in Raymond W. Gibbs, Jr. ed., *The Cambridge Handbook of Metaphor and Thought*, New York: Cambridge University Press, 2008, pp. 226–227.

背景下反映教师教学思想的隐喻研究与应用。在教学实践领域，我国重视教师在教学中如何通过隐喻开展教学，主要局限于教学方法层面的论述；而西方更强调从学生思维和创造力的层面展开研究，且进行了比较规范的实证研究。

总体来看，教育学中的隐喻研究还比较零散，缺乏整合。笔者在这些研究及自身已有研究的基础上，试图以"教学隐喻"为主题，以"认知"为主要切入点，对教学思想与实践中的隐喻现象进行考察。一方面，在教学思想领域，揭示教学隐喻在教师个人理论和公共教学理论中的存在状况及其功能，并基于此在教师教育中沟通教师个人理论和公共教学理论，以促进教师的教学反思和开放性教学思想的形成；另一方面，在教学实践领域，吸收中西方教育家的隐喻智慧，探索通过教学隐喻促进学生认知和情感发展，尤其是提升其隐喻能力的可能路径。

第三节　研究思路与方法

一　研究思路

本书的最初萌芽并不是为了解决现实问题。然而，随着对隐喻研究的渐多了解，隐喻的价值超出了笔者最初的直觉。关于教学思想与实践中隐喻现象的研究和应用有利于诸多相关问题的解决。本书以理论基础与概念框架—关涉现实问题的理论研究—应用研究的思路来形成整体架构（如图0—1所示）。其中，教学思想与实践中存在的问题在研究缘起中已有所提示[①]。这些问题包括教师教育课程及其传播的教学理论的呆板、枯燥，教师对自身教学思想的无意识以及中小学教学实践过于强调逻辑思维，忽视学生的隐喻思维和创造力的培养。要解决这些问题有诸多可能的路径。本书主要从隐喻的视角对这些问题进行研究，并围绕"隐喻的力量"这一核心命题展开对相关问题的探讨。

---

① 关于教学思想和教学实践中存在的问题在本书下文中将进行更系统、深入的分析。

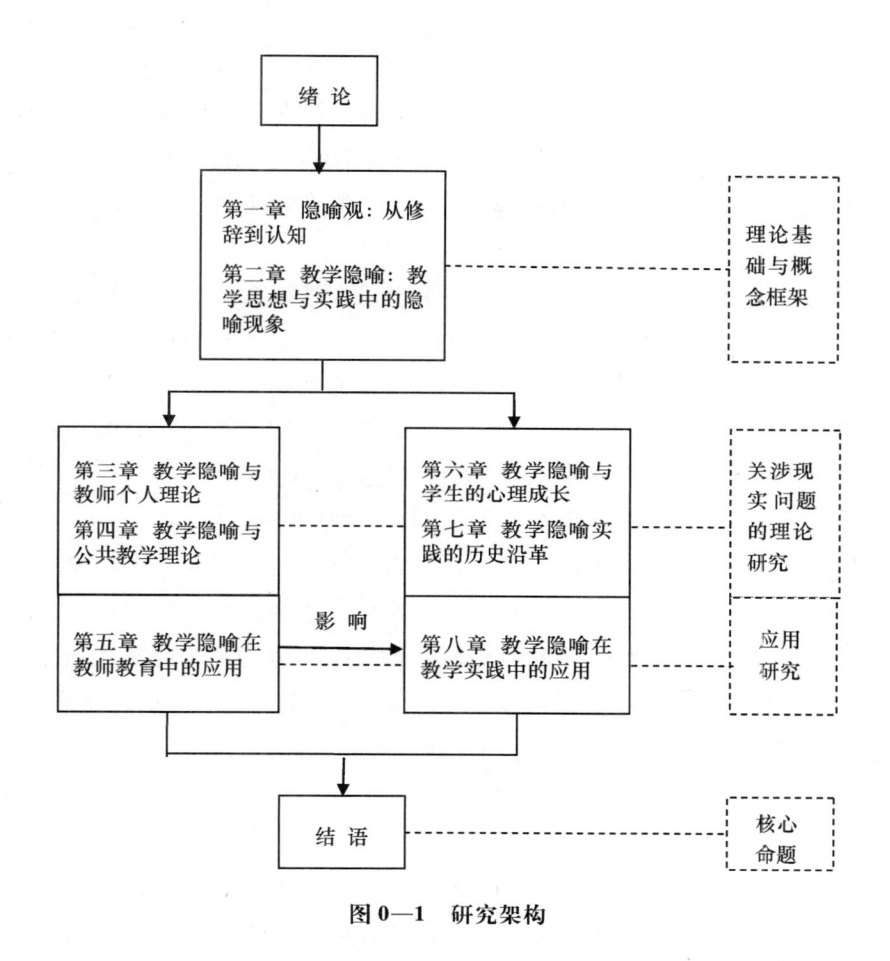

```
                    ┌─────────┐
                    │  绪  论  │
                    └────┬────┘
                         │
              ┌──────────┴──────────┐
              │ 第一章 隐喻观:从修  │         ┌─────────┐
              │   辞到认知          │- - - - -│理论基础 │
              │ 第二章 教学隐喻:教  │         │与概念   │
              │   学思想与实践中的  │         │框架     │
              │   隐喻现象          │         └─────────┘
              └──────────┬──────────┘
                    ┌────┴────┐
       ┌────────────┴┐       ┌┴────────────┐
       │第三章 教学隐│       │第六章 教学隐│      ┌─────────┐
       │喻与教师个人 │       │喻与学生的心 │      │关涉现   │
       │理论         │- - - -│理成长       │- - - │实问题   │
       │第四章 教学隐│       │第七章 教学隐│      │的理论   │
       │喻与公共教学 │       │喻实践的历史 │      │研究     │
       │理论         │       │沿革         │      └─────────┘
       ├─────────────┤ 影 响 ├─────────────┤
       │第五章 教学隐│──────▶│第八章 教学隐│      ┌─────────┐
       │喻在教师教育 │       │喻在教学实践 │- - - │应用     │
       │中的应用     │       │中的应用     │      │研究     │
       └──────┬──────┘       └──────┬──────┘      └─────────┘
              └──────────┬──────────┘
                    ┌────┴────┐                   ┌─────────┐
                    │ 结  语  │- - - - - - - - - -│核心命题 │
                    └─────────┘                   └─────────┘
```

图 0—1　研究架构

　　首先,在第一部分"隐喻与教学隐喻"中讨论研究的理论基础和概念框架,主要包括隐喻的概念、隐喻的认知观,教学隐喻的概念、特征和生存环境。其中对教学隐喻的生存环境做了教学思想和教学实践的划分。基于此,形成了第二部分"教学隐喻与教学思想①"和第三部分"教学隐喻与教学实践"的并列格局。

　　第二部分和第三部分都遵循着从关涉现实问题的理论研究到应用研

---

①　第二部分的教学思想主要包括两个方面,一是教师的教学思想,二是作为公共知识的教学理论。由于研究的需要,本书分别将其称为"教师个人理论"和"公共教学理论"。为表述简便,下文中的"公共教学理论"一般简称为"教学理论"。

究的思路。其中，第三章从横向（教师个人理论的构成）和纵向（教师的不同成长阶段）两个维度分析了作为教师个人理论重要表征形式的教学隐喻。第四章在已有研究的基础上，进一步探讨了教学理论中的教学隐喻及其功能。第五章针对教师教育中普遍存在的问题，基于第三章和第四章的理论研究，初步建构并实践了将教学隐喻应用于教师教育中的设想。

第六章分析了儿童隐喻思维的教学遭遇，进而阐释了教学隐喻对儿童心理成长的价值。在此基础上，第七章和第八章主要探讨教学隐喻价值的实现问题。第七章主要对中西方教育家的隐喻实践进行了梳理，以期获得隐喻智慧的启示。基于第七章，第八章分别以课程、教师、学生为着眼点，建构了教学隐喻应用于教学实践的初步构想。

最后，结语部分重申了本书的核心命题"隐喻的力量"。

需要说明的是，本书的第二部分和第三部分虽相对独立，但绝不是完全割裂的。一方面，这两个部分都围绕着"隐喻的力量"这一核心命题展开；另一方面，中小学教师在教师教育中获得的关于隐喻本质、存在的广泛性及其价值和功能的认识，将对其自身的教学实践产生影响。这样，在第二部分和第三部分之间就获得了合逻辑的联结。

二　研究方法

本书使用的研究方法主要有文献分析法、历史研究法、逻辑思辨法、案例分析法、调查研究法、文本分析法和比较研究法。不同的研究方法适应于不同的研究目的和研究对象。

（一）文献分析法

文献分析法是最基本的研究方法。任何有学术价值的研究都必须建立在已有研究的基础之上。本书通过文献分析法研究的范围主要有：（1）教育学视域中的隐喻研究；（2）隐喻的认知观；（3）关于教师个人理论的研究；（4）关于儿童隐喻思维的研究。其中，对教育学视域中隐喻研究的梳理和分析，一方面可以明晰已有研究存在的问题，找到自己研究的突破点（这部分内容主要反映在文献述评中）；另一方面可以对掌握的大量实证材料进行归纳和综合，进而作为论证自己观点的重要依据。对隐喻认知观的研究将奠定本书的理论基础。在隐喻认知观的影响下，科学史家、科学哲学家和人文学者对科学和人文学科中隐喻的认知性进行了研究。这些研究对我们深入认识课程知识中的隐喻具有重要价值。对关于教师个人理论的研究的梳理，将为探讨作为教师个人理论表征方式的教学隐喻奠定理论基础，并积累大量的素材。对关于儿童隐喻思维的心理学研究的梳理，有利于我们反思教学实践中不利于学生隐喻思维发展的教学行为，并对教师培养学生的隐喻能力具有一定的启示意义。

（二）历史研究法

历史研究法主要应用于对教学理论中教学隐喻的研究和中西方教学隐喻实践的考察两个方面。考虑到笔者在硕士学位论文中已对教学理论中教学隐喻的演变脉络进行了较系统的梳理，本书主要在已有研究的基础上，在教学理论科学化的背景下，对我国古代的"以水喻教"思想和对西方教学理论影响深远的"生物学隐喻"进行历史梳理和分析，以进一步阐释教学隐喻在教学理论发展中的价值。在教学实践范畴，对古代儒、道、禅的"取象比类"的教化智慧，《圣经》中的教化隐喻，以及现代教育家的隐喻智慧进行历史的梳理，以获得将教学隐喻应用于教学实践的启示。

（三）逻辑思辨法

逻辑思辨法包括分析与综合的辩证统一、归纳与演绎的辩证统一等。本书主要通过逻辑思辨法对教学隐喻的概念、特征，教师个人理论的内容及其隐喻表征，不同成长阶段教师的教学隐喻的特征，教师缄默知识显性化的意义，教学隐喻美的意蕴及其理论传播价值，教学隐喻对学生心理成长的价值等问题进行研究。

（四）案例分析法

案例分析法是本书使用的最为广泛的一种方法。将案例分析法与逻辑思辨法相结合是本书进行理论阐释的重要方式。本书采用了大量的案例，这些案例一方面以具体的、形象的方式进一步阐释了理论，另一方面也弥补了一般理论分析"词不达意"的不足。

（五）调查研究法

调查研究法主要应用于了解师范生的"教学思想"。在针对本科师范生的教学论课程中，以作业的形式要求学生撰写自己的教学（学习）生活史并创作反映其生活史的教学隐喻。收集并分析学生的作业以了解其

"教学思想"。这为在教师教育课程中促进师范生的"教学思想"和教学理论的"对话"做好了准备。

（六）文本分析法

本书中的文本分析法主要应用于对21世纪以来的义务教育阶段的语文和科学类课程标准和教科书的分析。对教科书中隐喻的梳理，有利于明晰其存在的基本形态并为阐释其教学意义奠定基础。

（七）比较研究法

比较研究法不是一种独立的研究方法，其往往渗透于其他研究方法中。本书中的比较研究法主要应用于对隐喻思维和逻辑思维的比较分析以及不同领域如宗教、哲学、科学、艺术中隐喻的差异的分析等。对隐喻思维和逻辑思维的比较分析将使我们更清晰地认识隐喻思维的特点，而对宗教、哲学、科学、艺术中隐喻的差异的分析，也有利于明晰其各自的特点。

最后，需要指出的是，以上研究方法不是孤立的。在研究过程中，它们常常相互联系，相互配合，如案例分析法与逻辑思辨法就常常联系在一起。

第一部分

隐喻与教学隐喻

在人类思想史上，隐喻一直备受思想家们的关注。如果说20世纪80年代之前的隐喻思想是不间断的朵朵浪花的话，那么20世纪80年代至今的隐喻研究则形成了层层巨潮。隐喻研究早已成为一门跨学科的学问。西方学者纳派（Noppen）等人在《隐喻Ⅱ：1985—1990出版物分类目录》一书中已列出了70余门研究隐喻的学科。[①] 当代隐喻的跨学科多元研究可以说是"文化深层结构的一场革命"[②]。这场革命鲜明地表现出了相互关联的两大特征：一是将隐喻视为一种认知现象；二是从广义上来界定隐喻。

虽然教育学被列为研究隐喻的学科之一，然而与语言学、心理学等学科相比，其对隐喻的关注要迟缓得多。这在我国的教育学研究中尤为明显。汲取跨学科的研究成果，以认知视角来观照教学相关领域中的隐喻现象，将使我们获得一些新的认识。本部分将主要围绕隐喻和教学隐喻两个核心概念展开。隐喻概念是教学隐喻概念的基础。围绕隐喻的概念，本部分将探讨当前隐喻界说从修辞视角到认知视角转变的趋势、隐喻的认知功能以及隐喻存在的广泛性。围绕教学隐喻的概念，本部分将探讨教学隐喻的基本特征和存在环境。对隐喻和教学隐喻概念及其相关问题的探讨将奠定本书的概念框架和理论基础。

---

① 李福印：《研究隐喻的主要学科》，《四川外语学院学报》2000年第4期。
② 胡敏文：《当代隐喻学跨学科多元研究述评》，《湖南社会科学》2010年第1期。

第 一 章

隐喻观：从修辞到认知

在历史的长河中，西方思想界对隐喻的认识经历了从修辞到认知的转变，而我国思想界对隐喻的认识则经历了从认知到修辞再到认知的双重转变。认知视角的隐喻界说集中反映了隐喻的认知观，关于隐喻认知功能的思想是隐喻认知观的核心内容。在隐喻认知观的视野下，隐喻成了一种普遍存在的文化现象。

第一节 隐喻界说

对隐喻的界定在根本上受到隐喻观的影响。不同的隐喻界定反映了不同的隐喻观。我国当前的公共知识领域仍然普遍地持有狭义的隐喻概念，将隐喻视为一种修辞现象。在隐喻认知研究思潮的影响下，越来越多的研究者开始持有广义的隐喻概念，将隐喻视为一种认知现象。

一 狭义的隐喻界定：修辞视角

我国《辞海》和《修辞通鉴》都将隐喻视为比喻的一种。《辞海》指出，隐喻的本体和喻体的关系，与明喻相比更为紧切，其本体和喻体之间一般用"是"等比喻词，如"儿童是祖国的花朵"。《修辞通鉴》认为，隐喻是以是、成、为、成为、变成、等于等常用喻词构成本体和喻体之间的关系，其本体和喻体比类似更贴近，是比明喻更近一层的比喻。①

---

① 束定芳：《隐喻学研究》，上海外语教育出版社2000年版，第21—22页。

可以看出，我国专业词典普遍认为隐喻是比喻的一种类型，并认为其常见形式是"A 是 B"。在此背景下，我国基础教育界，尤其是语文教学普遍将隐喻视为比喻的一种类型，并对比喻与相关辞格的关系进行了无休止的辨析和"争论"。

这些辨析主要包括：比喻和比较，比喻和类比，比喻和比拟，比喻和对比，借代和借喻，比喻和成语、格言，等等。对这些概念的辨析在一定程度上明确了各概念的内涵和外延。

（一）比喻和比较[①]

比较的应用较为广泛，是确定事物之间同异关系的一种思维与方法。比较一般在同类事物间进行。比喻需要在不同事物之间进行，而且需要发现事物之间的相似性。

（二）比喻和类比[②]

类比是根据两个对象某些属性的相同或相似，推出它们的其他属性也可能相同或相似的间接推理方式。比喻和类比的相似之处在于它们都是从两类不同事物之间找出相似点的思维方式，都可以通过具体的或已知的事物理解抽象的或未知的事物。比喻和类比的不同之处在于，只要找出两个事物之间的相似性，就可以进行比喻，比喻不推出结论；而进行类比时，要充分发掘事物之间的相同或相似点，其是一种逻辑推理方法，需要推出结论。在当前关于隐喻的研究中，有研究者将隐喻分为属性隐喻和事理隐喻，似乎对应于以上关于比喻和类比区别的论述。

（三）比喻和比拟[③]

比拟包括拟人和拟物。比喻和比拟的相同之处在于其都建立在不同事物具有某种相似点的基础之上。二者的区别在于比喻的喻体必须出现，而比拟的本体必须出现。按照这种分析，"伟大的祖国像母亲一样"是比喻，"伟大的祖国哺育我成长"是比拟，且后者中包含着比喻。

[①] 陈奋策：《比喻、比较和类比》，《学科教育》1998 年第 12 期。

[②] 同上。

[③] 郁李：《比拟和比喻的同异》，《语文教学通讯》1982 年第 2 期。

（四）比喻和对比①

针对"桃花潭水深千尺，不及汪伦送我情"这一诗句，有研究者认为是对比，有研究者认为是强喻。这说明比喻的类型复杂多样，而不是通常我们所分类的"明喻、暗喻、借喻"所能涵盖的。

（五）借代和借喻②

借代和借喻都是用其他的事物来代替本体。二者的区别在于：借代依靠的是两个事物的相近关系，借喻依靠的是两事物的相似关系。

（六）比喻和成语、格言③

许多成语、格言中蕴含着比喻，它们是有"交集"的。

可以看出，以上对比喻与相关辞格的辨析，主要是从各辞格的形式特征来区分的。而从许多"辞格"的功能特征，以及许多辞格所共有的形式特征来看，它们之间的区别是可以淡化的。

具体来讲，通过以上比较分析，我们通常所言的比喻与比较、借代的区别较为明显。比较关涉不同事物之间的同异关系，借代关涉不同事物之间的相近关系，而比喻关涉不同事物之间的相似关系。在相似性这一点上，类比、比拟和比喻相同，许多成语和格言也具有比喻的性质。另外，其他范畴如象征和寓言也基于相似性，其与通常所言的比喻也有很强的共通性。

二 广义的隐喻界定：认知视角

当前，认知隐喻学研究蓬勃兴起，比喻、类比、拟人、象征等越来越多地被诸多语言学学者纳入"隐喻"这一概念来进行研究。

这一现象的出现主要是由于目前许多研究者淡化了辞格之间形式的辨析，而在其一般形式，即基于相似点 S，由 A 到 B 的映射的前提下，探讨其功能尤其是认知功能。如莱考夫和约翰逊认为，隐喻的实质是通过一类事物去理解并体验另一类事物。④ 根据这一界定，比喻、类比、比拟

---

① 陈娟：《是"比喻"不是"对比"——与胡志英老师商榷》，《小学语文教学》2007年第4期。
② 编辑部：《借代和借喻 比拟和比喻》，《语文教学通讯》1981年第11期。
③ 孙燕良：《成语·格言·比喻三者关系试析》，《语文教学通讯》1988年第1期。
④ ［美］雷可夫、詹森：《我们赖以生存的譬喻》，周世箴译，台北：联经出版事业股份有限公司2006年版，第12页。

等都具有隐喻性。在美国语言哲学家塞尔的理论中，类比和换喻都属于隐喻的范畴。①

美国语言哲学家戴维·E.库珀认为，我们可以用"字面的"和"非字面的"这两个术语将隐喻的划界问题转化为两个问题：一是隐喻与其他非字面同类的区别，如转喻、反讽等；二是它如何与同类共同区别于字面的。②当前学术研究的趋势是"远离隐喻如何区别于其同类的'内部性'问题，趋向于将它及其同类与字面的相区别的'外部性问题'"。"对提供非字面分类学关注的降低，反映出这样一种认识：在所有传统修辞格中，隐喻具有最丰富的意义，有足够的能力涵盖其他修辞格。"③

我国许多语言学者如束定芳、彭增安、张沛、李醒民等也是从广义上来界定隐喻。束定芳认为："只要是在一定的语境中，某一类事物用来谈论另一类不同的事物就构成了隐喻，那么隐喻就可能在各个语言单位层次上出现，包括词、词语、句子和话语。"这样，成语、谚语、歇后语、诗歌、小说中都蕴含着隐喻。④彭增安在其著作中指出，其所言的隐喻不仅包括明喻、暗喻和借喻，还包括拟人、拟物等。⑤张沛分别从修辞学、诗学、语言学、哲学四个层面对隐喻进行了分类，认为修辞层面的隐喻包括明喻、暗喻、换喻、拟人、反讽等；诗学层面的隐喻包括象征、神话、原型、意象等；语言学层面的隐喻包括语音隐喻、词汇隐喻、句法隐喻等；哲学层面的隐喻包括根隐喻—基干隐喻—概念隐喻、创造相似的隐喻、模型等。⑥科学哲学学者李醒民认为，类比和模型是非逻辑的或非严格逻辑的推理工具，其本质是比较的、比拟的，"一言以蔽之曰'隐喻的'"⑦。因此，可以将类比和模型囊括在隐喻的范畴中。

以上论述和引述说明比喻、比拟、类比、象征等在本质上是有一定的共性的，都可以纳入一个统一的范畴，即"隐喻"。对于隐喻这一名

---

① 张沛：《隐喻的生命》，北京大学出版社2004年版，第181页。
② [英]戴维·E.库珀：《隐喻》，郭贵春、安军译，上海科技教育出版社2007年版，第6页。
③ 同上书，第10页。
④ 束定芳：《隐喻学研究》，上海外语教育出版社2000年版，第36—38页。
⑤ 彭增安：《隐喻研究的新视角》，山东文艺出版社2006年版，第2页。
⑥ 张沛：《隐喻的生命》，北京大学出版社2004年版，第7页。
⑦ 李醒民：《隐喻：科学概念变革的助产士》，《自然辩证法通讯》2004年第1期。

称，有必要给予进一步的说明。

我国古代早期没有隐喻这一专门概念，在文献中出现的是泛指隐喻的"辟""譬""比""依"等概念。① 南宋陈骙在我国古代第一部修辞学专著《文则》中第一次明确提出"隐喻"的概念。但从内涵上看，陈骙提到的"隐喻"概念相当于我们现在所说的借喻，而我们今天所说的"隐喻"，相当于陈骙所说的"简喻"。② 陈望道在 1932 年出版的《修辞学发凡》一书中做出了将譬喻（比喻）分为明喻、隐喻、借喻三种类型的著名分类。③ 这样一种个人知识逐渐成为公共知识，即人们普遍认为隐喻是修辞格，是比喻的一种。

随着对西方语言学尤其是认知语言学的引进，我国学者普遍将西方著作中的"metaphor"一词翻译为"隐喻"（我国台湾学者则将其翻译为"譬喻"）。而很多西方学者使用的隐喻（metaphor）概念具有广阔的包容性。这可能是隐喻概念在我国日益凸显，并"凌驾"于比喻、类比、比拟等概念之上的主要原因。

对于隐喻概念的使用，一些学者做出了解释。如张沛认为，也许称其为"喻"或者"譬喻"更为合适，但此概念当今在学术界已约定俗成，只能从众沿用。④ 事实上，当前，在人们的日常话语中，隐喻一词的使用已经极为广泛，已远远超越其狭义的"暗喻"范畴。当人们使用隐喻一词时，可能实指类比或比喻或比拟等，人们也经常无意识地将这些概念混同使用。

以上足以说明"隐喻"概念的逐步凸显，以及隐喻概念对其他相关概念的统摄力。随着隐喻外延的扩大，它无论在学术语言中，还是在日常生活中，都越来越成为人们普遍使用的一个概念。

第二节 人类赖以认知的隐喻

概念是思想的核心构成要素，以上对隐喻概念变迁的探讨，以聚焦

---

① 胡壮麟：《认知隐喻学》，北京大学出版社 2004 年版，第 207 页。
② 同上书，第 209 页。
③ 陈望道：《修辞学发凡》，复旦大学出版社 2008 年版，第 59—65 页。
④ 张沛：《隐喻的生命》，北京大学出版社 2004 年版，第 1 页。

的方式呈现了当前学术界从隐喻修辞观到隐喻认知观的转变。事实上，隐喻的认知思想在古今中外已经历了漫长的历史。对这些思想的梳理，有利于我们进一步明晰隐喻的认知功能。

一 绵延着的隐喻认知思想

（一）我国古代的隐喻认知思想

隐喻思维是人类最先产生的思维方式。这种思维方式的理论早熟形式，最典型地体现在中国传统文化中。[①] 张沛将我国古典隐喻研究分为三个大的发展阶段，"这三个发展阶段提供了隐喻研究的三个领域及三种模式：秦汉以前为第一阶段，研究重点为认知哲学；汉魏至唐宋时期为诗学研究阶段；宋代以降至清末为修辞哲学阶段。《周易》《文心雕龙》与《文则》即分别代表了这三种隐喻研究的最高成就"[②]。

在秦汉以前，我国古代思想家普遍将隐喻视为言说、认知和理解的重要方式，并明确地肯定了其价值。如孔子讲："能近取譬，可谓仁之方也已。"（《论语·雍也》）孟子也说："言近而指远者，善言也；守约而施博者，善道也。君子之言也，不下带而道存焉。"（《孟子·尽心下》）可以看出，孔孟都肯定了言近指远的隐喻思维方式。除了儒家，我国古代其他各家诸子也对隐喻做了积极的评价。如墨子指出"辞以故生，以理长，以类行"（《墨经·大取》），并将辟（譬）视为七种具体的推论方式之一（《墨经·小取》）。名家的惠施明确指出譬的本质是"夫说者固以其所知谕其所不知而使人知之"，并做出了"无譬，则不可矣"（《说苑·善说》）的论断。淮南子的作者甚至认为："知大略而不知譬喻，则无从推明事。"（《淮南子·要略》）[③]

汉魏以后，我国学者对隐喻的研究重在诗学和修辞哲学。如魏晋南北朝刘勰的《文心雕龙》认为比喻有"敷华""惊听"的修辞效果[④]；南宋陈骙的《文则》在对"喻"进行详细分类之前，首先强调了"喻"具

[①] 王树人：《回归原创之思："象思维"视野下的中国智慧》，江苏人民出版社2005年版，导言第1页。

[②] 张沛：《隐喻的生命》，北京大学出版社2004年版，第50页。

[③] 周山主编：《中国传统思维方法研究》，学林出版社2010年版，第30—35页。

[④] 冯广艺：《汉语比喻研究史》，湖北教育出版社2001年版，第93页。

有"尽其意""达其情"的功能。① 对于我国古代的隐喻研究,王瑶指出其经历了一场从"使人明"到"使人信"再到"使人感动"的修辞化过程。② 在思想实践领域,隐喻的认知观仍潜隐绵延,在根本上塑造着中国文人"天人合一"的思维方式。

(二) 西方早期的隐喻认知思想

西方最早的隐喻研究肇始于哲学派的修辞研究。③ 但无论对隐喻持贬斥态度的柏拉图,还是持赞赏态度的亚里士多德,都将隐喻视为一种修辞现象。亚里士多德虽赞赏隐喻可使事物活灵活现在眼前,但认为隐喻仅仅是一种修辞手段,在明晰的表达中,隐喻是可有可无的。隐喻的修辞思想在古罗马西塞罗和昆体良的著作中达到了高峰。为了培养卓越的演说家和政治家,隐喻在他们那里成了赢得听众好感、打动和说服听众的重要工具。

西方文艺复兴后,科学和理性呈现了异彩纷呈的景象。在这期间,一些著名的哲学家、科学家,如培根、霍布斯、洛克、莱布尼茨等都对隐喻进行了否定性的评价。他们认为隐喻扰乱语言,遮蔽真理。这些著名学者对隐喻的"审判"进一步使隐喻普遍被视为花言巧语的浮华之物。

18世纪早期,意大利语言学家和哲学家维柯出版了巨著《新科学》,提出了他的"诗性智慧"思想。他认为,人类早期文化的创造者都是诗人,诗性思维是他们的思维方式,他们通过隐喻方式创造了各门技艺和各门科学的粗糙形式。④ 这样,维柯就从人类历史和思维本原的角度证明了隐喻的认知功能,这与培根在《诸科学的新世界》里的发现正好相反。⑤ 卡西尔在《语言与神话》(1925年德文版,1946年英文版)一书中也认为人类的知识和文化从根本上是建立在隐喻思维这种前逻辑的表达方式之上的。

维柯和卡西尔的重要贡献在于从人类认识的本原上阐释了隐喻的认

---

① 冯广艺:《汉语比喻研究史》,湖北教育出版社2001年版,第125—126页。
② 张沛:《隐喻的生命》,北京大学出版社2004年版,第107页。
③ 同上书,第21页。
④ [意]维柯:《新科学》,朱光潜译,人民文学出版社2008年版,英译者的引论第37页。
⑤ 同上书,第35—39页。

知功能，并以此攻击了西方哲学主流上将逻辑思维视为人类最基本最原始的思维方式的论断。不过，他们对隐喻思维较逻辑思维更本原的论述主要还是时间上的。如维柯认为，人类思想的次序首先是通过基于相似性的隐喻来表达自己和证明，后来才发展出归纳和演绎的哲学思维方式；① 卡西尔也认为，在神话时代过后，逻辑思维开始发达起来，隐喻思维则主要被保留在文学艺术活动中。②

　　20世纪早期和中期，来自语言学和人类学的研究进一步发展和修正了维柯和卡西尔的观点。1936年，理查兹出版了《修辞哲学》一书。在该书中，他提出了隐喻互动的概念，其后经布莱克提升而形成了与亚里士多德的"比较说"、昆体良的"替代论"三足鼎立的解释隐喻现象的"互动论"③。理查兹认为隐喻在我们的生活中无所不在，"隐喻不仅仅是一种语言的表达手段，而且是人类思维的工具，尤其是抽象思维的工具。隐喻不是语言使用中的特例，不是对语言正常功能模式的违背，而是语言发挥作用的必由之路"④。美国语言学家雅可布逊根据苏联神经生理学家鲁里亚"失语症"观察实验得出的语言学结论对隐喻进行了研究。研究发现，失语症患者主要有两个障碍——相似性障碍和毗邻性障碍。雅可布逊认为这可能与隐喻和换喻有关，由此推断隐喻在语言中的核心地位。⑤ 以上两位语言学家的观点表明，隐喻居于语言的核心，不仅是远古时期人类的思维方式，也是所有时期人类的思维方式。

　　与语言学研究相呼应，来自人类学的研究深化了我们对原始人的思维方式及其与逻辑思维关系的认识。法国人类学家列维—布留尔通过对土著人的研究，揭示了原始人的思维形态。原始人的思维是受互渗律支配的，其极少考虑逻辑矛盾律。他们的思维掌握着客体，同时被客体掌握。"思维与客体交融，它不仅在意识形态的意义上而且也在物质的和神

---

① ［意］维柯：《新科学》，朱光潜译，人民文学出版社2008年版，英译者的引论第183—184页。
② ［德］恩斯特·卡西尔：《语言与神话》，于晓等译，生活·读书·新知三联书店1988年版，第13页。
③ 在下文"隐喻：人类认知的基本方式"部分将对这三种隐喻学说做简要的论述。
④ 谢之君编著：《隐喻认知功能探索》，复旦大学出版社2007年版，第19页。
⑤ 同上书，第22页。

秘的意义上与客体互渗。这个思维不仅想象着客体，而且还体验着它。"①列维—布留尔也指出，现代人类的逻辑思维也不完全排除原逻辑思维，而且逻辑思维是有限度的，内部的互渗感在某些领域如宗教"可以抵消甚至超过智力要求的力量"。因此，"我们的智力活动既是理性的又是非理性的。在它里面，原逻辑的和神秘的因素与逻辑的因素共存"②。基于列维—布留尔的研究，法国结构主义人类学家列维—斯特劳斯提出了"野性思维"的概念，指出野性思维是整合性的类比式思维。野性思维与"辩证思维"的区别仅仅在于二者思维对象的本质不同。他强调指出，野性思维和抽象思维是人类历史上始终共同存在、各司其职、互补互渗的两种思维方式。③

列维—布留尔所言的原始人的互渗性思维和列维—斯特劳斯的"野性思维"概念都蕴含着以己度物并和外物融为一体的隐喻思维方式，他们对原逻辑思维和逻辑思维、野性思维和抽象思维关系的论述同样映照着隐喻思维和逻辑思维的关系。

以上哲学、语言学和人类学的研究虽然关涉隐喻的认知功能，但并没有形成深入、系统的理论论述。莱考夫和约翰逊合著的《我们赖以生存的隐喻》（1980）一书开辟了从认知角度系统研究隐喻的途径，并引领了隐喻的认知思潮。当前，隐喻是人类认知的基本方式的命题为越来越多的研究者所认同。

二 隐喻：人类认知的基本方式

莱考夫曾对西方传统上有关隐喻的偏见进行了概述，包括认为隐喻是修辞性的，而非概念性的；认为隐喻以客观的相似性为基础；认为理性思维与身体经验无关；等等。④ 当前，诸多研究表明，隐喻在本质上是一种认知方式，隐喻广泛地存在于人类的概念系统中，隐喻的创新将改变我们观察和体验事物的方式，乃至我们行为的方式。

---

① ［法］列维—布留尔：《原始思维》，丁由译，商务印书馆1981年版，第428—429页。
② 同上书，第448—452页。
③ 张沛：《隐喻的生命》，北京大学出版社2004年版，第34页。
④ ［美］雷可夫、詹森：《我们赖以生存的譬喻》，周世箴译，台北：联经出版事业股份有限公司2006年版，中译导读第54—55页。

（一）隐喻的本质在于认知

在西方隐喻研究史上，曾出现过三种影响深远的隐喻理论："比较论""替代论"和"互动论"。以亚里士多德为代表人物的"比较论"主张隐喻的本质在于揭示两个事物之间的类比或相似。以昆体良为代表人物的"替代论"主张隐喻的本质在于通过隐喻词来替换具有相同意义的字面词。布莱克认为，"比较"是"替代"的一种特殊情况，"只不过'替代论'着重的是隐喻取代了普通表达方式，而'比较论'则强调被代替的普通说法与代替它们的隐喻说法具有相似的关系"[1]。束定芳指出，无论是亚里士多德的"比较论"，还是昆体良的"替代论"，都将隐喻看作是词语层次上的一种修饰方式，都将隐喻的功能看作是一种可有可无的"装饰"。同时，二者都认为隐喻就其结构和形式来看，都是对正常语言规则的一种偏离。[2] 与"比较论"和"替代论"不同，布莱克在理查兹研究的基础上完善的隐喻"互动论"认为，隐喻实质上是主题和副题[3]之间的互动，隐喻不仅揭示相似性，在许多情况下还创造相似性，创造相似性的过程就是互动认知的过程。他还指出，隐喻的互动论和比较论、替换论的矛盾并没有人们想象的那么大，在许多场合比较论和互动论是有解释力的，但其局限在修辞范畴，没有认知意义，互动论更适合解释通过隐喻认知的情况。[4]

莱考夫和约翰逊进一步明确地阐释了隐喻的认知本质。他们指出："譬喻的实质是藉由一类事物去理解并体验另一类事物。"[5] 这样，隐喻就包括两个域，一个是"源域"，另一个是"目标域"。一般来讲，"源域"往往是具体的或我们熟悉的事物，而"目标域"则是抽象的或我们不熟悉的事物。隐喻通过"源域"到"目标域"的映射使我们用具体的熟悉的事物来理解和体验抽象的不熟悉的事物。

---

[1] 张沛：《隐喻的生命》，北京大学出版社2004年版，第11页。
[2] 束定芳：《隐喻学研究》，上海外语教育出版社2000年版，第3页。
[3] 例如，"人生是一趟旅行"的隐喻中"人生"是主题，"旅行"是副题。
[4] 布莱克：《隐喻》，载中国社会科学院哲学研究所现代外国哲学组编《当代美国资产阶级哲学资料（第3集）》，商务印书馆1979年版，第112—113页。
[5] ［美］雷可夫、詹森：《我们赖以生存的譬喻》，周世箴译，台北：联经出版事业股份有限公司2006年版，第12页。

隐喻的产生不是随意的，其以我们的感知、物理和文化的经验为基础。在远古社会，人类往往通过自身来认识外部事物，这样就产生了"山头""山脚"等概念。随着人类认识的发展，人类开始突破自身的隐喻系统，用外在于自身的存在去把握另一个存在。① 例如，很多概念（如爱、时间等）要么比较抽象，要么未经我们的经验清楚地界定，我们需要借助其他具体明确的概念（如空间方位、物件等）才能掌握它们。② 由于共同或类似的感知和身体经验，处于不同文化的人们分享着一些共同的隐喻。如中西方都共用着"争论是战争""人生是一场旅程"等隐喻。与此同时，处于不同文化和社会的人们，对隐喻的使用也可能存在重大的差异。如龙在我国是地位和权力的象征，而在英语文化中其却被赋予凶残的意蕴。

对隐喻认知和我们通常使用的定义认知区别的探讨有利于我们更深入地认识隐喻认知的特点。对概念的定义通常力求反映事物的本质属性和关键特征，这似乎体现了客观性的寻求。如在客观主义者看来，可以通过"喜爱""情感""性的需要"等词来定义"爱"（love）。但这种定义方式根本无法穷尽"爱"的内涵。在现实生活中，人们更多地通过"旅行""战争""健康"等来理解和表达抽象的"爱"。③ 当然，这里并不是要否定定义的价值，只是要澄明隐喻和定义一样，在我们认知抽象事物中发挥着重要作用。

隐喻往往只能使我们认识事物的某一个或某些侧面。实际上，定义也并非形成了对事物周全的本质的认识，对同一概念的不同定义仅仅可能认识到事物的某一个或某些方面。如母亲的概念有多种定义：母亲是生下子女的女人；母亲是哺育某物者；母亲是双亲中的女性；母亲是直系血统的上一代女性。这些定义从不同角度对母亲进行了定义，分别是出生视角、哺育视角、婚姻视角和遗传视角。④ 任何一种视角都不可能透析母亲的全部内涵，只有多种视角结合起来才可能更全面地认识母

---

① 彭增安：《隐喻研究的新视角》，山东文艺出版社2006年版，第97页。
② [美]雷可夫、詹森：《我们赖以生存的譬喻》，周世箴译，台北：联经出版事业股份有限公司2006年版，第193页。
③ 同上书，第198页。
④ 李福印：《认知模式：隐喻的根源》，《修辞学习》1995年第6期。

亲的概念。这又似乎和通过隐喻方式对母亲的认识具有了一定的相似性。

（二）隐喻建构了大部分概念系统

人类对世界的认知依赖于概念，而隐喻是概念建构的重要途径。在19世纪后半叶，尼采就提出，"一切词语本身从来就都是比喻"，"指称真实的词语和比喻之间几乎没有区别"，"通常称为语言的，其实都是种比喻表达法"。① 显然，尼采已经认识到了隐喻在人类语言中的重要性。而真正从理论上对其进行系统论证的是莱考夫和约翰逊。他们指出："譬喻在日常生活中普遍存在，遍布语言、思维与行动中，几乎无所不在。我们用以思维与行动的日常概念系统，其本质在基本上是譬喻性的。"② 他们所言的隐喻实际上是概念隐喻，或者说是一种隐喻性的概念。这种隐喻性的概念通常隐藏于我们的日常表达中而不为我们所意识。例如，"他反击了我的观点"这一句话中就隐含着"辩论是战争"的隐喻。莱考夫和约翰逊主张，常规概念系统多半是隐喻性建构的。他们甚至认为如果概念系统基本上是隐喻性的话，那么我们的思维和行为方式也多半是隐喻性的。

为了证明其"概念系统基本上是隐喻性的"假设，莱考夫和约翰逊分析了隐喻的三种类型，并探讨了隐喻的系统性问题。这三种类型的隐喻分别是空间方位隐喻、实体隐喻和结构隐喻。空间方位隐喻以概念的相关性来组织概念系统，其大都与上下、进出、前后、深浅、中心—边缘等空间方位有关。例如，上下的概念本是人体的空间方位体验，其被用来组织复杂多样的社会和文化经验。如乐是上（我精神大振）③，悲是下（我情绪低落）；健康是上（他的健康处于巅峰状态），病态是下（他病倒了）；多是上（我的薪水会上升），少是下（他的收入降低）；高位是上（他处于上层阶级），低位是下（他地位下跌）；好是上（事情渐有起色），坏是下（事情处于低潮）；道德是上（他品质高尚），堕落是下

---

① ［德］尼采：《古修辞学描述》，屠友祥译，上海人民出版社2001年版，第20—22页。

② ［美］雷可夫、詹森：《我们赖以生存的譬喻》，周世箴译，台北：联经出版事业股份有限公司2006年版，第9页。

③ 括号中的内容为案例，下同。

（他品行低劣）；理性是上（我们应在理性的层次上思考问题），感性是下（我们应避免感情用事）。① 实体隐喻通过实体和物质来表达我们的经验，这些经验包括事件、活动、情感、观点等。② 如"那片森林开始进入我的视野"这句话中的"视野"被当作容器，其是可以"进入"的实体。又如"我对考试的恐惧令我无法承受"这句话中的"承受"一词最先对应的是物质形态的东西，在此被用来描述精神状态。结构隐喻通过一个清楚描绘的、建构性强的概念来建构另一个概念，其作用远远超过单纯以具身为基础的空间方位隐喻和实体隐喻。③ 结构隐喻通常以"A 是 B"的形式出现。例如，"时间是金钱"就是一个典型的结构隐喻，其广泛地渗透在我们的日常语言中。如：（1）你在浪费我的时间。（2）这几天你是怎么花时间的？（3）我在她身上投资了不少时间。（4）爆胎耗了我一小时。（5）我因病失去很多时间。④

隐喻之所以能够建构我们大多数的概念系统在于其本身具有系统性。隐喻的系统性可以分为内在的系统性和外在的系统性。内在的系统性指一个隐喻可以派生出诸多和谐共存的语言表达。如"争辩是旅行"这一隐喻可以对争辩的起点、进程、逐渐向目标迈进等事实进行描述。外在的系统性指不同的概念隐喻之间的系统性。譬如，"争辩是旅行""争辩是容器""争辩是建筑物"等隐喻从不同的侧面建构和扩展着我们对"争辩"的认识。

（三）新颖隐喻：填补语言空白的方式和认识事物的新视角

以上讨论的是已融入日常语言中的常规隐喻。我们常常对这些常规隐喻日用而不知。与常规隐喻相对的是具有新意的隐喻，或曰新颖隐喻。从历时角度来看，常规隐喻在刚刚被使用时也是新颖隐喻，只是随着人们的反复使用，其逐渐磨损，而融入了我们的日常语言。

隐喻是人类扩展语言以认识和表达事物的重要方式。对于万事万物，人类无法针对每一事物都创立对应的词汇，而且有许多事物是很难用语

---

① ［美］雷可夫、詹森：《我们赖以生存的譬喻》，周世箴译，台北：联经出版事业股份有限公司 2006 年版，第 27—37 页。
② 同上书，第 47—48 页。
③ 同上书，第 119 页。
④ 同上书，第 15—17 页。

言直接描述的。这样，在许多情况下，我们只能运用已有的词汇来隐喻性地描述这些事物。例如，在计算机科学的发展过程中，办公室（office）这一名词被用来指称办公软件。与之相关的词汇有文件夹、桌面等。这是在用关于办公室的语言对计算机软件进行命名，其鲜明地体现了隐喻的指称功能。这些隐喻在刚开始被使用时，是具有新颖性的，只是随着不断被使用，其新颖性不断磨损。

新颖隐喻除了通过旧词或词组的联合来表达新的意义外，更重要的价值在于可以使我们获得认识事物的新视角。如"问题是化学反应的沉淀物"① 就是一个创新的隐喻。一般人们不谈或很难想象问题与沉淀物的相似性，这一隐喻使人们认识到：问题会被化解，但还是会出现（就像沉淀物一样）。

新颖隐喻的不断涌现促进着人类语言的扩展和思想的进步。亚里士多德讲"善用隐喻是天才的标志"，我们可以认为能够创造新颖隐喻更是天才的象征。隐喻的创造离不开创造者对"源域"和"目标域"的相似性的把握。根据相似性的性质可以将隐喻分为基于相似性的隐喻和创造相似性的隐喻。② 具体来讲，基于相似性的隐喻是指在接触隐喻之前，人们已经知道两个事物之间的相似性；创造相似性的隐喻指在某个隐喻将两个事物相类比之前，人们并没有认识到二者的相似性。③

新颖隐喻往往创造相似性，而这需要创造者具有丰富的想象力。只有具有丰富的想象力，才能以独到的视角获得新的发现。布莱克曾对创造相似性的隐喻有精辟的论述。他说：在形成隐喻之前，我们常常陷入困境而找不到两个事物之间的字面上的相似性，隐喻的形成往往是我们主动地使二者形成联系。"在这些场合中，说隐喻造出了相似性比说隐喻表述了先已存在的某种相似性，是更加说明问题的。"④ 布莱克还用在电

---

① ［美］雷可夫、詹森：《我们赖以生存的譬喻》，周世箴译，台北：联经出版事业股份有限公司 2006 年版，第 240—241 页。
② 束定芳：《隐喻学研究》，上海外语教育出版社 2000 年版，第 58 页。
③ 当然，相似性本身就是一个非精确的概念，并不存在绝对客观或主观的相似，人们对相似性的把握往往与自身的阅历、所处的社会和文化等因素有关。
④ 布莱克：《隐喻》，载中国社会科学院哲学研究所现代外国哲学组编《当代美国资产阶级哲学资料（第3集）》，商务印书馆 1979 年版，第 104 页。

影摄影术发明以后骏马奔腾的慢镜头形象才存在的事实隐喻性地表达了创造性的隐喻对"现实"的塑造。"我们的世界是一种从某一角度被描述的世界。因此,有些隐喻可以使我们看到现实的另外一些方面,而这些方面正是通过隐喻构成的。"① 总之,作为一种认知的工具,隐喻可以通过创造相似性,提供给我们看待事物的新视角。隐喻的创造和更新"能改变我们所谓的真实,并影响我们如何感知世界以及如何依存这些感知作出行动"②。

第三节 无所不在的隐喻

莱考夫和约翰逊对日常概念中隐喻的研究,以系统理论的形式展示了隐喻存在的广泛性以及隐喻在人类认知中的重要地位。虽然其概念隐喻理论在最初提出时尚缺乏足够丰富的语料支撑,但其后越来越多的研究证明了隐喻存在的广泛性,以及认知隐喻理论的解释力。莱考夫及其同事则继续对文学、政治、哲学、数学等领域中的隐喻进行了探索,进一步证明了隐喻是人类基本思维方式的论断。③ 当前,越来越多的研究使我们认识到,作为人类思维的基本方式,隐喻不仅仅存在于日常语言中,还广泛地存在于宗教、哲学、科学和艺术等人类文化中。

一 宗教

在宗教学研究史上,对宗教的本质和特性的认识主要有三种视角:一是宗教人类学和宗教历史学视角,二是宗教心理学视角,三是宗教社会学视角。④ 宗教人类学和历史学强调对神灵的信仰和崇拜,宗教心理学强调信教者个体的宗教情感和宗教体验,而宗教社会学则强调宗教的社会和文化功能。从发生学来看,对神灵的信仰和崇拜是宗教的根本。英

---

① 束定芳:《隐喻学研究》,上海外语教育出版社 2000 年版,第 162 页。
② [美]雷可夫、詹森:《我们赖以生存的譬喻》,周世箴译,台北:联经出版事业股份有限公司 2006 年版,第 232 页。
③ 刘云红:《认知隐喻理论再研究》,《外语与外语教学》2005 年第 8 期。
④ 吕大吉:《宗教是什么?——宗教的本质、基本要素及其逻辑结构》,《世界宗教研究》1998 年第 2 期。

国著名人类学家泰勒在研究原始文化时,"把神灵信仰判定为宗教的基本定义"①。基于此,他探究了原始人的"万物有灵观",以及其如何在变迁中保持着连续性,并进入现代文化之中。他指出,"万物有灵观"包括两个方面:其一,每个生物都是有灵魂的,其肉体死亡以后,灵魂仍然存在;其二,各个精灵可以升格为强大的诸神,神灵控制着整个世界。"万物有灵观"体现了原始人相信灵魂并信奉和崇拜各种神灵。② 这种原始的信仰无疑是现代宗教的基础。维柯指出,原始人"让一些物体成为具有生命实质的真事真物,并用以己度物的方式,使它们也有感觉和情欲",原始人甚至"把他自己当作权衡世间一切事物的标准"。③ 由于理智的欠缺,原始人认为万事万物都是有灵性的,无所不在的神灵就像人一样有喜怒哀乐,但又有超人的力量。这其中渗透着素朴而又原始的隐喻思维方式。

　　随着人类认知能力的发展,人类文化逐步分化出了宗教、哲学、科学、艺术等领域。此时的宗教与原始宗教也大不相同,其已经成为制度化宗教。制度化宗教中同样弥漫着隐喻。这些隐喻可以被分为三种类型:语言的、器物的和行为的。宗教语言中富含着隐喻,如在《圣经》中就有混沌、禁果、方舟、伊甸园、生命树、罪羊等浩如烟海的隐喻。加拿大文学批评家弗莱曾"把《圣经》称为'伟大的密码',因为他发现《圣经》从头到尾都是用比喻的或象征的语言来表达的,这些比喻、象征和寓言前后对应、暗中连结为一个丰富而完整的密码系统"④。正因为《圣经》隐喻性的表达方式,其被称为"书中之书"。佛教语言同样依赖隐喻,许多佛教经典如《百喻经》《杂譬喻经》甚至将隐喻性的故事作为传播佛学义理的基本方式。

　　原始宗教常以图腾为象征符号,"制度化宗教更是以器物为象征……小的如一枝细柳、一滴清水、一杯红酒、一块无酵面包、一条洁白的哈达;大的如肉身舍利、高耸的十字架、端庄的塑像……宗教领袖、往圣

---

① [英]爱德华·泰勒:《原始文化》,连树声译,广西师范大学出版社2005年版,第347页。

② 同上书,第349—350页。

③ [意]维柯:《新科学》,朱光潜译,人民文学出版社2008年版,第174—175页。

④ 叶舒宪:《圣经比喻》,广西师范大学出版社2003年版,引言第2页。

大德使用过的物品,同样被顶礼膜拜……可以这样说,在制度化宗教的现实世界里,任何器物都可以作为象征的符号"①。宗教隐喻还体现在宗教行为尤其是宗教仪式中。如"基督宗教的礼拜、受洗、告解,佛教各式各样的法事,伊斯兰教的封斋与开斋,道教斋醮,以及犹太人逾越节的晚宴之类,都是制度化宗教特有的仪式,都是沟通人神、与本体合一的中介,是超越自我、超越有限,实现终极追求的意义的象征"②。

宗教中弥漫着隐喻与宗教的特性有关。首先,与哲学和科学不同,宗教信条是超验的,其不能通过经验来证实,也难以通过逻辑来论证。这样,以有形喻无形、以有限喻无限的象征就被广泛地运用到宗教活动中。其次,随着人类思维的发展,逻辑思维在人类思维中已占据了支配性的角色。现代人类已很难直接感知到原始人所特有的互渗了,这也亟须借助各种宗教媒介来实现对信仰对象的感知。③ 宗教语言中的比喻、寓言,宗教器物以及仪式等都充当了列维—布留尔所言的媒介的角色。这些媒介能够激发信仰者的情感、想象和体验,并给其心灵以常规言语无法表达的启示。总之,宗教传播的过程就是教化的过程,宗教中的隐喻发挥着启发和说服的作用。基于宗教中的隐喻,信教者通过感性物来感受那超越性的存在,从而产生积极的宗教情感和体验。

二 哲学

"哲学"这个名词给许多人难以企及的感觉。的确,专业哲学家所从事的哲学思辨是抽象的和超验的,其体现了对终极性和永恒性问题的持续追问和解答。虽然对任何一个哲学问题,不同的哲学流派往往有不同的解答,但这些解答都必须具有合理的论证,这是哲学的生命所在。或许,正因为如此,在西方哲学史上,诸多著名哲学家如柏拉图、霍布斯、洛克等都曾对隐喻进行过消极的评价。④ 他们坚信哲学是运用清晰的语言,通过严密的论证而获得真理的事业,而隐喻的模糊性和或然性不适

---

① 麻天祥:《宗教的象征与无限》,《中国宗教》2009 年第 9 期。
② 同上。
③ [法]列维—布留尔:《原始思维》,丁由译,商务印书馆 1981 年版,第 433、440 页。
④ 刘宇红:《隐喻研究的哲学视角》,《外国语》2005 年第 3 期。

合明晰地表达真理，更适合运用于诉诸想象和虚构的文学中。

事实上哲学文本中也广泛地存在着隐喻，对隐喻持贬斥态度的哲学家的著作也概莫能外。莱考夫和约翰逊在其合著的另一本著作《肉体中的哲学：身体化的心智及其对西方思想的挑战》（1999）中对西方哲学的一些基本概念，如时间、存在、真理、道德、因果关系等进行了分析，认为这些概念基本上是隐喻性的。"尽管它们有非隐喻的结构框架，但它们的内容主要是通过概念隐喻得到充实和完善的。"他们还认为，从苏格拉底、柏拉图、亚里士多德到笛卡尔、分析哲学学派等"都把一些隐喻当作不言自明的永恒真理，并在此基础上做逻辑推理，从而得出各自的结论"。①

柏拉图哲学思想中的隐喻可以印证莱考夫和约翰逊的观点。柏拉图的名著《理想国》中存在着著名的三大隐喻：太阳之喻、线段之喻和洞穴之喻。柏拉图指出："太阳跟视觉和可见事物的关系，正好象可理知世界里面善本身跟理智和可理知事物的关系一样。"②他还用线段隐喻来表达认识的层次，将认识世界分为可见世界和可知世界两种类型，并进一步将其分化为想象、信念、理智、理性四个部分。③基于此，柏拉图用"洞穴隐喻"来说明受过教育的人和未受过教育的人的区别。他认为，未受过教育的人，就像面对着洞穴后壁且被捆绑而不能移动的囚徒，只能看到洞穴外移动的实物因火光而投射到墙壁上的影子，不能看到实物本身。受过教育的人就如同被解除了禁锢的囚徒，他们可以转过身去观看实在的物体。④柏拉图用这三个隐喻阐释了其知识观、认识观和教育观，对后世哲学和教育学产生了深远的影响。

美国哲学家派帕（Stephen C. Pepper）通过对哲学史的考察，概括了关于世界假设的形式、机器、有机体、情境等根隐喻。这些根隐喻影响着人们世界观中的中心范畴。⑤ 这表明哲学思想在更宏观的层面上具有其隐喻根基。

---

① 刘云红：《认知隐喻理论再研究》，《外语与外语教学》2005年第8期。
② ［古希腊］柏拉图：《理想国》，郭斌和等译，商务印书馆1986年版，第266页。
③ 同上书，第268—271页。
④ ［古希腊］柏拉图：《理想国》，郭斌和等译，商务印书馆1986年版，第272—276页。
⑤ 胡壮麟：《认知隐喻学》，北京大学出版社2004年版，第109—112页。

与西方传统哲学相比，我国古代哲学家假定人类与自然之间共享着一些规律，因此，他们肯定了隐喻的认知方式，并在思想论说中广泛地使用隐喻。隐喻甚至成为春秋战国时期诸子的主要言说方式。① 美国汉学家艾兰认为："在中国早期哲学思想中，水是最具创造活力的隐喻。……包括'道'在内的中国哲学的许多核心概念都根植于水的隐喻。这些概念并不为某一特定的哲学学派所独有，而为儒家与道家以及……其他同时代学派所共享。"② 历史学者刘宝才还系统阐释了我国古代哲学"以水论道""以水论人""以水论政"的思想。③ 这足以说明，水是我国古代哲学思想的根隐喻。④ 滋养生命而变幻无穷的水给我国古代思想家以无止境的哲学想象力。

　　总之，和日常语言和文学一样，抽象的哲学同样离不开隐喻，隐喻也是哲学认知的重要方式。在《白色神话：哲学文本中的隐喻》一文中，德里达秉持其一贯的文本解构策略，用词源学方法来解释哲学文本中的语词如何从物理学向形而上学隐喻性转化⑤，并做出了一切重要的形而上学都是"文学的"的结论。⑥ 德里达试图基于隐喻消除哲学和文学之间的阻隔，从而摧毁形而上学的大厦。应该承认，德里达的研究至少使我们认识到隐喻在哲学建构中的作用，但因此就断定对哲学完成了解构是不合适的。隐喻是人类认知的基本方式，这在哲学和文学中都有所体现，但二者有明显的差别。文学隐喻有认知的成分，但其中更蕴含着丰富的情感、想象和审美因素；哲学隐喻的根本追求在于合逻辑的论证和合理性的认识。在哲学理论中，隐喻的存在是为说理服务的，这是其根本的使命所在。

---

① 王薇：《隐喻：春秋战国时期诸子文人的言说方式》，《东北师大学报》（哲学社会科学版）2010年第6期。
② [美]艾兰：《水之道与德之端——中国早期哲学思想的本喻》，张海晏译，商务印书馆2010年版，第112页。
③ 刘宝才：《"以水喻人"的学说及其思维方式》，《中国哲学史》2003年第1期。
④ 刁生虎：《水：中国古代的根隐喻》，《中州学刊》2006年第5期。
⑤ 张逸婧：《隐喻与形而上学的关系——德里达和利科关于隐喻的争论》，《复旦学报》（社会科学版）2009年第5期。
⑥ 相关论述参见张盾《解构、隐喻和论证——关于哲学本性的一种理解》，《社会科学战线》1990年第2期。

三 科学

随着科学逐步从哲学中分离出来，并进一步分化和完善，以及对社会发展的巨大贡献，其在学科之林中取得了压倒性的优势。科学语言的明晰性和科学理论的可证实性使其成为其他学科的典范。在这样的背景下，隐喻在科学中长期被普遍地忽视乃至排斥是不足为奇的。"虽然上迄亚里士多德下至逻辑实证主义者都表示反对在科学理论语言中使用隐喻，但在科学的历史发展中，隐喻在科学理论中的运用始终存在。"[①] 科学中的隐喻期盼着研究者的发现。自1912年哈里斯在著名的《科学》杂志发表《科学中的隐喻》一文开始，科学隐喻研究逐渐兴起。20世纪后半叶已经出版了大量以科学隐喻为主题的专著，科学隐喻研究已经成为一个充满生机的研究领域。[②] 在科学隐喻研究逐渐凸显的过程中，著名科学哲学家库恩对科学中隐喻的认识尤其引人注目。库恩曾在20世纪60年代提出，"科学革命是科学共同体的范式的更替"的思想，在20世纪80年代库恩"从语言哲学的独特视角对科学革命进行了深入研究，把科学革命视为科学语言尤其是科学词汇表或词典的变更。在这个转变过程中，隐喻、类比和模型在新概念的诞生中起着助产士的作用"。[③] 这可以视为库恩对自己思想的一些补充和修正，从中也可以看出科学隐喻已得到包括著名学者在内的科学界的普遍重视。

科学隐喻主要体现在科学概念的形成、科学理论的建构和科学理论的传播中。科学中的许多概念来自日常语言的转化，如"力"、"场"、"地球"、"星系"、"双螺旋"，等等。这些概念最初都是用来指称日常生活中的具体事物的，后来被用来指称科学概念，从而填补了科学术语的空白。隐喻还可以在科学理论的假设和建构中"建功立勋"。如德国化学家凯库勒受到弯曲盘绕的蛇的形状的启发而发现了苯分子的环状结构。荷兰物理学家惠更斯基于光和声的诸多性质的对应，即"声音有回音、音量、音调等等，而光线则有反射、亮度、颜色等等"，并且二者的传播

[①] 郭贵春：《科学隐喻的方法论意义》，《中国社会科学》2004年第2期。
[②] 安军：《科学隐喻的元理论研究》，博士学位论文，山西大学，2007年，第22—25页。
[③] 李醒民：《隐喻：科学概念变革的助产士》，《自然辩证法通讯》2004年第1期。

都服从折射和反射定律，提出了光也像声音一样是一种波动的假说。英国生物学家达尔文受到人口学家马尔萨斯的人口学说的影响而提出了"物竞天择，适者生存"的进化论思想。翻开科学史，这样的案例数不胜数。缺失了科学隐喻，很难想象科学将如何发展。

由于科学隐喻通过已知来理解未知，其还可以在科学理论的交流和传播中有所作为。如法拉第曾通过类比来说明静态电和动态电的差别："他把电流比做一条瀑布，而电压就相当于落差，电荷量对应于水流量。一条狭窄的瀑布，尽管水量很小，但只要落差足够大，仍然能够产生巨大的能量。"其中似乎存在一个公式：水能＝落差×流量，将其迁移到电上，就有电能＝电压×电流量的公式。① 又如，德国气象学家、地球物理学家魏格纳为了传播其大陆漂移假说，曾将分散的各大洲比作一张撕碎了的报纸。他指出：如果撕碎了的报纸，能够拼成连贯衔接的整体，我们会相信其恢复了原貌。同样，"既然非洲、南美洲、亚洲和大洋洲等的陆线轮廓恰好吻合，而且它们在地质、物种等方面又具有连续性，那也就说明，它们从前曾经是连成一片的，只是后来由于某种原因被撕裂开，才渐渐漂移到现在各自所处的位置"②。

"科学隐喻是隐喻的一种特殊形态，具有一般隐喻的语言学特征"，同时，由于"其所处载体和所指称对象的特殊性"③，它与哲学隐喻、宗教隐喻又有明显的不同。如果将它们视为认知的连续体的话，宗教隐喻的认知性最弱（其蕴含着强烈的情感因素），哲学隐喻次之，科学隐喻最强。科学的理想在于追求客观知识，科学隐喻因此而存在。与演绎和归纳相比，科学对象与其他事物的任一相似性，都可能激发科学家的想象力。隐喻的极小的规约性，使其蕴含着巨大的创造可能。看似互不相干的事物，却很有可能给科学理论的突破以有益的启发。不过，隐喻可以将科学引向光明，也可以将其陷入黑暗。美国科学哲学家内格尔曾指出："当根据不加以分析的相似性把熟悉的概念扩展到新的题材时，很容易犯

---

① 张琼、于祺明、刘文君：《科学理论模型的建构》，浙江科学技术出版社1990年版，第69页。
② 同上书，第46页。
③ 安军：《科学隐喻的元理论研究》，博士学位论文，山西大学，2007年，第25页。

严重的错误。对物理事件的泛灵论说明，便是这样一种众所周知的例子，它把那些在一个领域中能够得到合法使用的概念不加保证地扩展到使用这些概念并不合法的领域。"① 尽管隐喻也可以带来迷惑和混乱，但即使是对新旧事物之间模糊的相似性的认识，"也往往是重要的知识进步的起点"②。当具有反思意识地使用隐喻时，其可以作为有效的科学研究工具。

四 艺术

在人类文化早期，艺术和神话、语言是一个统一体，其中渗透着诗性或隐喻思维方式。然而，就像卡西尔所说的那样，在人类认知发展的过程中，作为统一体的艺术、神话和语言逐步分化。虽然，在人类文化早期，语言的诗性或隐喻特征远远胜过其逻辑特征，但"从一有语言开始，语言在其自身内部就负载着另一种力量：逻辑力量"③。这种逻辑力量推动了语言走向抽象和明晰，而在哲学尤其是科学中其得到了最完美的体现。哲学尤其是科学是一种符号化的世界，在这一世界中，具体的经验和表象是难以容身的。这样，人类直观把握实在的方式主要保存在艺术活动中。然而，对许多人来说，艺术却是一个陌生的领域。甚至是最酷爱艺术的人，也将艺术视为生活的附属品和美化物。"这就低估了艺术在人类文化中的真正意义和真实作用"，"只有把艺术理解为是我们的思想、想像、情感的一种特殊倾向、一种新的态度，我们才能够把握它的真正意义和功能"。"在艺术中，我们专注于现象的直接外观，并且最充分地欣赏着这种外观的全部丰富性和多样性。"④ 艺术往往通过其外在的形式来表征其内在的意蕴。这其中就体现着隐喻思维方式。可以说，隐喻是文学、绘画、音乐、建筑等艺术的基本表达方式。

在文学中，隐喻广泛地存在于词汇、语句和语篇等各个层面。这些隐喻语言塑造了文学中无数的"意象"。其"用具体的形象或画面来表现人们在理智和感情方面的体会和经验"，它能够刺激人的感官，激发某种

---

① ［美］内格尔：《科学的结构》，徐向东译，上海译文出版社2002年版，第128页。
② 同上。
③ ［德］恩斯特·卡西尔：《语言与神话》，于晓等译，生活·读书·新知三联书店1988年版，第113页。
④ ［德］卡西尔：《人论》，甘阳译，上海译文出版社2004年版，第234页。

情感和认知的体验。① 绘画是视觉的艺术，它是艺术家情感和思想的外化。在线条、色彩及其构图中往往蕴含着艺术家的情与思。如我国元代著名画家倪瓒的《六君子图》，刻画了江南秋天陂陀上的松、柏、樟、楠、槐、榆六种树木。全图用笔简洁疏放，弥漫着荒凉的色调，暗示着作者对当时自身处境和社会环境的不满，疏密相间、姿态挺拔的六棵树则象征着作者傲视俗世、追求正直天真之君子人格的理想。② 如果说绘画是视觉的艺术，那么音乐则是听觉的艺术。"音乐语言（乐音）是非语义性的，它们没有确定的含义。正是这一点，决定了音乐的不确指性和多义性更为突出，也决定了音乐在艺术表达方式上主要是象征。"③ 音乐主要通过旋律、节奏、和声、音色、力度及其变化等音乐之"象"隐喻性地传达思想和情感。如《二泉映月》的旋律跌宕起伏、压抑悲怆，表现了阿炳生活的艰辛和不屈的性格；《梁祝》用小提琴以和弦奏出激越的和声乐音，表现了梁山伯和祝英台无以言说的有情人难成眷属的凄伤心境。和文学、绘画、音乐相比，建筑往往具有实用性。与此同时，具有艺术性的建筑往往还通过颜色、布局等传达形外之意。如南京大屠杀纪念馆以灰色为主色调，象征着灰暗和死亡。纪念馆总体上像断裂的日本军刀，又像一条狭长的船。日本军刀象征着日本军国主义在中国犯下的滔天罪行以及正义对邪恶的胜利；船则象征着未来与和平。

　　人们经常将艺术与科学相提并论，在相互观照中，我们会加深对艺术特性的理解。科学用抽象的符号来表征经验世界，而艺术则往往用具体的意象来暗示某种抽象的情思。虽然二者的差异如此的泾渭分明，但它们至少有一个共同点，那就是都依赖隐喻。科学依赖隐喻而发展，艺术依赖隐喻而存在。当然，艺术中的隐喻和科学中的隐喻是不同的。科学中的隐喻是为描述客观实在服务的，也往往会走向符号化的常规科学语言；艺术中的隐喻似乎很难表达确切的意蕴。由于以"象"表"意"，艺术总是存在着不确定性，也正是这种不确定性给接受者提供了自由广

---

① 魏在江：《隐喻与文学语篇的建构》，《外语与外语教学》2008年第3期。
② 倪瓒作《六君子图》期间的生活背景，参见盛东涛《倪瓒》，河北教育出版社2006年版，第5—12页。
③ 李首明：《从黑格尔的艺术象征论再论音乐的象征》，《艺术百家》2009年第3期。

阔的理解空间。理解科学更多地依靠理性，而理解艺术更多地依靠直觉。艺术是由各种形式构成的世界。"假如一个人不懂得这些直觉符号，不能感觉到颜色、形状、空间形式、图案、和声和旋律的生命，那么他就同艺术作品无缘"，"他不仅被剥夺了审美快感，而且还失去了接近实在的一个最深刻方面的机会"。① 总之，隐喻是艺术的灵魂。基于隐喻，我们创造并理解艺术。隐喻扩展了我们观看世界的方式。

---

① ［德］恩斯特·卡西尔：《语言与神话》，于晓等译，生活·读书·新知三联书店1988年版，第167页。

第 二 章

教学隐喻：教学思想与实践中的隐喻现象

隐喻广泛地存在于宗教、哲学、科学、艺术等人类文化中，其在文化的建构中发挥着至关重要的作用。人类不仅创造文化，而且传承文化。随着人类积累的文化越来越丰富，学习者已很难像早期人类那样独立在短时间内通过模仿、试误、发现等方式来习得既有的经验，这样，教学活动就产生了。作为人类认知和文化建构的基本方式，隐喻在教学中的广泛存在是必然的。教学不仅承载着各门系统的文化知识中的隐喻，而且创生着情境性的隐喻，以促进认知，达成理解。自教学活动诞生之日起，人们就开始了对教学活动的理性思考。现在，教学论早已成为较成熟的学科。在教学思想的历史长河中，无数教育者对教学的基本问题持续进行着思索。这些思想中同样蕴含着丰富的隐喻。然而，在教学思想与实践领域，人们对隐喻存在的广泛性和重要性的认识比其他学科领域要逊色得多。本章将在界定教学隐喻概念的基础上，分析教学隐喻的基本特征和生存环境，以期对教学隐喻现象形成初步的认识。

第一节 教学隐喻界说

在教育学领域，许多研究者仍在狭义层面上理解"隐喻"，认为隐喻是比喻的一种类型。[①] 但已有一些学者将隐喻视为一种精神和文化现象[②]，

[①] 肖川：《教育的隐喻》，《人民教育》2004 年第 12 期；郑金洲：《若干教育隐喻探源》，《上海高教研究》1997 年第 9 期；等等。

[②] 石中英：《简论教育学理论中的隐喻》，《北京师范大学学报》（社会科学版）1997 年第 2 期；宋晔：《隐喻语言：一个被忽视的教育范畴》，《清华大学教育研究》2003 年第 5 期。

这些研究开始突破传统的狭隘认识。虽然已有一些学者在广义上使用隐喻，并将其看作一种思维方式和认知现象，但到目前为止，明确对教育隐喻及教学隐喻进行界定的研究尚不多见。

郑金洲在《若干教育隐喻探源》一文中，对"塑造""雕刻""教育是促进经济发展的杠杆""教育是经济建设的生力军""蜡烛""蚕"等隐喻进行了分析，从其行文中可以看出他所说的教育隐喻是指"教育是什么"或者与之相关的"教师是什么"。肖川在《教育的隐喻》一文中论及了"少年儿童是祖国的花朵""教育是农业而不是工业"等隐喻。显然其对教育隐喻的认识与郑金洲相似，他们都从狭义层面上认识隐喻和教育隐喻。宋晔在《隐喻语言：一个被忽视的教育范畴》一文中全面地论述了教育隐喻的失落及其价值。虽然她没有对教育隐喻进行明确的界定，但从其行文中可以看出，其开始从更宽广的学科视野来看待教育隐喻，论及的范围既包括教育理论中的隐喻，也包括在教育实践中针对学生使用的隐喻。①

吴卫东对教育隐喻的概念进行了明确的界定。她认为，教育隐喻有狭义和广义之分。狭义的教育隐喻是"关于教育的隐喻"，"也即人们运用隐喻性思维解释教育事实，描绘教育理想的认知活动与语言现象"；"广义的教育隐喻是指，在一切教育活动过程中所开展的隐喻认知与所使用的隐喻语言"。② 吴卫东还重点对教师职业言语中的教育隐喻进行了探讨。她认为，依据其功能，教师职业言语可分为日常交流言语、教学言语和学术言语三类。这三类言语中存在着三种不同类型的教育隐喻。③ 显然，与郑金洲和肖川相比，宋晔和吴卫东所论述的教育隐喻的外延更为宽泛。

教学隐喻无疑是教育隐喻的下位概念。以上对教育隐喻概念的探讨可以给探讨教学隐喻的概念以诸多的启示。和教育隐喻一样，教学隐喻目前仍然是一个模糊的概念。在我国，以教学隐喻为论题发表的著作还

---

① 宋晔：《隐喻语言：一个被忽视的教育范畴》，《清华大学教育研究》2003年第5期。

② 吴卫东：《教师个人知识研究——以小学数学教师为例》，教育科学出版社2011年版，第77页。

③ 同上书，第84页。

极为少见。① 李冲锋和刘徽的相关论文并没有对教学隐喻概念做明晰的界定，但从其论述中，我们可以看出，其所言的教学隐喻主要是指以"教学是什么"或"教师是什么"形式表达的教学思想。笔者在硕士学位论文中曾指出以上是对教学隐喻的狭义理解，并将教学隐喻界定为"人们在表达'教学观念'时，所使用的比喻（包括明喻、暗喻、借喻等）、类比、象征等"。②

除此之外，有学者提出了教学比喻的概念，如李如密等人认为："教学比喻就是把比喻这种修辞手法移植到课堂中，利用学生已知事物与新知识之间相似的特征作比，解释说明新知识的疑难之处，并配合正面讲解，以实现教学目的。"③ 显然，这里的教学比喻属于教学实践的范畴。在英语中，教学隐喻对应的概念为"teaching metaphor"，许多研究教师教学思想的论文以教学隐喻为主题④，也有研究者用教学隐喻的概念来描述通过隐喻开展语言教学的行为⑤。

通过以上对教育隐喻和教学隐喻概念的梳理，我们可以看出以下两点：其一，由于受到语言学等学科的影响⑥，教育隐喻和教学隐喻概念的外延有扩大的趋势。如宋晔、吴卫东所使用的教育隐喻概念的外延要远远大于郑金洲和肖川，笔者对教学隐喻的界定也远远比李冲锋和刘徽宽泛。其二，教育隐喻和教学隐喻关涉教学思想和教学实践两个方面。郑金洲和肖川论及的教育隐喻是教育和教学思想层面的，宋晔和吴卫东论

---

① 在本书之前，我国尚未出现以教学隐喻或教育隐喻为题的专著。中国知网的文献检索显示：到目前为止，以教学隐喻为题的硕博学位论文仅有四篇，即笔者的硕士学位论文《教学理论中的教学隐喻研究》（2010）、孙琳的硕士学位论文《英语师范生认识论信念与教学隐喻观的研究》（2011）、胡丹的硕士学位论文《职前与在职英语教师中学教学隐喻探究》（2012），以及笔者的博士学位论文《论教学隐喻》（2013）；以教学隐喻为题发表的论文主要有李冲锋的《四种教学隐喻的分析》、刘徽的《论教学隐喻——从五位教师的教学隐喻说起》以及笔者的拙作若干。

② 高维：《教学理论中的教学隐喻研究》，硕士学位论文，南京师范大学，2010 年，第 14 页。

③ 李如密、刘云珍：《课堂教学比喻艺术初探》，《全球教育展望》2009 年第 6 期。

④ 高维：《国外教师教育视野下的教学隐喻研究》，《上海教育科研》2009 年第 12 期。

⑤ Graham Low, "On Teaching Metaphor", *Applied Linguistics*, Vol. 9, No. 2, 1988, pp. 125 – 147.

⑥ 如上文对"隐喻"概念的探讨所示，隐喻概念的外延在逐渐地扩张。

及的教育隐喻既包括教育思想层面的，也包括面对学生的教学实践层面的。李冲锋、刘徽和笔者无论对教学隐喻概念认识的宽窄与否，都局限在教学思想的层面。按照上文对隐喻概念的理解，教学比喻等也可以被归为教学隐喻的范畴，这样，我国关于教学比喻等方面的研究，可以被视为教学实践层面的教学隐喻。与我国相似，外国学者对教学隐喻的认识也涉及教学思想和教学实践两个层面。

基于以上两点分析，笔者在本书中从广义角度来界定教学隐喻。教学隐喻是指教学思想与实践中通过其他事物认识、理解和表达教学相关问题的语言和认知现象。具体来讲，其包括教学思想与实践中的一切比喻、类比、象征等。

第二节　教学隐喻的基本特征

对教学隐喻基本特征的探讨，将进一步加深我们对教学隐喻的认识。教学隐喻是情知的统一体，通过教学隐喻达成的认知往往渗透着情感。由于隐喻是通过一种事物来认识另一种事物的思维方式，教学隐喻在凸显事物的某些特征的同时，也必然遮蔽其另一些特征。由于教学隐喻的不确定性和不严密性，其在促进我们认知的同时，也造成认知的不同程度的模糊性，这也同时造就了教学隐喻开放和多样的特征。

一　情知的统一体

对教学隐喻特征的探讨，无疑需要在隐喻认知思潮的背景下进行。上文探讨了隐喻观从修辞到认知的转向。客观来讲，仅仅将隐喻视为认知现象也有失偏颇。在许多时候，人们使用隐喻不仅是为了说得"真"，而且是为了说得"美"。这时，人们所使用的隐喻的确是对日常语言的一种替代，这种替代的目的是达到"美"和"雅"或刘勰所言的"敷华"和"惊听"的修辞效果。说到底，修辞性隐喻是一种"装饰"。这些生动、形象的"装饰"有利于激发意象，触动情感。基于此，亚里士多德等人认为，隐喻更适合在诗歌中出现，其在明晰的认知中是可有可无的。不过，在日常言说中，修辞性隐喻还是普遍存在的。如对教师的"蜡烛""春蚕""铺路石"等修辞性隐喻，不仅表达了思想，更容易激发人们对教师的敬重之情。但总体来讲，相对于修辞，隐喻的认知功能是第一位的。在许多情况下，我们难以明确地区分一些隐喻是修辞性的还是认知性的，二者经常会交织在一起。

认知性隐喻是否包含着情感因素呢？答案是肯定的。人类许多微妙的情感表达依赖隐喻，而更重要的在于隐喻思维方式本身就蕴含着情感因子。

在教学相关领域中，人们使用的一些隐喻不仅在表达思想，更在表达情感。这正如陈骙《文则》所言的"喻"具有"尽其意""达其情"的功能。如一名新手教师在谈及自己的教学生活时，说："我每天早早赶到学校，打扫办公室卫生、备课、上课、看班、批作业，一天到晚，忙个不停，感觉自己就像陀螺一样，不停地转啊！转啊！"① 这位新手教师通过"陀螺"隐喻形象地表达了自己从在校学生闲适的生活到忙碌的教学生活转变所引起的情绪反应。我们在她描述的飞转的"陀螺"上，仿佛看到了她忙碌的身影，进而产生感同身受的共鸣。李吉林老师面对当时小学语文教学的弊病，做出了教学改革的决心。她说：

> 我清楚地看到"单调、呆板、低效"是当时小学语文教学的弊端。"弊端"必然是教学发展的障碍，是桎梏。我对自己说：有志改革者，应该大胆地切中时弊，跨越它。虽然人们还多少有些心有余悸，然而我想风中的竹虽然瘦弱，再大的风雨也只不过是摆动几下；石缝里的小芽虽然细小，天寒地冻，大地回春后，仍然会向着蓝天曲曲折折地长出来，抬起头迎接春天。竹子和小草我都喜欢，它们自身的韧劲是打不倒的，在我的内心我便是瘦竹，我就是小草，平实而根深。只要没有冷眼和诬蔑，我就心满意足。②

李吉林用"风中的竹"和"石缝里的小芽"深情地表达了自己教学改革的决心。读着这些文字，我们很容易被她的改革热情所感染。

和关于教学的情感表达相比，隐喻认知方式本身所蕴含的情感因素

---

① 本案例来源于笔者与一位新手教师的日常谈话。
② 李吉林：《李吉林与情境教育》，北京师范大学出版社2005年版，第35页。

更具有普遍性，也更鲜明地体现了教学隐喻是"情知的统一体"的特征。人有一种天性，那就是追求确定性，寻求认知平衡。当人们遇到难解的问题和不可理解的存在时，就会焦躁不安，甚至缺乏安全感。在远古时代，原始人最初通过自身来认识和理解诸多自然现象，以获得认知平衡和安全感。一直以来，隐喻都是人类思维的基本方式。在关于教学的隐喻中，人们也常常用具体的、熟悉的事物来认识和表达抽象的、不熟悉的教学问题。未知的事物总是让人心神不宁，而熟悉的事物总让人感到心中有数。当用熟悉的事物来理解未知的事物时，总会让人倍感亲切、松弛自在。教学还是一项说服的事业。空洞的鸿篇大论常常让人不得要领，甚至生厌。生动形象的隐喻在让人倍感亲切的同时，也更容易使人认同言说者的观点。这种认同不仅仅是理智的，也是情感的。

二 功能的二重性

教学隐喻功能的二重性主要体现在两个方面：一是教学隐喻在凸显事物的一些特征的同时，也在遮蔽另一些特征；二是教学隐喻能够以已知认识未知，但这种认知又通常不可避免地带有不同程度的模糊性。

隐喻的本质是通过一种事物来认识另一种事物。隐喻认知方式产生的前提是两个事物之间既有相似性[①]，也有差异性。这就决定了通过一事物只能凸显另一事物的某个或某些特征。如将教师比作"园丁"，以凸显其对儿童的呵护和培养；将教师比作"艺术家"，以凸显其高超的教学水平和境界；将教师比作研究者，以凸显教师职业的研究品质；将教师比作"三明治"，以凸显当前教师所面临的种种压力。这些隐喻从不同的侧面使我们认识了教师的某个特征，但任何一个隐喻在凸显某个特征的时候，也在遮蔽教师职业的其他特征。因此，隐喻往往是对教学相关问题的局部言说。当然，一些根隐喻能够使我们获得对某个对象较系统的认识，如"教学如登山"能够使我们认识到教学应有明确的目标，学习是一个循序渐进的过程，学习中存在着艰难困苦以及师生、生生之间的互助合作，等等。但这种认识仍然是局部的，单独依赖任何隐喻，将形成"片面"的认识。

---

① 当然，这里所说的相似性也包括创造的或主观的相似性。

在教学思想史上，许多教学理论背后都存在着支撑它的根隐喻，如行为主义教学理论的"人是动物"、信息加工教学理论的"人脑如电脑"、建构主义教学理论的"有机体"。这些教学理论对教学现象都有很强的解释力，但似乎任何一种理论只能解释教学的某些侧面。如行为主义更适合解释刺激—反应学习，以及一些奖惩行为；建构主义更适合解释主动的有意义学习。任何一种教学理论在凸显一些学习类型的同时，也遮蔽另一些学习类型。这充分体现了教学隐喻认知功能的二重性。

教学隐喻可以化抽象为具体，化未知为已知，帮助我们认识和表达复杂的教学问题。但这种认识和表达又往往带有模糊性。隐喻思维虽然能够促进我们的认识和理解，但其本质上是不严密和不确定的思维。[①] 在通过隐喻的论证中，我们经常发现用不同的隐喻会得出完全相反的结论。这种论证如果从逻辑上讲是不严密的。同时，任何事物都可能与教学问题存在相似性，任何人都能主观地做出两个事物具有相似性的判断。因此，隐喻思维是不确定的。也正是由于隐喻的不确定性，才使其能够超越归纳和演绎逻辑的局限，寻觅到新的视角和新的思路。皮亚杰正是在"有机体"隐喻的指引下，大胆地提出了将学习过程视为有机体适应外部环境过程的假设，并通过自然实验验证和发展，最终提出了建构主义学习理论。这体现出有效的认知通常不仅使用隐喻，而且通过逻辑和实证。当隐喻方式和逻辑、实证方式相结合时，其能够更有效地获得真知。

通过隐喻，我们可以获得真知，也可能收获谬误。隐喻也会使我们获得似是而非的道理，不恰当的隐喻甚至会使我们误入歧途。如目前在我国教育界盛行着"不让孩子输在起跑线上"的隐喻。这一隐喻及其影响下的教育实践使得无数孩子生活在沉重学业负担的噩梦之中，严重地打击了儿童的学习兴趣并危及儿童的健康成长，最终也影响了可持续发展和创新性人才的培养。教师所使用的不恰当的隐喻不仅不利于学生理解知识，反而可能使学生获得模糊的甚至是错误的"知识"。如有教师讲解气体压强理论，将气体分子隐喻为排球，将由气体分子运动引起的压强隐喻为一群排球运动员不断地向墙面扣杀排球而使墙面受到的平均效果。这个隐喻的问题在于，排球运动员扣向墙面的球无论在时间上还是

---

① 吴卫东：《论教育研究中的类比思维》，《浙江教育学院学报》2007年第2期。

空间上都是不连续的。这就无法解释大量分子对固定面积持续撞击所产生的平均效果。① 总之，隐喻在促进我们认知的同时，也经常伴随着模糊性甚至可能产生谬误。这是很难从根本上避免的问题。

三 开放与多样

隐喻往往是一种不严密和不确定的思维方式。也正是这种不严密和不确定性，赋予了隐喻开放性和多样性的特征。如果说逻辑是界定性的，它帮助我们更清楚地看到我们已经看到的事物的话；隐喻则是生产性的，它帮助我们看到我们原来没有看到的事物。② 隐喻思维方式能够突破我们原有的认识局限，启发我们以新的视角形成新的认识。例如，传统上人们将教师称作"教书匠"，意味着教师教的是既定的知识，这种职业往往重复、呆滞，很少有独创之处。在当前重视教师专业发展的背景下，"教师是研究者"的隐喻日益凸显。这一隐喻以全新的视角使我们认识到了教师教学工作的专业性和创造性。在教学思想史上，隐喻的开放性品质是教学思想不断发展的动力。基于"人脑如电脑"隐喻的信息加工教学理论突破了行为主义教学理论的"偏激"，而基于"有机体"隐喻的建构主义教学理论又超越了信息加工教学理论的"固执"。正是由于隐喻的开放的本性使得教学思想犹如一条小河，不断地突破羁绊，向前流淌。在教学实践中，师生也常常通过隐喻突破认识的局限，从而创造无限的认知可能。在从未知到已知、从抽象到具体的不断转化中，隐喻不断地扩展着学生的认知世界。

隐喻的不确定性在决定隐喻的开放性的同时，也决定了隐喻存在形态的多样性。隐喻的多样性不仅体现在以上所言的不同的隐喻表达了不同的思想上，而且体现在不同的隐喻可以表达相同或相似的思想以及"相同"的隐喻可以表达不尽相同的思想上。如在教学思想方面，许多人都有自己的教学隐喻，这些隐喻通常表达了其不同的教学思想。但不同

---

① 李广晨等编著：《中学物理教学中的比喻和类比》，河北教育出版社1989年版，第19页。
② [美] 小威廉姆·E. 多尔：《后现代课程观》，王红宇译，教育科学出版社2000年版，第240页。

的教学隐喻也可能表达相似的教学思想。如有人用"磨针"来表达教学的长期性以及持之以恒的重要性，有人则用"滴水穿石"来表达这一思想。同时，同样的教学隐喻所表达的观点也可能不尽相同。以"教学就像放风筝"为例，硕士研究生职前教师 B、教育硕士 M、教育硕士 Y 分别作了"放风筝"的教学隐喻图画（图 2—1 为职前教师 B 所作），并对其进行了描述，分别如下：

图 2—1　教学就是放风筝

教学就像放风筝，教师是手握线轴的人，学生是高高飘扬的风筝。放风筝的人既要选择一片开阔的空地，又要选择适宜的风力，这就犹如教学要创造一个良好的环境。不是每一面风筝都能飞得一样高，手握线轴的人要及时调整它们的高度，这就好比教学过程中，我们的教育工作者要因材施教，切不可千篇一律。风筝飞呀飞，但始终有一条长长的线引领着它，也许它已飞出了放风筝的人的视线，但它不会忘记放风筝的人为它付出的一切。

教学就像放风筝，牵引风筝的绳子时而松时而紧，就如教学中当学生热情高涨、冲动十足的时候放松对其的规限，而当其遭遇低谷时及时给予帮助。学生的学习始终在教师的指导下进行，这样的教学下风筝才能飞得更高、更远。

教学就像放风筝，风筝放得高与低，不仅要看放风筝的人的技术，还要看风筝的质量、风筝线的长短。学生就像风筝，都有不一样的形状与色彩，个人潜质和能力也不同，教师要根据实际情况，采用不同的方法最大限度地实现它翱翔天空的梦想。①

虽然以上三人都使用"放风筝"来表达自己的教学观，但她们所表达的观念还是有所差别。职前教师 B 强调了优化教学环境的重要性以及教师的因材施教和对学生潜在的引领；教育硕士 M 强调教师的教学调控艺术以及教师指导的重要性；教育硕士 Y 则对影响教学成效的诸因素进行了全面的分析。

第三节 教学隐喻的生存环境

依据上文对教学隐喻概念的界定，从宏观上看，教学隐喻的生存环境分为两个大的方面：一是教学思想，二是教学实践。

一 教学思想

作为人类认知的基本方式，人们常常通过隐喻来表达对教学的认识和理解。这样，教学思想中就存在大量的隐喻。这些隐喻涉及教学论的所有范畴，包括教学目的、教学内容、教学原则与方法、教学评价；等等。

在教学思想史上，诸多教育家对教学活动形成了系统的认识。这些教学思想是我们宝贵的财富，其中也蕴含着丰富的隐喻。如柏拉图通过"洞穴"隐喻表达了可见世界和可知世界的对立，并认为教学目的就是要使人灵魂转向，解除可见世界的迷惑，直面可知世界本身。昆体良在论述雄辩术学校的课程设置时，说："无言的蜜蜂也是从各种各样花卉和液汁中制成人类的智慧所不可企及的蜂蜜的奇异芬芳，上天赐予人类的卓越无比的雄辩才能也需要许多学科的帮助，即使这些学科的作用在辩论的过程中不会明显地体现出来或对辩论起推动作用，然而却能以一种内在的、无声的力量对雄辩才能作出贡献。"② 显然，他以蜜蜂采百花而酿

---

① 高维、李如密：《教师教学隐喻图画的比较研究》，《上海教育科研》2011 年第 7 期。
② [古罗马] 昆体良：《昆体良教育论著选》，任钟印选译，人民教育出版社 2001 年第 2 版，第 43 页。

蜜来类比雄辩家只有具备丰富的知识才能养成雄辩的才能。

我国古代——也是世界上最早系统论述教学问题的——著作《学记》可谓是以隐喻思维著就的经典，其中关于教学原则和方法的论述最为精彩。如"善歌者使人继其声；善教者使人继其志"，"善问者如攻坚木，先其易者，后其节目，及其久也，相说以解。不善问者反此。善待问者如撞钟，叩之以小者则小鸣，叩之以大者则大鸣，待其从容，然后尽其声。不善答问者反此。此皆进学之道也"。以上隐喻通过歌唱、攻木、撞钟形象地表达了教学应遵循的原则和方法，令人回味无穷。在表达教学评价思想时，隐喻也常为思想家们所使用，如孟子曰："羿之教人射，必志于彀，学者亦必志于彀；大匠诲人，必以规矩，学者亦必以规矩"（《孟子·告子上》）；"大匠不为拙工改废绳墨，羿不为拙射变其彀率。君子引而不发，跃如也。中道而立，能者从之"（《孟子·尽心上》）。这充分表达了孟子高且严的学习标准。

以上是教育史上的教育家们通过隐喻表达的教学思想。作为思维的基本方式，隐喻也为广大教师使用着。这些隐喻往往表达了教师们对教学的朴素认识。如有教师用"变一把尺子为多把尺子"来表达要摒弃只关注学生考试成绩的观念，提倡多元评价以促进学生全面发展；用"减肥要常称体重"来表达学生要经常通过测试来检查自己的学习效果，以调整学习的进度、内容与方法。① 教师的教学隐喻反映了他们个人的教学思想，体现了其教学经验和智慧。

二　教学实践

教学是教师引导学生学习文化知识并促进其身心发展的教育活动。由于隐喻是人类认知的基本方式，也是人类文化建构的基本方式，教学隐喻在教学实践中的普遍存在是必然的。首先，课程知识中弥漫着大量的隐喻，当教师引导学生基于其中的隐喻来理解课程知识时，这些隐喻因与教学相关联而具有了教学隐喻的性质。其次，教师和学生在教学过程中会自主地使用隐喻。这是教学实践中教学隐喻的基本形态，教师在

---

① 王营：《关于教育评价的几个比喻》（http://blog.sina.com.cn/s/blog_4e22ae2e0100e1uz.html）。

教学中使用的隐喻是其中的一个重要方面。

为了促进学生对人文道理的理解，教师会使用隐喻。如古希腊哲学家芝诺的学生问他为什么其知识远比学生们渊博，却经常怀疑自己对问题的解答。芝诺用手杖在沙地上画了两个大小不同的圆圈，说："大圆圈的面积是我的知识，小圆圈的面积是你们的知识，显然，我的知识比你们的知识多。所以你们提的问题我能回答，这两个圆圈外边是你我无知的部分，大圆的周长比小圆长，当然我无知的范围也比你们大，这就是我要多怀疑的原因。"① 芝诺的学生向其提出的问题一般通过长篇大论也未必回答得清楚，他通过两个圆圈，形象、简洁、清楚地回答了学生的问题，充分地体现了其教学实践智慧。

为了促进学生系统地理解科学知识，教师也会使用隐喻。如在生物学教学中，有教师在讲解血液循环知识时，使用了如下的隐喻：

> 把血液比喻成"火车"，把血管比喻成"铁轨"，把心脏比喻成"加油站"，把身体各器官比喻成"停车点"。火车无论到哪里都要走铁轨，离开了铁轨，火车就寸步难行。正如血液必须在血管中流淌一样。火车行进一段时间就要到加油站加油；火车无论到哪个站点，都要有上车或下车的：地点不同，上车或下车的自然不同。血液循环不也是如此？它有固定的路线，而又遍布全身，每到身体的一个器官要么送下物质，要么带上物质，在行进的过程中心脏就是推动血液前进的动力器官。那么复杂，同时又是那么井然有序。②

这位教师通过"血液循环如铁路系统"的根隐喻派生出血液如火车，血管如铁轨，心脏如加油站，身体各器官如停车点等隐喻。这些隐喻形象、生动地表达了血液循环的原理，有利于学生对血液循环知识的理解。

在教学中，教师使用隐喻的情况远远不止以上两种，而学生在教学中的隐喻表达也是教学实践中教学隐喻的一个重要方面。由于第三部分

---

① 张武升：《教学艺术论》，上海教育出版社1993年版，第112—113页。
② 王传玲、贾勇：《例谈比喻在初中生物教学中的作用》，《当代教育科学》2007年第11期。

将对其进行详尽的论述，这里权且做出上述提示。

以上在隐喻认知思潮的背景下，对教学隐喻进行了一般的理论探讨。这些探讨使我们初步了解了教学思想与实践中的隐喻现象。为了进一步深化对教学隐喻的存在状况及其功能的认识，下文将从教学思想和教学实践两个方面分别展开论述。

在教学思想方面，将首先对作为教师个人理论重要表征的教学隐喻和公共教学理论中的教学隐喻进行研究，以揭示教学隐喻在教师个人理论表征和教学理论发展中的功能。这两方面的理论研究将为探讨教学隐喻在教师教育中的应用奠定基础。教师教育中的教学隐喻应用将回应教师个人理论的缄默性以及传统教师教育课程所传播的教学理论知识的外在化问题。

在教学实践方面，将首先探讨儿童的隐喻思维及其在教学实践中的遭遇，以及教学隐喻对学生心理发展的价值。在此基础上，汲取儒、道、禅、基督教的教化隐喻智慧以及现代教育家的教学隐喻经验，探索将教学隐喻应用于教学实践的操作思路。教学实践中的教学隐喻应用有利于促进学生认知和情感的发展，尤其是其隐喻能力的提升。

第二部分

教学隐喻与教学思想

教师是教学活动的引导者和组织者。无论意识到与否，任何教师的教学实践都受到其教学思想的影响。教师个人的教学思想也可被称为教师个人理论。教师个人理论虽然会受到教师教育中的教学理论课程的影响，但对其影响更多的则是教师在生活经历、受教育经历以及教学经历中获得的个人经验。

教师个人理论往往是教师教学实践的直接支撑，因此，我们应该关注教师个人理论的存在状况及其价值。与此同时，我们还应关注教师个人理论的更新问题。许多教师在教学中往往拘泥于自己的经验，重复着自己的教学生活，甚至没有认识到支配自己教学行为的个人理论。总之，这些教师的个人理论往往是缄默的，这种缄默而无反思的个人经验知识，在无形中牵引着教师的教学活动，也制约着教师的专业成长。

传统教师教育课程对教师个人理论影响甚微主要是由于其僵化的内容和传播方式。在教师教育课程中，随着教学论的逐步科学化和学科化，教学理论语言也日益变得呆板、枯燥和乏味。学习者所获得的往往仅仅是碎片化的知识，其难以理解不同教学理论的内在联系，更无法将学习的内容与个人理论相互观照，从而促进个人理论的反思和更新。

面对以上两个问题，许多途径可以改善教师教育中的教学理论课程，并促进教师对其个人理论的反思和更新。本部分将从隐喻的角度探讨教师反思个人理论（尤其是缄默知识显性化）和教学理论有效传播的可能路径。在探讨应对问题的策略之前，首先有必要做好两项工作：一是对作为教师个人理论表征的隐喻进行探讨；二是对教学理论中教学隐喻的梳理和反思。与之相关的基本问题有教学隐喻是如何表征教师个人理论的？不同成长阶段教师的教学隐喻有何各异的特征？在教学理论科学化的背景下教学隐喻遭受了怎样的命运？教学隐喻是如何促进教学理论的发展的？这些基本理论研究将为解决以上两个问题奠定基础。

第三章

教学隐喻与教师个人理论

在教育改革史上，教师通常被视为新的教学理念的实施者，然而，在世界范围内诸多教育改革所陷入的困境，使教育研究者开始反思"自上而下"的教育变革所存在的问题。20世纪60年代，布鲁纳领导的以结构课程理论为指导的课程改革所遭遇的困境，使人们开始更加关注教育理论和教育实践的关系尤其是教师在教育变革中的地位问题。在此背景下，结构课程改革的第二号旗手施瓦布提出了实践课程论的思想。他批判了过去的教育改革对自上而下的理论的过分依赖，发展了让一线教育工作者参与课程决策的自下而上的课程实践模式。英国的斯滕豪斯在其领导的人文课程研究（1967—1970）中，明确提出了"教师成为研究者"的主张。这些无疑都极大地提升了教师在课程变革中的地位。

80年代后，西方一些研究者提出，与公共理论相对，教师们具有个人理论。与公共理论的普适性、逻辑性、抽象性的特点不同，个人理论往往具有个人性、情境性和实践性的特点。要想使课程改革深度发生，我们必须关注、研究教师个人理论。对教师个人理论及其价值的承认无疑进一步提升了教师的地位。在此研究背景下，我们可以看出，教师教育课程中的教学理论其实是公共教学理论。与在公共教学理论中一样，教学隐喻在教师个人理论中也广泛地存在着，其是教师个人理论的重要表征。

第一节 教师个人理论视域下的教学隐喻

为了明晰地探讨教师个人理论中教学隐喻的存在形态以及不同成长

阶段教师的教学隐喻的特征，有必要首先对教师个人理论的内涵及其相关问题以及关涉教师个人理论的隐喻研究进行探讨。

一 何谓教师个人理论

对于"教师个人理论"这一概念，许多人可能还不太适应。因为人们普遍认为教师是教育实践工作者，其主要任务是开展教学实践。与教育实践工作者相对，教育理论研究者的任务才是创造和发展教育理论。显然，这种认识所遵循的是科学主义范式的技术理性。这种认识的渊源可以追溯到17—19世纪科学知识的发展及其对其他学科的影响。19世纪末20世纪初，在社会科学普遍以自然科学为标尺，迷恋科学化追求客观性的过程中，教育学也不甘落伍，奋不顾身地投入到了这一浪潮中。在教育学科学化的过程中，教育理论研究者和教育实践工作者日益成为两个泾渭分明的群体。教育理论研究者发展理论，教育实践工作者应用理论，似乎已经成为一种"常识"。

然而，事实却异常复杂。教育学发展至今，教育理论研究者并没有创立多少具有客观性和确定性的知识。与此同时，几乎任何以外在的教育理论引领的教育变革都遭遇了"困境"。这也暴露了人们对教育理论与实践关系的误解，激发了我们对教育理论与实践关系的再认识。教育理论首先追求的是其普适性、逻辑性和明晰性，但教育实践是具体的、复杂的、不确定的。这样，许多教育理论在遭遇教育实践时，就暴露了理论的局限性。这些教育理论往往从某一研究视角出发对具有无限复杂性的教育实践进行了探究。这种探究可能有助于我们理解教育实践，但如果仅仅以它作为教育实践的理论"指导"是绝对不充分的。[1]

自上而下的教育理论指导教育实践面临的困境，以及思想界知识观的变革[2]使教育学者开始关注教师个人理论。20世纪60年代，波兰尼的个人知识理论被英美教育哲学家赫斯特、谢弗勒引入教育研究中。20世

---

[1] 高维：《谁的理论？谁的实践？——教育理论与实践的关系重审》，《现代教育管理》2011年第12期。

[2] 如波兰尼的"个人知识"理论，他强调个人因素在科学研究中重大影响的思想引起了学术界的广泛关注。

纪 80 年代以后，教师个人理论开始引起教育学术界的研究兴趣。艾尔贝兹、克兰迪宁、康奈利是其中的先行者，其在该领域做出了引领性的贡献。

伴随着我国新世纪的课程改革及其存在的教师教学思想与实践变革之艰难的问题，受西方教师个人理论研究的影响，我国学者开始关注教师个人理论，至今已取得了诸多的研究成果。其中，对教师个人理论的具体名称及其内涵尚未取得共识。李小红认为："教师个人理论是指贮存于教师个人头脑中、为教师个人所享用的关于教育诸方面的理性认识成果①"，其主要来源于教师的生活经验。教师的教育观或教育信念是教师个人理论的表现。② 鞠玉翠认为教师个人实践理论的含义"基本等同于教师个人所持有的教育观念，指教师对教育——学校教育、教育目的、教与学、学生、学科、自己的角色和责任等的观念"。与教育观念相比，其更强调个体性和实践性。③ 陈向明则认为教师的实践理论"是教师内心真正信奉并在其教育教学实践中实际使用和（或）表现出来的对教育教学的认识"。从来源上说，其内生于教师自己的行动，大都来自教师的个人经验。④ 可以看出，虽然各位研究者对教师个人理论的名称和具体界定不尽相同，但其都主张教师个人理论是教师对教育教学的认识。这种认识具有个体性和实践性的特点。

还需指出的是，当前关于教师个人理论的概念使用比较混乱。相关的概念有教师个人知识、教师实践性知识、教师个人实践知识、教师缄默知识等。研究者在使用这些概念时，往往根据自己的研究需要有所侧重，也不可避免地具有一定的随意性，因此我们很难将这些概念都明晰地区分开来。不过有一点是可以明确的，那就是这些概念都强调教师个人的实践和经验，而教师对教育教学的认识或曰教育观念是其中的基本内容。

---

① 将教师个人理论界定为理性的认识成果似显不妥，因为教师个人理论中仍有诸多缄默知识，这些缄默知识往往没有被教师意识到，因此也就无法达到理性认识的层次。
② 李小红：《教师个人理论刍议》，《高等师范教育研究》2002 年第 6 期。
③ 鞠玉翠：《走近教师的生活世界——教师个人实践理论的叙事探究》，复旦大学出版社 2004 年版，第 8 页。
④ 陈向明：《理论在教师专业发展中的作用》，《北京大学教育评论》2008 年第 1 期。

笔者之所以在此使用教师个人理论的概念，主要有以下几个方面的原因。首先，其更贴切于本部分所探讨的教师的教学思想的内容。其次，其更有利于强调教师教学思想的个体性和实践性的特点。再次，教师个人理论是与公共教学理论并列的概念范畴。这一概念有利于引起人们对教师教学思想的关注，并提升教师教学思想的地位。最后，关于教师个人理论的许多研究涉及对隐喻问题的探讨，以此概念更有利于借鉴已有的研究成果，也有利于探讨下文中教师个人理论的缄默性问题。

教师个人理论对教师的专业行为具有重要影响。它不仅决定着教师的行为，还影响教师对外部信息的接受。教师的计划、决策、行为直接受教师个人理论的支配，而公共理论只有经过教师个人理论的过滤才能被接受。[①] 当然，我们还需注意到，公共教学理论和教师个人理论的关系不是单向的（教师个人理论吸收公共教学理论），而是双向的（公共教学理论可以转化为教师个人理论，教师个人理论也可以转化为公共教学理论）。虽然教师个人理论大都是个人性的、情境性的，而且往往是缄默的，但一些教师通过实践探索和反思，提出了具有普适意义的理论，并产生了较大的影响，如特级教师李吉林的情境教育理论。情境教育理论首先是李吉林的个人理论，同时它也在逐渐发展成为公共的教育教学理论。

二　作为教师个人理论表征的教学隐喻

一般来讲，教师个人理论和专业教育研究者的学术理论有明显的区别。学术理论往往是抽象的、逻辑的，其主要通过概念和命题来表征，而教师个人理论作为经验性的、个体性的认识，具有鲜明的表征形式，隐喻是其中的一种重要类型。[②] 在既有的研究中，教师个人理论通过隐喻表征的形式主要可以分为两种类型：一是自然情境的表征，二是研究情境的表征。前者是指教师在自然的教学生活中使用的隐喻所反映的教师

---

　① 鞠玉翠：《走近教师的生活世界——教师个人实践理论的叙事探究》，复旦大学出版社2004年版，第5页。

　② 当然，作为人类认知和言说的基本方式，隐喻在现当代的教育教学理论中也是广泛存在的，只是其通常以隐性的形式存在。参见高维《教学理论中的教学隐喻研究》，硕士学位论文，南京师范大学，2010年，第41—43页。

个人理论，后者指研究者通过隐喻方式对教师个人理论的调查。

艾尔贝兹、克兰迪宁和康纳利以及徐碧美、陈向明等学者对自然情境中教师的教学隐喻进行了探究。艾尔贝兹曾在1983年出版的《教师的思考：教师实践性知识研究》一书中提出惯例（rules）、原则（principles）和形象（image）①是教师实践性知识的表征形式。② 在此基础上，克兰迪宁和康纳利形成了教师实践性知识的系统的表征语言。这些语言包括：形象（image）、个人哲学（personal philosophy）、规则（rules）、实践原则（practical principles）、节奏（rhythms）、隐喻（metaphors）和叙事主题（narrative unity）。这些是情感的、道德的、审美的语言，其能够言明教师的故事，并有效地表征教师实践性知识。③ 笔者认为，以上研究者所探讨的表征教师实践性知识的许多形式，如规则、原则（实践原则）、个人哲学、隐喻等也都直接反映或蕴含了教师个人理论。

克兰迪宁和康纳利吸收了莱考夫和约翰逊的研究成果，"把隐喻看成个人化实践知识的重要部分和实践语言的主要形式"，并"把教师的行为和实践理解为他们的教学和生活的隐喻的具体化表现"。他们指出，可以通过言谈来发现教师的隐喻，不过，这样获得的隐喻可能并不是教师实践的隐喻。因此，通过系统检查教师的实践、访谈材料、故事和日记所获得的教师的隐喻更可能有效地反映教师实践性知识。④ 他们的这些思想对于探究教师个人理论具有重要的启发意义。

隐喻作为一种强有力地表征教师个人理论的形式，也通常渗透在其他表征形式中。如教师斯蒂芬妮（Stephanie）对于课堂形象的认识中就蕴含着"课堂是家"的隐喻，她通过这一隐喻获得了"关于教学过程、关于她作为教师和人以及关于初等学校的适当教材的知识"。⑤

在以上研究的背景下，徐碧美在《追求卓越——教师专业发展案例

---

① 对"image"的其他翻译有"喻象"或"意象"。

② Freema Elbaz, *Teacher Thinking: A Study of Practical Knowledge*, London: Croom Helm, 1983, p.132. 转引自魏宏聚《柯兰迪宁实践性知识观中的"教师喻像"内涵诠释》，《教师教育研究》2006年第3期。

③ [加]康纳利、克兰迪宁：《教师成为课程研究者》，刘良华等译，浙江教育出版社2004年版，第62页。

④ 同上书，第73—74页。

⑤ 同上书，第63页。

研究》一书中对一名专家型教师、两名经验型教师和一名新手教师进行了翔实的案例描述和分析,立体地展现了处于不同发展阶段的教师个人理论的面貌。她通过访谈形式,揭示了四位教师的生活史和教学史①,其中蕴含的隐喻值得关注。如专家型教师玛丽娜在成长过程中经历了双重的角色转变。作为教师,其从最初的权威角色转变为"朋友"乃至"知心阿姨"。作为教研组长,其经历了从管理日常事务的"保管员"到"改革的引领者"和"指导者"的转变。角色的转变体现了玛丽娜教育教学思想的转变,在转变中,其从新手教师逐步发展为经验型教师和专家型教师。而经验型教师艾娃的"空间"隐喻、婧的"老鼠拉龟""陌生人"隐喻以及新手教师珍妮的"家"隐喻都表征了她们对课程、教学或自身处境的认识。

陈向明及其领导的"教师实践性知识研究"课题组在调研中发现了教师使用的许多本土概念,如"贯通力""感知力""亲和力""课眼""默契""点穴""脉络图""问题核""节奏感""教师作为厨子""学生作为植物人""教师味"等。② 如果从广义的隐喻定义来看,这些概念都是隐喻性的。对教师的本土概念的发掘,无疑有利于我们直观地把握教师个人理论。

通过对以上隐喻的梳理,我们可以看出,隐喻的确是表征教师个人理论最重要的方式之一。这些隐喻所表征的教师个人理论无疑是其最重要的经验。与此同时,我们需要认识到,虽然这些隐喻反映了教师们关键的经验,但这并不是教师经验的全部。隐喻在凸显教师的一部分经验的同时,也在遮蔽教师的其他经验。而且,对教师通过隐喻表达的教师个人理论的深入认识,需要我们对教师经验的全面了解。

对教师在自然情境中所使用的隐喻的研究显然具有重要的意义,其使我们认识到了教师的所思乃至所为。斯坦福大学教授艾斯纳(Elliot W. Eisner)曾对此做出了积极的评价。他指出:"教师生活中的隐喻、他们对自己工作的理解方式和他们所讲述的故事告诉我们,作为专业人员,

---

① 具体参见徐碧美《追求卓越——教师专业发展案例研究》第六章和第十章。
② 陈向明:《教师实践性知识研究的知识论基础》,《教育学报》2009年第2期。

他们的生活中正发生着什么。这比任何可测量的行为所显示给我们的要深刻得多。"①

以上对教师在自然情境中所用的隐喻的研究是将其作为教师个人理论表征的一种方式来看待的,并不是对隐喻的专门研究。另有许多研究直接以隐喻方式来调查教师个人理论,可谓是教师的教学隐喻的专门研究。这些研究通常采用的方式是让教师完成"教师是_____"及"教学是_____"之类的开放性题目或者让教师从研究者提供的隐喻类目中选择自己认同或实践的隐喻,等等。② 显然,这种方式有利于以简便的方式获得教师个人理论。然而,由于通常缺乏相应的课堂观察和教师的实践材料,这种方法往往只能认识到教师个人理论的某些侧面,无法获得教师个人理论的整体图景。

总体来讲,既往的研究通常将隐喻视为探究教师个人理论的一种手段,并没有对作为教师个人理论之表征方式的隐喻本身进行详尽的分析。在下文中,笔者将对教师个人理论进行分解,并探究教学隐喻对教师个人理论诸内容的表征,以期加深我们对其的认识。

第二节　教师个人理论的内容及其隐喻表征

关于教师实践性知识包含的内容的研究,可以为探讨教师个人理论的内容提供参考。艾尔贝兹认为,教师实践性知识关涉五个方面的内容:学科知识、课程知识、教学法知识、关于自我的知识、关于学校的背景知识。③ 姜美玲将教师实践性知识的内容④分为学科内容知识、学科教学法知识、一般教学法知识、课程知识、教师自我知识。显然,其更多地

---

① [加]康纳利、克兰迪宁:《教师成为课程研究者》,刘良华等译,浙江教育出版社2004年版,序言。
② 高维:《国外教师教育视野下的教学隐喻研究》,《上海教育科研》2009年第12期。
③ Freema Elbaz, *Teacher Thinking: A Study of Practical Knowledge*, London: Croom Helm, 1983, p.47. 转引自徐碧美《追求卓越——教师专业发展案例研究》,陈静、李忠如译,人民教育出版社2003年版,第51—52页。
④ 笔者认为,姜美玲在其著作中将其表述为"教师实践性知识的构成要素"是不合适的。其实质上所讨论的是教师实践性知识的内容。

受到了科尔曼对教师知识分类的影响。① 陈向明认为，教师实践性知识包括教师的教育信念、教师的自我知识、教师的人际知识、教师的情境知识、教师的策略性知识和教师的批判反思知识六个方面。这种对教师实践性知识内容的探讨似乎更多地体现了教师实践性知识的个体性和实践性的特点。因此，笔者主要以陈向明的分析框架为参照，并参考其他学者的观点，将教师个人理论分为教师的教学信念、关于课程的认识、关于教学技术与艺术的认识、关于自我的认识等方面，并具体探讨隐喻对这些认识是如何表征的。②

一 教学信念

教师的教学信念是教师所认同或确信的关于教学的价值观念。这其中包含着两个要点：其一，教学信念是教师认同或确信的观念，这种观念具有一定的个体性和主观性。其二，教学信念是教师对教学基本问题的看法。这些教学基本问题包括课堂是什么？教学是什么？教学的目的是什么？教师是什么？学生是什么？师生关系应该是怎样的？等等。教师教学信念的影响因素很多，如教师个人的生活经历、早期的学习经历、教学经历、师范教育课程、其他教师的经验等。

教学信念是一种微妙的存在。许多教师对自己能够明晰言说的教学理论并不相信，更不切实实践，而对自己相信并实践的教学思想，却很少能够明晰地表达出来。③ 教师的教学信念通常体现在教师的教学故事尤其是隐喻中。一位教师在给同行的书札中用"开无轨电车"等隐喻表达

---

① 笔者认为，姜美玲直接将科尔曼对教师知识的分类套用到对教师实践性知识的分析上是有问题的，至少会引起误解。如果我们将其称为关于学科内容的知识、关于学科教学法的知识、关于一般教学法的知识、关于课程的知识、关于教师自我的知识，可能会更贴切些。因为，这样至少可以与教师知识中的公共理论知识相区别。事实上，姜美玲在论述中所表达的正是这些内容，只是其在概念的使用上比较模糊不清。

② 由于要研究教学隐喻是如何表征教师个人理论的，因此，这里主要探讨课程与教学方面的教师个人理论。

③ 许多教师经常挂在嘴边的教学理论未必是其真正认同的。如在课程改革过程中，许多教师在公开场合的言谈中经常提到建构主义、合作学习理论，但在教师私下的教学言谈中却很少涉及，在教学实践中更很少采用。这就很难讲他们认同了建构主义等学习理论。与此相对，其更多地确信自己一直所践行的教学思想是有效的、可行的，即使许多教师也无法说清其所奉行的这种教学思想到底是什么。

了自己的教学信念：

> ……人们常把天南地北地神侃称为"开无轨电车"，而教学活动则有鲜明的目的性，于是此词自然成了教师们的大忌之一。久而久之，在习惯的作用下，许多教师终于谨慎地形成了上课紧扣课文不敢越雷池一步的"风格"。偶尔"出格"一句，也会下意识地"拨转马头"。如果要上公开课，更是如临大敌似的把上课要讲的每句话都落笔成文且像演话剧一样背熟才可。课堂上不准"开无轨电车"是为让学生在40分钟里尽可能地学到知识，而如我们现在所为能达到预期效果吗？不能，死盯着课本只能使好学生越学越累，后进生越学越差，因为学生对学习丧失了兴趣。小学生有着很大的好奇心，其学习兴趣大多源于此，而学生的好奇心只能在他们不了解的丰富多彩的知识面前产生，一本教科书能蕴含多少学生感兴趣的东西呢？所以眼中只有一本教科书、思维僵化的教师只会抹杀孩子的灵性，把他们教得越来越笨，越来越厌恶学习。
>
> 小学进行的是基础教育，教师讲授的内容应该程度浅、范围广、充满情趣。我以为教师在课内要善于在讲完课本内容后再从中找到能延伸出来的新知识。新知识应以常识为主，使孩子感到有意思，应该学并且课后还有兴趣进一步自学。新知识的讲授应在课内进行，既与课本相结合拓展学生知识面，又利于调整学生听课情绪。如果这样的讲授是"开无轨电车"的话，那开开也无妨。你以为如何？[①]

在以上书札中，该教师使用了诸多隐喻，如"雷池""拨转马头""如临大敌""演话剧""开无轨电车"等。其中，"雷池""拨转马头""如临大敌""演话剧"等隐喻形象地展现了许多教师谨慎地按照预设的内容进行教学的情形。与此相对，该教师提倡"开无轨电车"式的教学，因为这能够激发学生的兴趣，扩展学生的知识面，从而克服"演话剧"式的教学的弊端。当听到同行在课堂教学和管理中存在的困难时，该教师同样以书札的形式给予了回复。其中，谈到了"园丁"和"驯兽师"

---

① 姜美玲：《教师实践性知识研究》，华东师范大学出版社2008年版，第158—159页。

隐喻：

> ……人们常把教师比作园丁，我想这是因为孩子更需要别人精心的照料、充沛的阳光、丰富的养料。花草树木只有真正吸收阳光，才能进行光合作用。教师只有把思想意识、知识、能力送进学生的心灵，学生才能真正长大。要使学生按老师的要求去完成学业，就得先让他们对教师的学识、素养、能力产生敬佩之心。……单靠喉咙叫得震天响的教师在学生面前是毫无威信可言的。因为他采取了野蛮的方法，丢掉了自己的尊严。学生不会为他的言行真正认识到什么，而只会为此产生条件反射。这是驯兽员对动物们的作为啊！真正的教师应该无比耐心地把美融于自己的言行中，使学生受到人道的、潜移默化的影响。①

通过"园丁"和"驯兽师"隐喻，这位教师表达了自己的教师观和教学观，其中洋溢着浓郁的教育人文情怀。基于"开无轨电车"和"园丁"等隐喻，该教师表达了自己的教学信念，并将这种信念体现在了其教学实践中。②

有的教师的教学信念与其教学实践是协调的，有的教师的教学信念与其教学实践却相差很远。这种情况往往在新手教师身上得到更充分的体现。徐碧美所叙述的新手教师珍妮就是一个典型的案例。珍妮刚开始教学就希望和学生建立亲密和谐的关系，她将课堂比作"家"来表达这一观念。"当有人来听她的课时，珍妮总要求学生用欢迎自己家客人的方式来迎接他们。在她看来，如果教师与学生关系和谐，那么课堂将会更愉快，学生的学习成绩会更好。"③ 然而，为了维持课堂纪律，她还是采纳了同事所言的初为教师要先严后松，这样学生才不会"无法无天"的"忠告"。显然，珍妮的信念与其实践存在着一定的冲突。一方面，她想

---

① 姜美玲：《教师实践性知识研究》，华东师范大学出版社 2008 年版，第 162—163 页。
② 参见姜美玲《教师实践性知识研究》一书第 159—160 页的案例实录。
③ 徐碧美：《追求卓越——教师专业发展案例研究》，陈静、李忠如译，人民教育出版社 2003 年版，第 136 页。

和学生建立家人般的关系；另一方面，为了维持课堂纪律又不得不板起面孔，隐藏真实的自己。珍妮的经历又一次印证了新手教师更多地为课堂管理等事务缠身，尚不关注教学艺术。可喜的是，珍妮在课堂管理上面临的冲突使其开始关注教学艺术，这可能是她最终会落实其教学信念的一个征兆。总之，珍妮的"家"的隐喻表征了其教学信念与现实的冲突。如果其教学信念足够强大，这个富有感染力的隐喻可能会成为课堂现实。

二 关于课程的认识

任何教学活动都是教师和学生围绕课程开展的，在以课程为核心的学习和探究过程中，学生的知识、能力和情感态度价值观得以发展。在课程改革的背景下，教师的课程自主权日益受到重视，以往那种将教材视为"圣经"的观念显然是过时了，教材也仅仅是教师教学的一种材料而已。因此，依照课程标准，教师可以自主地调适和设定课程。在一门课程中，学生应该掌握哪些基本的概念、原理和事实？如何组织这些概念、原理和事实？如何看待自己所教的（学科）课程？对这些问题的理解构成了教师关于课程的认识。教师关于课程的认识将影响其在课堂中教授哪些内容以及如何来教授。

在宏观上，教师关于课程的认识体现在其对自己所教学科的看法上。斯滕恩伯格（Gladys Sterenberg）通过"数学是一个_____"的完形题目对四名小学教师的数学（课程）观念进行了调查。结果显示：支配性的隐喻是"数学是战争""数学是一座山""数学是一座桥"。"数学是战争"体现了有的教师将数学与害怕、挣扎以至生存的经验相连。这些教师儿童时期的数学经验影响了其对数学的认识，数学看起来像个敌人。有教师指出"数学是珠穆朗玛峰"。登山是充满挑战的，但要想成功必须有良好的基础，为了成功，仔细的准备是必要的。有教师认为"数学是桥梁"。数学是沟通我们对外部世界认识的桥梁。[①] 这些不同的隐喻表征了几位小学教师对数学课程的态度和认识，这些态度和认识无疑影响着

---

① Gladys Sterenberg, "Investigating Teachers' Images of Mathematics", *Journal of Mathematics Teacher Education*, Vol. 11, No. 2, 2008, pp. 89–105.

其数学教学。

教师关于课程内容设置的认识是教师个人理论的重要方面。作为经验型教师的艾娃经常使用"空间"隐喻来表达其对课程开发和自身教学的认识。她说:"直到现在,我仍然觉得教英语很有趣,因为有许多发展空间,在课程中少了许多限制……甚至在教阅读理解时,在你设计问题时……你可以引入不同的观点。"在阅读理解教学中,艾娃会自己准备一些文章,内容涉及宗教信仰、道德价值观乃至学校纪律问题。"在设计完形填空短文或语法活动时,她会用学生的名字并描述他们。"她认为,这种让学生有切身感的创造性的课程设计,能够引起学生的学习兴趣。①

三 关于教学技术与艺术的认识

教学技术是教学可遵循的路线、方法和技巧。我们通常所谈的教学模式是教学技术的重要体现。过分依赖教学技术可能会使教学走向僵化,从而丧失教学的人文向度。因此,人们更加向往教学艺术。教学艺术概念本身就是一个隐喻。教学就是教学,将教学称作艺术是要强调教学的艺术性,或者教学与艺术的相似之处。② 这些相似之处包括个体性、开放性、创造性等。教学艺术是一个富有魅力的领域。进入教学艺术的殿堂是优秀教师的重要体现。教学艺术并不排斥教学技术,许多教学艺术以教学技术为基础,但教学艺术又不拘泥于教学技术,其必然要走向自由与创造。教师关于教学技术和艺术的认识体现在教师的教学言行中,而隐喻是其重要的表征形式。

在传统教学中,教师往往扮演着真理拥有者的角色,教师的教学任务就是传递既定的知识或者标准答案,学生是这些知识的接受者。或许课堂上也会产生热闹的师生"问答",但这仅仅是虚假的繁荣。教师往往操控了这一切,学生仅仅是被操控者。有教师用"打乒乓球"的隐喻表达了对这种操控技术的认识:

---

① 徐碧美:《追求卓越——教师专业发展案例研究》,陈静、李忠如译,人民教育出版社 2003年版,第114页。

② 只是在长期的使用过程中,教学艺术概念的隐喻性逐渐磨损,逐渐成为一个日常的教育学概念。

课堂上的师问生答好比是"打乒乓球",教师抛出一个问题,就相当于发出一个球,当学生回球出界时,有些教师这样调控,没有任何表情地命令道:"坐下。"有些教师通过"失聪"加以调控。此时,学生明白自己的想法离题万里。于是教师再抛出同一个问题,学生此时的回答已经是擦边球了,但还不是教师心目中的标准答案,教师这样调控:"你的想法不错,不过还有谁能说得更加完整呢?"教师第三次抛出同一个问题,学生把教师期待已久的标准答案完整、清晰地表述之后,教师难以抑制对该生的感激之情,激动地命令全班:"表扬他。"全体学生热烈鼓掌,师生问答按预设路线继续你来我往,场景热闹非凡。①

许多教师扎根课堂一线,积累了丰富的教学经验。对不同类型的课,许多教师形成了自己的教学思路,这些教学思路可谓其教学的常规。有位特级教师通过"珍珠"隐喻表达了其对小学数学不同课型的教学流程的认识:

　　新授课好比是教师带领学生从河蚌中掏珍珠的过程;练习课好比是把掏出的颗颗珍珠擦亮的过程;复习课好比是把擦亮的颗颗珍珠串成项链的过程;实践活动课好比是知识的消费过程,也就是说设法把珍珠变成商品,戴到姑娘脖子上的过程。②

这一隐喻表达了作者对不同课型的教学基本模式的思考,具有一定的启发性。在课堂教学中,许多优秀教师在悄无声息中演绎着教学的艺术,如教师艾琳这样表达其对教学过程的认识:"播下小小的种子,看看孩子们对它是否感兴趣。"③ 这充分表达了该教师以儿童为中心的教学原则。陈向明及其主持的"教师实践性知识研究"课题组发掘出的许多本

---

① 吴卫东:《教师个人知识研究——以小学数学教师为例》,教育科学出版社2011年版,第85—86页。

② 同上书,第95页。

③ [加]康纳利、克兰迪宁:《教师成为课程研究者》,刘良华等译,浙江教育出版社2004年版,第68页。

土概念，如"课眼""节奏感"也充分展示了优秀教师的教学艺术。以"课眼"为例，一些优秀教师提到，就像气象学中的"风眼"、文章中的"文眼"一样，一堂课也有其"课眼"，"课眼"是一节课的灵魂。①

四 关于自我的认识

教师关于自我的认识涉及教师对自己的个性特点、教学状况、人际关系等方面的认识。教师的自我认识水平影响其教学行为和专业发展。首先，很难想象一个对自我缺乏认识的教师能够成为优秀教师。在混沌和不自知中，教师只会延续旧习。优秀教师往往对自己的优缺点、自己的教学处境，尤其是其中存在的问题以及和学生的关系等有敏感的把握。这种把握奠定了其调整和改善自己教学的基础。其次，教师自我认识中的认知取向也影响着教师专业发展。有的教师能够综合地考虑自己教学中问题存在的内外因，能够坦诚自己教学的不足并向有经验的教师求教。这种自我认识及其支撑的教学行为显然是有利于教师专业发展的。有的教师通常不能对教学中以及和学生交往中存在的问题进行合理的归因，而将问题归在学生等外部因素上的倾向更使得一些教师不能积极地调整自己的教学行为。这也导致了教学问题的持续存在以及专业发展停滞不前。

教师关于自我的认识是一种"向内"的知识。人最难的事情莫过于自知，与"向外"的知识（如教师对学生的认识，对课程内容的认识等）相比，"向内"的知识更不容易获得。许多教师正是因为"不自知"，导致了裹足不前。与此相对，具有"自知"能力的教师的自我认识一般比较贴切。教师关于自我的认识主要体现在他们的日常言谈、日记和信件中，其中的教学故事尤其是隐喻是教师自我认识最引人注目的表征。下面，让我们通过教师筱和婧的故事来加深对隐喻作为教师关于自我的认识表征的了解。

筱在加拿大受过研究生教育后在上海的一所师范学校教音乐。在备课的过程中，她在总体上对《音乐教学大纲》提出的教育教学目的并不认同。这使她多少有些不安，但她还是按照自己对音乐和教学的理解进

---

① 陈向明：《教师实践性知识研究的知识论基础》，《教育学报》2009年第2期。

行了音乐教学。研究者何敏芳在与筱的一次交谈中,发现她持有一个"推—拉"的隐喻。一方面,她被中国传统的教育所推,另一方面她又被教师应发展学生的社会批判意识所拉。① 总之,筱处于一种紧张的教学状态中。通过"推—拉"隐喻,筱形象而准确地描述了自己的教学困惑。从这一隐喻中,我们也可以深刻地领会到她在思想和情感上面临的困惑。

与筱相对,婧是一位有五年左右中学教龄的教师。她认为自己"宁静内向、不善交际",所以选择了教师职业。在教学生涯早期,婧的这种性格在一定程度上影响了其职业的发展。在教学生活中,她很难和学生进行亲密的交流,也难以做到向其他教师倾诉教学问题。在第三年末,经历了困惑与探索,婧逐渐能够胜任中学低年级的教学,能与同事交流自己的想法,并向他们学习。然而,在教学的第四年,婧承担了一项艰巨的任务——执教高年级。由于学生的学业水平低且不遵守纪律,以及自己的教学经验不足,婧在教学中困难重重,备受煎熬。她用"老鼠拉龟"隐喻表达了自己无计可施的困境。她觉得学生对自己不够尊重,因为他们觉得自己没有足够的"货"来胜任教学。在课堂之外,婧觉得自己与学生难以进行亲密的交往,学生对她而言,就如同一群天天见到的"陌生人"。② 在婧的经验叙事中,她用"老鼠拉龟""货""陌生人"描述了自己的教学困境以及和学生的关系困境。这些隐喻体现了其五味杂陈的情感体验和对自己教学处境的个体性认识。在认识到自己经验不足的同时,婧认为教学问题的产生在很大程度上在于学生的不配合。这种认识也在一定程度上阻碍了其主动变革的脚步。

以上从教师的教学信念、关于课程的认识、关于教学技术与艺术的认识、关于自我的认识四个方面对教师个人理论的隐喻表征进行了探讨。在此,需要补充两点:第一,以上四个方面的内容主要关涉课程与教学方面,其并不足以涵盖教师个人理论的全部内容。但由于笔者的目的在于探讨教学隐喻对教师个人理论的表征,因此,对教师个人理论的上述

---

① [加] 康内利、柯兰迪宁、何敏芳:《专业知识场景中的教师个人实践知识》,《华东师范大学学报》(教育科学版) 1996 年第 2 期。

② 徐碧美:《追求卓越——教师专业发展案例研究》,陈静、李忠如译,人民教育出版社 2003 年版,第 125—134 页。

分解以及对各类型的教师个人理论的隐喻表征的分析，还是进一步细化了我们对教师个人理论的隐喻表征的认识。第二，教师个人理论往往是个体性的、模糊性的和完整性的存在，任何对其的分解都是理论意义上的，以上所举的一些案例可能会蕴含着两种或多种类型的个人理论。其中，由于教学信念的抽象性和概括性，其是教师个人理论的内核，并往往以抽象的形式体现在以上各种类型的教师个人理论中。

第三节　不同成长阶段教师教学隐喻的特征

教师在成长过程中，要经历不同的发展阶段。这些阶段相继是职前教师、新手教师、经验—专家型教师、教育家型教师。职前教师作为师范生，主要在学校学习学科和教育知识，并参与少量的教育实习。新手型教师从事教学实践的时间较短，一般是1—2年，经验不足。随着教学实践的磨砺，新手教师积累了许多处理教学问题的方法，会成为经验型和专家型教师。专家型教师一般教龄在5年以上，并取得突出的教学成就。[①] 教育家型教师已经超越了技艺的层次，进入了教育的精神世界，这也是教师的最高境界。在教育领域，许多教师都会经历从职前教师到新手型教师再到经验型教师的发展历程，但只有部分教师会成长为专家型教师，而教育家型教师更是凤毛麟角。

许多研究对不同成长阶段教师的教学思想进行了探讨[②]，并揭示了其特征。在这些研究的背景下，本书从隐喻的视角来探讨处于不同发展水平的教师的个人理论的差异。处于不同发展阶段的教师，由于教学经验、教学能力和教学追求不同，其教学隐喻也表现出了明显的差异。明了这些差异，有利于我们认识教师成长的规律。

[①] 一般来讲，学历、校方和同行推荐、教龄、教学成就等是研究者判定专家型教师的标准。其中，在许多研究中，教龄和校方的推荐是判定专家型教师的最常用的标准。相关文献参见徐碧美《追求卓越——教师专业发展案例研究》，陈静、李忠如译，人民教育出版社2003年版，第5—6页；宋广文、都荣胜：《专家型教师的研究及其对教师成长的启示》，《当代教育科学》2003年第1期。

[②] 例如：关于新手和专家型教师的研究，关于教育家的研究，等等。

一 职前教师

在正式成为教师之前,职前教师对教育教学已经形成了星星点点的认识。这些认识一方面来源于其长期的受教育经历,另一方面来源于教师教育课程。这些认识可被视为教师个人理论的萌芽。我们可以通过职前教师创作的教学隐喻来了解其个人理论的特征。

(一) 具有浓厚的理想化色彩

职前教师由于缺乏教学实践经验,其教学隐喻往往受高校开设的教育学课程以及自身学习经历的影响。而且,这些隐喻往往以批判教学现实的面目出现,具有突出的理想化特征。

笔者对 53 名大学四年级英语教育专业学生关于自身学习经历的隐喻性认识的研究发现,有 31 人(58.5%)的教学隐喻是消极的。这主要体现在标准化、灌输性的教学消磨了学生的个性,禁锢了学生的思想;学习的低效或无效;知识与实践的脱离;终身受益的教育的缺失;学生之间的残酷竞争等。与此相对,许多师范生对应然教学的描述往往强调尊重学生、发挥学生的主体性、开展因材施教等。[①] 西班牙的马汀兹(Martínez)等学者对小学和学前在职和职前教师的教学隐喻进行了比较研究。[②] 前者为接受教学心理学课程培训的 50 个有较长工作经验的在职教师,后者是 38 个参与课程设计课程的在校学生。隐喻由小组(每小组 4—6 人)合作讨论产生。研究发现,在职教师开发的隐喻中,行为主义取向的隐喻占 57%,建构主义取向的隐喻占 38%,社会学习取向的隐喻占 5%。而职前教师三者的比重分别为 22%、56%、22%。研究者分析指出,较多的职前教师有建构主义取向是由于西班牙的大学课程内容所致,而在职教师已工作多年,很少有机会接触这些内容,其隐喻更多地反映了自身的教学现实。

[①] 高维:《师范生对自身学习经历的认识与评价——基于学习生活史和教学隐喻的研究》,《上海教育科研》2012 年第 3 期。

[②] María A. Martínez, Narcís Sauleda and Güenter L. Huber, "Metaphors as Blueprints of Thinking about Teaching and Learning", *Teaching and Teacher Education*, Vol. 17, No. 8, 2001, pp. 965 – 977.

（二）难以反映教学的整体图景

职前教师往往持有碎片化的教学认识，这在其创作的教学隐喻中得以体现。虽然，隐喻作为认识事物的间接方式，往往只能使我们认识事物的某一或某些方面，但一些根隐喻则可能帮助我们从某种视角形成对教学的系统性认识。通过对教师持有的教学隐喻的分析，我们可以了解教师个人理论及其系统性。

笔者在对职前和在职教师创作的教学隐喻图的比较研究[①]中发现：在职教育硕士比本科职前教师更容易创作出反映教学过程整体图景的教学隐喻图。[②] 在对图画的文字说明中，在职教师大都比较详细，涉及教学的诸多要素，并基于根隐喻形成对教学认识的系统表达。职前教师虽然也持有相似或其他的隐喻，但这些隐喻一般都比较简略，甚至是一两句话的泛泛而谈。通过职前教师 Q 和在职教师 J 对教学隐喻图的说明，我们可对此有直观的认识。职前教师 Q 对由一支笔和一张被画上图案的纸构成的隐喻图说明道：

> 教学应像绘画一样，让白纸布满美丽的颜色，给学生展现五彩缤纷的世界。教学也像绘画一样，是一门艺术。

在职教育硕士 J 作了两幅隐喻图画，一幅含有一片白纸、一块橡皮和一支笔，一幅是大树掩护下的小树，还有阳光、雨露。她分别在两幅画旁写道：

> 教学好比图画，每个学生一开始都是一张洁白无瑕的白纸，在教师的教授和指导下，用笔在纸上画出属于自己的图画。它可以是一幅壮丽的山水画，也可以是一幅美丽的花鸟画，甚至是一幅信手涂鸦的作品。不管这幅画好坏与否，都无可厚非，其实这一幅幅图画就是对每个学生最真实的写照。而教师在这个过程中除了教授相关的知识、技能外，还好比是一块橡皮，当学生出现错误时，及时

---

① 高维、李如密：《教师教学隐喻图画的比较研究》，《上海教育科研》2011 年第 7 期。
② 教学隐喻图是教师表达其对教学的认识的一种形式，一般包括图画和必要的文字说明。

地帮助他们纠正。

教学好比小树苗的培育过程。小树苗的成长离不开阳光的照耀和雨水的滋润，而学生需要知识的熏陶。但是，一直躲在大树庇护下的小树苗永远不可能成长为一棵茁壮的大树。同样地，我们教师也不应该过多地去"教"，而应该多给出一点空间让学生自由地"学"。只有这样才能让学生自己学会学习、热爱学习，做学习的主人。

以上研究似乎表明，由于缺乏实践经验，职前教师的隐喻略显单薄，而在职教师的隐喻则往往较为丰满。这主要是由于职前教师的隐喻常常是想象性的，而在职教师的隐喻则是对教学现实的反映或反思。西方学者的研究结论可以与以上观点相印证和补充。如斯福特（Stofflett）发现，职前教师的隐喻通常受到自己受教育经历的影响，并从学习者的角度来开发。由于缺乏实践经验，他们会感到任务抽象而困难，甚至怀疑教师教育者要求自己创造隐喻的价值。与此相对，在职教师虽然也觉得教学隐喻的开发比较困难，但能够认识到其价值所在，而且大都能开发出基于自身教学实践的隐喻。[①]

二 新手教师

职前教师往往怀有理想化的教学思想，然而，当进入学校成为正式教师时，他们将真正遭遇教学实践的复杂性，其很难将激发学生的学习兴趣、课程内容、教学方法等有效地统合起来。新手教师经常遇到课堂纪律、激发学生的学习兴趣、处理学生个体差异等教学问题。[②] 这些问题以及繁琐的日常教学事务往往给新手教师带来较重的心理压力。[③] 面对诸

[①] René T. Stofflett, "Metaphor Development by Secondary Teachers Enrolled in Graduate Teacher Education", *Teaching and Teacher Education*, Vol. 12, No. 6, 1996, pp. 577 – 589.

[②] 叶澜等：《教师角色与教师发展新探》，教育科学出版社2001年版，第259页。

[③] 如此，新手教师必然会经历迷茫和痛苦。在此过程中，许多教师要么本能地用自己所受过的教育的方式来对待自己的学生，要么吸取其他教师的"忠告"开始变得保守和严厉。上文中的珍妮就是一个鲜明的例子，她向往像家一样的课堂，然而，由于不知如何将自己的理念转化为现实，为了维持课堂纪律，不得不遵从其他经验型教师的忠告，板起面孔，做个"严师"。

多的教学问题，他们体验着困惑，也在不断的冲突中进行着抉择。在此背景下，新手教师的教学隐喻具有两大特征，一是关注教学的边缘问题[①]，二是不断地变化和冲突。

（一）关注教学的边缘问题

新手教师由于刚刚入职，在生活和教学上都面临着重大转折。由于习惯了较为宽松自由的学生生活，新手教师入职后，面对繁杂的教学生活，往往感到身心疲惫。第二章提到的那位新手教师就用"陀螺"隐喻表达了她的这种感受。备课、上课、听课、批作业、看学生，她就像陀螺一样不停地转着，而且这种"转"是外力或职业规范使然。"陀螺"隐喻突出反映了这位新手教师的感受和困惑。

因为许多新手教师个人理论的理想化以及想尽快在学校和班级中生存下来的诉求，其通常力求与学生建立亲密友好的师生关系，并试图开展富有吸引力的教学，以首先获得学生的认可。如有教师在刚入职时和学生打成一片，"甚至有些纵容和百依百顺"。然而，对学生的关爱并未获得教学的成功。学生在学校考试评价中的极差表现使该教师不仅颜面扫地，而且面临着生存的危机。她在日记中写道：

我处于迷茫、不知所措的困惑状态，尤其是在课堂管理和师生关系的处理方面感觉相当棘手。我真有撒手不干、另觅他路的想法。原来我信奉是真理的东西，在大学学的教育理念和方法，遭遇到前所未有的根本性挑战，理论知识都只是摆在书本中。……我会为勤奋努力而成绩不理想的孩子担心、内疚，"我怎么就教不好他们呢？"更对一些孩子恨铁不成钢，"我怎么就不能让他们痛改前非呢？"我同样受不了那一双双黑亮的眼睛，那是求知的眼睛，可我却不能以更好更优的方式给予他们，害他们走很多弯路，也许还会影响他们今后的思维习惯和解决问题的方式。我觉得我徘徊在理想和现实边缘，理想和现实像是两条平行线不能相交。我又像是攀登在一个山崖，向上是悬崖峭壁，向下又是万丈深渊。我找不到方向，不知该

[①] 这里的边缘问题并不是指教学活动中不重要的问题，而是指在教学中为学生有效学习服务的行为。

怎样前进。①

从这位教师的日记中，我们可以发现诸多的隐喻性表达，如"棘手""弯路""两条平行线""山崖""悬崖峭壁""深渊"。这些隐喻形象地表达了该教师在课程管理、师生关系以及理想与现实之间的冲突等方面的困境。对这些困境的隐喻表征也体现了她主要处于"自我关注"的状态，还没有从教学整体尤其是学生学习的视角来系统性思考问题。②

有的新手教师在教学之初就想吸引学生，并试图形成自己的教学风格。如有教师为了活跃课堂气氛，不惜在课堂上"幽默和耍贫"，甚至用新奇、好玩的话语逗乐学生。此种方式一开始取得了满意的效果，学生参与异常活跃。然而，第二学期，该教师就陷入了困境，学生的参与热情减退了，课堂也趋于沉寂。在困境中，该教师进行了自我反思：

  我的性格就这样，不让我笑和耍贫，我就会是非常痛苦的状态。而且，地理作为小学科，必须抓住课堂 40 分钟，课要有营养，但首先要好吃才行，所以你要想方设法吸引学生。③

由于该教师的个性特点，其持有教学中要"耍贫"以吸引学生的教学信念。因为再有营养的东西，如果学生不爱吃，也没有价值，所以，必须在课堂上吸引学生。应该说，该教师把握了教学的部分"规律"，然而，这并不是教学最核心的问题。来自学生和其他教师的反馈使他认识到，活跃和好笑并不是课堂教学的目的，只有将其与教学有机地结合起来，才能产生教学成效。在此外部评价以及和师傅（一位特级教师）的比较中，这位教师对自己的教学进行了更深入的反思，认为它"最多就

---

  ① 李德华：《新手教师实践性知识的建构——从教师生活史分析》，《当代教育科学》2005年第12期。

  ② 在困惑和抉择中，该教师开始随波逐流，严格地对待学生，屈从于功利主义的教学评价。然而，违心的教学行为使其备受煎熬。后来，以专家型教师为师傅促进了该教师的专业成长。

  ③ 王红艳：《一名新手教师对教学风格的摸索——兼议其实践性知识的生成》，《全球教育展望》2010年第3期。

是麻辣烫,口感刺激,样子好看,实际上不营养",而师傅的教学,营养口味外观俱佳,形成了融性格与教学为一体的教的"川菜风格"。① 在该教师以上话语中,其使用了"营养""好吃""麻辣烫""川菜"等隐喻。通过这些隐喻,他对自己的教学信念和教学行为进行了反思,在反思中他在向经验型教师靠近。

(二)不断变化与冲突

由于新手教师的教学思想尚未成熟,其教学隐喻处于不断变化之中,加之在教学中遇到的种种困难,其可能会用多个隐喻来描绘其对教学的认识,这些隐喻可能存在许多矛盾之处。如我国台湾的一位新手教师相继将教学比拟成"船长带领水手们航海""驯兽师驯化动物""过锰酸钾促进双氧水释放氧气""打靶射击的锻炼历程""水流冲刷溪石的过程""光合作用"等,但又不断地发现这些隐喻的弊端,如在"船长带领水手们航海"这一隐喻中,水手是一群比较被动听指令的人,其压抑了学习者的主体性。这位老师反思道:

> 我还想过许多隐喻,但真的找不到可以适合自己教学的隐喻。不过,那一天,我赫然发觉,也许我目前的教学景况,正如这些隐喻交杂在一起,所呈现的状态:有时候,我把教学当作是"驯兽师驯化动物的历程";有时候,我把教学当作是"打靶射击的锻炼历程";有时候,我把教学当作是"过锰酸钾促进双氧水释放氧气的过程";有时候,我把教学当作是"水流冲刷溪石的过程";有时候,我把教学当作是"光合作用"的历程。
>
> 我怀疑:是不是目前的我,教学的形态并没有一贯性,而是随着不同的情境,反复摇摆,而这样的摇摆,有时也是负面的,那负面的隐喻,可能显现出我的"错误对待"。
>
> 如果我的教学隐喻真是如此,离教学的成熟期,可能还有很大的成长空间了!②

---

① 王红艳:《一名新手教师对教学风格的摸索——兼议其实践性知识的生成》,《全球教育展望》2010 年第 3 期。
② 高维:《教学隐喻与教师成长》,《上海教育科研》2011 年第 10 期。

新手教师的自我反思反映了其教学认识的心路历程。可以想象,在困惑与选择中,他们正在成长。

三 经验—专家型教师

新手教师经过长时间的历练,逐步积累教学经验,就会成为经验型教师,乃至继续成长为专家型教师。这里用经验—专家型教师的表达方式是要表达一般具有经验的教师与富有教学专长的专家型教师的连续体。由于在教学中积累了教学常规,经验—专家型教师在课堂中能够将注意力集中在学生身上,并在教学中体现更多的自主性和灵活性。专家型教师还能够超越琐碎的技术和艺术的层次,形成自己独特的教学主张和教学风格。这些经验—专家型教师的教学特征通常在其关于教学的隐喻中得到形象的表征。

(一) 体现教师角色的灵活性

经验型教师能够从容地应对教学,对不同的教学情境,他们会有不同的处理方式,这也可以通过隐喻来体现。例如,一名初等教育教师迪娜(Diana)用了三个隐喻来描绘她在不同的教学情境中的表现:通常她像警察一样来管理自己的班级;在一些情境下,又像个"老母鸡";在另一些情况下,她又像是演艺人员。其有哪种表现,取决于教与学所发生的背景和环境。[①] 这种隐喻有些类似于在日常教学生活中,一些教师使用的"阴阳脸"隐喻,它体现了教师的严慈相济。教师要达到这样的教学境界,需要长时间的修炼。

教学不是僵化的灌输,而是一门艺术。教学艺术的独特性在于教学的创造性和开放性。这种创造性和开放性蕴含在流动的教学过程中。教师要创造自然、流动的课堂同样需要不断地反思和改进。例如,一位有四年教学经验的历史和心理教师白特斯(Betsy)有很强的反思能力,在她做学生时就注意教师的教学方法,并将自己隐喻为接受灌输知识的"真人海绵"。在接受职前教师教育时,她对学校中抽象的课程表示反感,

---

① Kenneth Tobin, "Changing Metaphors and Beliefs: A Master Switch for Teaching?", *Theory into Practice*, Vol. 29, No. 2, 1990, pp. 122–127.

认为自己需要的是实际的教学策略和方法。开始教学时，白特斯将自己视为一个"流浪艺人"，而仍将学生视为她学生时代所认为的"真人海绵"。在教学中遇到的困境使她重新反思了自己的教学，进而将自己视为"变色龙"，即根据学生的反应及时地调整自己的教学内容和方法。① 从"预设"走向"生成"，白特斯体现了教师在教学中应有的灵活性，也显现了一名经验型教师的实践智慧。可以看出，与新手教师在课堂教学中一般都比较关注课堂管理不同，经验丰富的教师更关注教学方法。

（二）反映鲜明的教学主张

与一般的经验型教师相比，专家型教师一般在教学思想与实践上具有自己鲜明的主张和特色。许多专家型教师的个人理论是基于隐喻来表达的。特级教师孙双金提出了情智课堂的理念，他认为："情智课堂追求的是'登山式课堂'，课堂中让学生经历思维情感攀登的过程，经历由'山脚—山腰—山顶'的攀登体验过程，让学生登思维的高山、情感的高山、文化的高山。"②"好课像登山，是因为学习者是登山的主人，是因为学习者经历了发展的过程，是因为学习者体悟了学习的快乐！"基于"好课像登山"这一隐喻，他从"攀登什么山""路径由谁选择""怎么上山"等角度系统阐释了其对好课的理解。③ 我们从"登山"隐喻中可以看出，孙双金不仅关注学生的认知发展，也关注学生的精神成长。他在听其他教师执教《鸟的天堂》时曾想："如果说大榕树是鸟的天堂的话，那课堂应该成为师生精神的天堂！学生在课堂上应该是自由的、充实的、快乐的、幸福的。"④"课堂应该成为师生精神的天堂"这一隐喻表达了孙双金的教学信念。

特级教师张康桥受一群孩子将纸团当足球踢，并沉浸其中，直到傍晚也没有人愿意离去的场景的启发，提出了"教学就是游戏"的主张。和游戏一样，教学中的"真实是重要的，梦想也是重要的"，"现实是重

---

① René T. Stofflett, "Metaphor Development by Secondary Teachers Enrolled in Graduate Teacher Education", *Teaching and Teacher Education*, Vol. 12, No. 6, 1996, pp. 577–589.
② 孙双金：《孙双金与情智教育》，北京师范大学出版社 2005 年版，第 12 页。
③ 同上书，第 57 页。
④ 同上书，第 8 页。

要的，超越也是重要的"，"严格是重要的，自由也是重要的"，"真实与梦想交汇、现实与超越同构、严格与自由共舞，这是游戏与教学共同的密码与真相"。① 基于"教学就是游戏"这一隐喻，张康桥对教学形成了系统的认识，并将这些认识体现在了自己的教学实践中。②

四 教育家型教师

在探讨教育家型教师教学隐喻的特征之前，首先要明晰何谓教育家。许多研究者认为，教育家不仅需要在教育思想上有所建树，而且要在教育实践上产生影响。③ 笔者认同这种看法。具体来讲，"教育家一定是从事教育工作的人，一定是教育工作者中的优秀分子，其优秀应表现在他在教育工作所要求的德才上表现突出，还应表现在有教育创造能力，而且在教育领域一定会有积极的影响"。总之，教育家是有实践、有素质、有创造、有成就、有影响的教育工作者。④ 教育家型教师是教师的最高境界，他们的重要特质在于能够在长期扎根教育教学实践的基础上，以独特的视界把握教育精神，并持续追求它。而这种精神和追求也常常体现于教育家的教学隐喻中。

（一）切中教育精神

对于什么是教育精神，不同的教育家往往给予不同的或不同侧重的回答。许多回答往往以隐喻的形式来呈现。斯霞老师以"童心母爱"隐喻表达了其对小学教师特性的理解，那就是小学教师应具有童心，能够走进孩子的心灵，并富有爱心，呵护儿童的成长。魏书生老师的"主人"隐喻，集中体现在其民主和科学的班级管理中。他使每一个学生都成为学习和班级管理的主人，充分发挥了学生内在的主动性。"斯霞因其著名而有魅力的童心母爱成为中国教育界体现爱的哲学、爱的教育精神的教

---

① 张康桥：《教学就是游戏》，《小学青年教师（语文版）》2006 年第 11 期。
② 参见张康桥的以下文章：张康桥：《童年的价值在于幸福——游戏精神视野下的课堂修炼》，《小学青年教师（语文版）》2006 年第 11 期；张康桥：《教学如游戏——〈滥竽充数〉教学实录与思考》，《小学教学（语文版）》2008 年第 21 期。
③ 许可峰：《"教育家"问题研究述评》，《中国地质大学学报》（社会科学版）2008 年第 2 期。
④ 刘庆昌：《论教育家》，《山西大学学报》（哲学社会科学版）2001 年第 5 期。

师代表，成为教育从业者的精神偶像。"① 魏书生也因其民主与科学管理哲学尤其是对学生"主人"意识和能力培养的成功经验，成为教育界学习的榜样。

（二）持续追求

斯霞的"童心母爱"和魏书生的"主人"隐喻反映了他们对自身所从事的教育的真谛的认识，也可以说是他们对教育的信念和追求。有了信念，人就会不断地去追求它，去实践它。

斯霞老师从18岁师范毕业后，终身担任小学教师。她喜欢和孩子在一起，甚至开心地将自己称为"老孩子"。从1964年至"文革"期间，斯霞的"童心母爱"遭到了错误的批判。她被迫离开自己朝夕相处的学生，感到无比的痛心。"文革"后期，斯霞恢复了工作，她年龄虽然大了，但干劲却更足了。② 直到1995年85岁高龄时，她才依依不舍地从学校离休。魏书生在1979年就开始培养学生的自学能力，在80年代初步形成了自己民主和科学管理的思想，力求帮助每位学生成为学习的主人、"帮助每位学生成为管理者"。③ 可以说，民主和科学的班级管理思想和实践是魏书生持续的追求。正是对教育精神的准确而又独特的理解，以及对教育精神的不懈追求，使斯霞和魏书生成为著名的教育家。

当然，普通教师也许在成熟期甚至新手期，就会发现值得自己用一生去追求的教学隐喻。如一位参加教育工作16年的教师，将母亲为自己熬粥与自身的教育教学工作进行了类比，认为母亲为儿子熬的粥之所以香甜，是因为母亲爱儿子，将熬粥作为自己的一项事业来看待，从而充满了耐心和细心。基于此，他对教育教学做出了新的阐释：

> 母亲熬粥就像我们教育学生。首先，我们要像母亲为儿子熬粥那样充满爱心。有了爱心我们才能够无怨无悔，全身心地投入到教学工作中去，才能够满怀信心，充满激情地对待工作。爱心是可以

---

① 朱小蔓：《童心母爱：永不熄灭的教育精神——纪念斯霞诞辰100周年》，《课程·教材·教法》2011年第2期。
② 《斯霞教育文集》，江苏教育出版社1985年版，第16、163—164、262页。
③ 魏书生：《教学经历回顾》，《语文教学通讯》1995年第1期。

传递的，我们爱学生，学生才会爱我们，学生才会爱其师，信其道，才会好学、乐学。其次，对待教育工作要像母亲熬粥那样有耐心。有了耐心，我们才能够摆脱世俗的心理，不急不躁，才能够遵循教育教学的规律，真正做到"静心教书，潜心育人"。……再次，对待教育工作要像母亲熬粥那样注意把握火候。需要大火时把阀门开到最大，轰轰烈烈地烧上一把，需要小火时关小阀门，持续不断地向学生提供热量。①

教师只要用心做教育，就会发现教育本真就存在于生活中。发现了反映教育本真的教学隐喻，教师就有了指引自己前行的"灯塔"。

以上是对处于不同成长阶段教师的个人理论及相关研究的归纳的基础上形成的初步认识。显然，这些对处于不同成长阶段教师的教学隐喻特征的描述是不完全的，有待于进一步的补充和检验。但这种初步的探索无论对教师个人的成长还是对教师教育都有一定的价值。

首先，对不同成长阶段教师的教学隐喻特征的揭示，有利于教师个人理论的反思和成长。教师个人从宏观上把握教师专业成长的一般规律，有利于其反思自己的教学隐喻并明晰自己的专业发展阶段。通过将自己的教学隐喻与更高发展阶段教师的隐喻的比较，教师个人能够扩展和转变对教学认识的视角，从而突破个人理论的局限性，达成新的教学理解。总之，对更高发展阶段教师的教学隐喻的了解，有利于教师反思个人理论，并明确自己的专业发展目标或预测自己的专业发展路向。

其次，教师教育者可以将教学隐喻整合于教师教育课程中，引导成长中的教师对其个人理论的反思和改善。② 如针对职前教师教学认识的理想化，可以在通过教学隐喻反思其教学认识的基础上，增加他们教学见习和实习的机会，从而使他们对现实中的教学现象与问题有更全面的认识，形成更为合理的教学思想。对于新手教师教学隐喻的变化与冲突，

---

① 佚名：《我心中的一个教育隐喻》（http://blog.sina.com.cn/s/blog_4c5321e90100g8dq.html）。

② 第五章将对其做详细的论述。

可以向其介绍一些经验型教师对教学的隐喻性认识，也可以引导其通过转变教学隐喻以应对教学困境。教师的许多教学隐喻都是情境性的，是教师在某一时空中对教学的认识和困惑。然而，仍有一些隐喻具有永恒的价值，这些隐喻往往反映了教育本真，值得教师用一生去体验和追求。斯霞的"童心母爱"和魏书生的"主人"隐喻就是这样的教学隐喻。他们终生追求自己的教学信念，这也值得更多的教师去追求。

第四章

教学隐喻与公共教学理论

教学理论发展的历史基本上是教学隐喻不断超越的历史。然而，隐喻在不同的历史时期却遭遇了不同的命运。隐喻在我国古代教学思想中广泛存在并备受推崇。伴随着教学理论的科学化，现当代的教学研究者越来越重视逻辑和实证，隐喻沦落为被忽视的存在。对教学理论中教学隐喻的忽视在一定程度上导致了教学理论的冷冰冰、硬邦邦的样态，这又进一步导致了教学论课程的低效。为了更好地对教学隐喻的理论传播功能进行探讨，有必要首先对教学理论科学化背景下教学隐喻的遭遇以及教学隐喻从古至今对教学理论发展所做出的贡献进行研究。

第一节 教学理论科学化背景下教学隐喻的遭遇

在古代，教育家们基于自己的实践经验，提出了许多富有智慧的教学思想，这些思想中蕴含着大量来源于自然和生活的隐喻。这些精辟、生动的隐喻在今天仍让我们备受启发。然而，近现代以来，随着社会和各学科的发展以及学校教育规模的日益扩大，教学理论也踏上了科学化的历程。在此过程中，教学隐喻的存在方式及其地位也在发生着剧烈的变化。

一 自然科学的崛起及其对社会科学的影响

（一）自然科学的崛起

16—18世纪是科学大放异彩的世纪，也是科学家群星荟萃的世纪。在此期间，科学逐渐摆脱了传统哲学和神学的束缚，并奠定了其在人类知识体系中无可动摇的地位。培根在 1620 年发表的《新工具》中倡导人们用实验调查和归纳的方法进行科学研究，其基本思想成为科学研究的核心方法，对近代科学的发展具有重大意义。身兼科学家和哲学家的笛卡尔批判了为神学服务的经验哲学，力求建立为科学服务的现代哲学。他的哲学研究开始重视方法论和认识论问题，主张理性是衡量一切的准绳。秉持理性的追求和科学的方法，科学家们在数学、物理学、天文学等领域取得了巨大成就。其中，牛顿是最引人注目的一位。牛顿在伽利略的力学和天文学贡献的基础上，创建了经典力学体系。他的这一成就集中体现在其 1687 年发表的《自然哲学的数学原理》中。在该著作中，他用数学方法阐明了三大运动定律和万有引力定律，从而建立了自然的机械观。

随着科学的迅速发展和逐步成熟，其有力地引领了技术革新。18 世纪中叶，工业革命在西方爆发，科学技术极大地改善了人们的生活。科学与技术革新及其对人们生活水平的改善使人们对科学的价值深信不疑。社会大众再也不认为科学仅仅是科学家们纯粹的求知兴趣，而与自身无关了。越来越多的人开始关心科学的发展，科学获得了其从未有过的地位。

（二）对社会科学的影响

在此背景下，科学及其发展也开始对传统的人文社会研究领域产生影响。19 世纪，法国哲学家孔德在其实证哲学体系中将科学划分为五种部门：天文学、物理学、化学、生物学、社会学。与前四种不同，社会学研究社会现象。孔德认为，人类的各种知识部门都相继经历三种不同的理论阶段，分别是神学、形而上学和科学。前四种知识部门已经有了专门的研究，并成为独立的学问。"惟有关于社会现象的研究，因为受到形而上学思想的束缚，尚未进入实证阶段而成为真正的科学。"[①] 因此，孔德为自己立下志向，要建立以社会现象为研究对象的科学，并主张运用来自自然科学的观察法、实验法以及比较法和历史法来开展研究。孔德的以上实证思想引领了以后的社会科学研究。

在孔德之后，英国社会学的奠基人斯宾塞也是一位实证主义者。他

---

① 贾春增主编：《外国社会学史》，中国人民大学出版社 2000 年第 2 版，第 24 页。

宣称通过科学方法获得的科学知识是能够检验并解决问题的知识，也是最有价值的知识。在《什么知识最有价值》的论文中，斯宾塞明确指出科学知识最有价值："为了直接保全自己或是维护生命和健康，最重要的知识是科学。为了那个叫作谋生的间接保全自己，有最大价值的知识是科学。为了正当地完成父母的职责，正确指导的是科学。为了解释过去和现在的国家生活，使每个公民能合理地调节他的行为所必需的不可缺少的钥匙是科学。同样，为了各种艺术的完美创作和最高欣赏所需要的准备也是科学。而为了智慧、道德、宗教训练的目的，最有效的学习还是科学。"① 依据以上判断，斯宾塞主张学校应相应地开设五类课程，其中第三类课程是生理学、心理学和教育学。可见，他将教育学也视为一门科学，并主张用科学方法来探究教育和教学规律。而在斯宾塞之前，教育研究领域的理论家已经开始了教育教学理论科学化的探索历程。

二 教学理论科学化的历程

（一）西方教学理论科学化的历程

夸美纽斯是教学理论科学化历程中的第一个里程碑。1632年，夸美纽斯出版了《大教学论》，建构了比较完整的教学论框架，力求阐明把一切知识教给一切人的全部艺术。这标志着教学论作为独立学科的雏形已经建立。在表述教学思想时，夸美纽斯受到了同时代科学家探索自然的影响，一反过去盛行的引证《圣经》的行为，"力图引证自然界的普遍规律来说明和论证自己的教育主张和见解"②。这样，"遵循自然并引证自然成为夸美纽斯教育言说的突出特征，类比成为他言说教学规律与原则的主要方法，隐喻语言是他的《大教学论》的基本语言"③。这种类比的表达方式突破了当时神学的束缚，使得教学理论取得了重大进展。不过，其处处引证自然而获得的结论也难免存在一些片面和牵强附会之处。

总体来看，虽然夸美纽斯执着于教学规律的探寻和教学理论体系的

---

① ［英］斯宾塞：《斯宾塞教育论著选》，胡毅、王承绪译，人民教育出版社1995年版，第91页。
② 吴式颖主编：《外国教育史教程》，人民教育出版社1999年版，第197页。
③ 高维：《教学理论中的教学隐喻研究》，硕士学位论文，南京师范大学，2010年，第32页。

构建，但其教学理论仍具有较明显的经验—描述特征。在他之后，卢梭、裴斯泰洛奇等人的教育教学思想都延续了这一特征。他们的教育著作都坚持自然主义的教育理念，而且都主要通过叙事方式来表达自己的教育教学思想，如卢梭的《爱弥尔》、裴斯泰洛奇的《林哈德和葛笃德》。

到 19 世纪，赫尔巴特创建了科学的教育学。他投身教育实践，以演绎和归纳相结合并以演绎为主的方式建构理论，推进了教学理论的科学化步伐。赫尔巴特主张教育学是一门科学，而科学的教育学必须建立在科学的心理学的基础之上。因此，他以目的—过程—方法的思路来建构教育学理论。其中，以伦理学为基础阐释其教育目的观，以心理学为基础阐释其教学过程观和教学方法观。在教学过程和方法层面，赫尔巴特在其对心理过程规律认识的基础上，提出了明了、联想、过程、方法的教学形式阶段理论。这体现了赫尔巴特对教学模式化的追求。虽然赫尔巴特找到了教育学的理论根基，并力求建立科学的教育学，但其理论的内容和形式仍主要是哲学思辨的。这主要与当时心理学的发展仍停留在思辨层面有关。

1879 年，医学出身的冯特在莱比锡大学建立了世界上第一个心理学实验室，这标志着心理科学的诞生。此后科学取向的心理学研究一直是该领域的主流。1885 年，德国实验心理学家艾宾浩斯通过对学校教育情境中学生学习过程的研究，提出了著名的遗忘曲线理论。[①] 进入 20 世纪，在教育心理学领域，行为主义理论、信息加工理论都崇尚实验室实验，力求将心理学建成像自然科学一样的科学。如美国心理学家桑代克就将实验室中的动物心理实验获得的"联结"理论应用到人类的心理，建构了联结主义学习理论体系。在社会研究领域科学化尤其是心理学科学化的背景下，教学研究也走上了科学化的道路。

20 世纪西方教学理论科学化主要体现在三个方面。其一，教学理论以建立在基于实证而获得的教育心理学理论的基础上，而获得了科学化的途径。这样，基于行为主义心理学，就有行为主义取向的教学理论；基于信息加工心理学，就有信息加工取向的教学理论；基于建构主义心理学，就有建构主义取向的教学理论。其二，20 世纪初拉伊和梅伊曼掀

[①] 王坤庆：《教育学史纲要》，湖北教育出版社 2000 年版，第 175 页。

起了实验教育学思潮。他们都对传统规范和思辨性的教育学进行了批判，主张用实验的方法研究教育学，使其成为真正的科学。如拉伊指出，"从前的教育学都失之于空泛的议论，有些陷于独断，有些又以经验为主但未通过实验加以检验"，因此，"教育理论工作者应当从综合实验、统计、系统观察和生物学、哲学基础两个方面的相互关系来促进教育学的进一步发展"。① 总之，受到自然科学和心理学通过实验归纳方法所取得的成就的激励，实验教育学追求教育学的科学化，倡导运用实证归纳的方式来探究学生学校生活和教学中的因果关系。其三，在机器大工业和科学管理理论的影响下，课程理论之父泰勒创立的课程与教学的目标模式，主张教学是可以控制的，通过科学的"程序"可以使学生掌握预设的知识或经验。"这种工具主义和技术理性也是教学研究科学化的表现。"②

（二）我国教学理论科学化的历程

进入 20 世纪，我国教学理论也踏上了科学化的历程。我国教学论走向科学化主要有以下几个方面的原因。

首先，在当时内忧外患、救亡图存的社会背景下，仁人志士经历了向西方学习器物到学习制度再到学习思想文化的历程。最终，思想的先锋们认定"科学"和"民主"是危难中的国家走出困境的必由之路。20年代，我国思想文化界掀起了"科玄论战"③，在长达两年之久的激烈论辩中，科学派以压倒性的优势击溃了玄学派，科学进一步深入人心，并渗透进了社会文化的各个领域。在此背景下，教育研究领域受到"科玄论战"的影响并推崇科学的教育研究是必然的。

其次，教学论还受到西方教育学的影响。当时，西方教育心理学的兴起以及实验教育学思潮和教育测量运动都推动了教学研究的科学化。在此背景下，我国早期教育学者对西方相关研究成果的传播也引领了注

---

① 戴本博主编：《外国教育史（下）》，人民教育出版社 1990 年版，第 34 页。
② 高维：《教学理论中的教学隐喻研究》，硕士学位论文，南京师范大学，2010 年，第 46—47 页。
③ 1923 年 2 月，北大张君劢在清华大学做了题为《人生观》的讲演，对唯科学主义思想倾向提出了批评。地质学家丁文江旋即作《玄学与科学》一文对其进行批评，提出"今日最大的责任与需要，是把科学方法应用到人生问题上去"。张丁二人往复论战，梁启超、张东荪、胡适、吴稚晖、范寿康等人竞相参战，从而掀起了一场影响深远的论争。参见张君劢等《科学与人生观》，黄山书社 2008 年版。

重实证的教学研究的盛行。

最后，教学理论的科学化也是学科建设的需要。20世纪上半叶，政府的教育文件一直都将教学论作为师范院校的基本课程。如1904年《奏定学堂章程》规定教授法是师范学堂的教育学科课程之一[①]，1942年教育部颁布的《师范学院规程》规定的必修课也包括普通教学法[②]。为了学科建设的需要，我国早期的教学论研究者在译介西方相关著作的基础上，结合本土的教学实践，开展教学研究并撰写教学论教材。这极大地推动了我国教学论的科学化水平。

20世纪上半叶，我国教学理论的科学化主要体现在两个方面：一方面是教学研究方法的科学化。为了提高教育学的科学水平，进而提升教育学在科学之林的地位，有不少学者主张教育学应研究教育中的客观事实。如罗炳之认为，教育学应"本着客观的态度对所搜集到的大量事实和材料加以分析和研究，发现其关系，追究其原因及其结果"[③]。在此种思想的指引下，"不少学者开始了以科学方法研究教育的尝试。调查法、观察法、实验法、测量法、统计法成为教育学研究的主要方法。教育统计、教育测量、智力测验、学务调查等在教育界得到了广泛试行和推广"[④]。在这场教育科学化研究运动中，涌现了许多优秀的研究成果，如艾伟的儿童识字研究、俞子夷的小学数学教学研究。另一方面是教学理论多以心理学为基础。20世纪上半叶我国出版了大量教学论教材和专著。这些著作普遍以教育心理学为基础并阐释教育心理学的研究成果对教学的启示。如罗廷光在1946年再版的《教学通论》一书的自序中说该书力求"多征引教学上公认为健全的理论及科学（尤其教育心理学）上新近发现的重要事实；多利用专家在本门学术上用科学方法研究得来的结果"[⑤]。可以看出，其对教育心理学和教学论科学研究的重视。教学论对

[①] 金林祥主编：《20世纪中国教育学科的发展与反思》，上海教育出版社2000年版，第25—26页。

[②] 董远骞：《中国教学论史》，人民教育出版社1996年版，第35页。

[③] 罗炳之：《教育科学研究大纲》，中华书局1932年版，第15页。

[④] 侯怀银：《20世纪上半叶中国教育学发展问题的反思》，博士学位论文，华东师范大学，2000年，第88页。

[⑤] 罗廷光：《教学通论》，商务印书馆1946年第2版，自序。

心理学的倚重在教学理论的具体建构上得到了更具体的体现，如行为主义教育心理学在 20 世纪上半叶统治着教育心理学界，并对教学理论产生了重要的影响。此时期我国教学法学者对教学概念的认识深受行为主义心理学的影响。这种影响集中体现在罗廷光、龚启昌、赵廷为的教学法著作中。如罗廷光认为："学习是行为的变更"，"一切学习的过程，都可视为一种行为的变更的过程"，教学"是鼓励和指导学生的行为使其变更得更经济更合理更能满足人类的需求所用的方法"。① 赵廷为指出："教学为一种刺激和指导儿童的学习的活动。……在教学上，教师的任务，仅在于刺激和指导，至于儿童是否学习，完全要看他们作怎样的反应。"②

中华人民共和国成立后，经过漫长的学习苏联教育学和教育学的泛政治化之后，在 80 年代中期后，"20 世纪上半叶已在中国盛行过的教育学科学化思潮重新兴起"③。这种科学化追求除了体现在蓬勃开展的教学实验外，还体现在专业教学论研究中。我国主流的教学论在论述教学论的研究目的或对象时，都体现了科学化的追求。如王策三指出："研究客观存在的而不带任何主观随意性的规律，这是任何一门科学要想成为真正科学的根本立足点。教学论也是这样。"④ 吴也显主张："教学论既要研究教学的一般规律，也要研究教学一般规律的应用及应用的艺术。"⑤ 李秉德提出："现代教学论的研究对象与任务在于探讨教学的本质与有关规律，寻求最优化的教学途径与方法，以达到培养社会所需人才的目的。"⑥ 显然，揭示教学中的规律是 80 年代后我国教学论研究的要旨。不过，从实际情况来看，我国教学论主流的研究方法仍是逻辑思辨，实证研究方法的使用是很有限的。从研究成果来看，教学论研究所获得的"客观规律"是令人质疑的。正如有论者所言："从其规律得出的过程来看，或者依循纯思辨思路，由哲学认识论原理导出所谓的教学规律，拘泥于引经

---

① 罗廷光：《教学通论》，商务印书馆 1946 年第 2 版，第 5 页。
② 赵廷为：《教材及教学法通论》，福建教育出版社 2007 年版，第 8 页。（上海商务印书馆 1944 年初版）
③ 侯怀银：《20 世纪上半叶中国教育学科学化思潮述评》，《教育理论与实践》2003 年第 9 期。
④ 王策三：《教学论稿》，人民教育出版社 1985 年版，第 54—55 页。
⑤ 吴也显主编：《教学论新编》，教育科学出版社 1991 年版，第 14 页。
⑥ 李秉德主编：《教学论》，人民教育出版社 2001 年第 2 版，第 7—8 页。

据典、考据式的研究；或者属于对经验的简单概括，尽管行之有效，却依旧停留在经验水平上，绝然上升不到规律层面。"[1] 总之，以教学论研究者的科学理想为参照，从总体来看，教学论在研究实践上是缺乏科学精神和科学方法的。同时，由于教学是人与人之间交往的活动，教学科学的理想能在多大程度上实现，仍然是一个争论已久、悬而未决的问题。

三 教学隐喻的遭遇

（一）失落的教学隐喻

毫无疑问，教学理论的科学化和学科化有利于提高教学论的学科地位，也有利于全面、系统地传播教学理论。然而，任何事物都存在正反两面。教学理论在追求科学化的过程中也带来了一些消极的问题，如教学研究在重视归纳和演绎的同时，隐喻被忽视甚至排斥；教学研究的科学主义倾向只能削足适履地提出一些所谓的"客观规律"；许多测量和实验成了肤浅的实证主义，缺乏富有生命力的理论建构；教学理论变得越来越冷冰冰，缺少早期教学思想的鲜活性和感染力。总之，在强调理性、崇尚科学、追寻规律、重视方法的背景下，隐喻逐渐沦落为人们忘却了的存在。这与教学理论科学化之前是决然不同的。

在教学理论科学化之前，许多教育思想家广泛地使用隐喻，并崇尚隐喻的价值。如上文曾提到的孔子和孟子即是其中的典型代表。与我国思想家的隐喻认知观相比，西方古代教育思想家昆体良等则从修辞视角来看待隐喻，认为隐喻可以美化语言，发挥说服的功能。

近现代以来，教学理论在科学化的过程中，也间接地受到自然科学中隐喻观的影响。17—18世纪，自然科学因其概念的精确性、表述的明晰性和理论的可证实性而获得了至尊的地位，并成为其他学科的典范。在当时的许多科学家和哲学家看来，隐喻的模糊性和不确定性与科学是不相容的，隐喻的存在将威胁科学的精确和严谨。如培根指出，隐喻是妨碍科学进步的一种弊大于利的语言现象。"这种现象是言语在使用过程中强加给人们的虚幻的东西，它所表示的是某种不真实的假象。这种假

---

[1] 王敏：《对教学论科学化取向的反思》，《教育理论与实践》2002年第2期。

象往往来自理智平庸者一厢情愿的幻想或相对薄弱的理解能力的构造。"①德国科学家、哲学家莱布尼茨在《人类理智新论》② 中也认为隐喻是语言的滥用。

这些著名科学家、哲学家对隐喻的"审判"因其学术影响力而产生了广泛影响。包括教育学在内的人文社会科学在接受自然科学研究规范的同时,也放逐了隐喻。这不仅在教学理论追求科学化的过程中得到了充分的体现,而且当代的许多研究者也以批判的立场来看待隐喻,甚至将隐喻视为前科学的存在,如德国分析教育哲学家布列钦卡将教育学分为教育哲学、教育科学和实践教育学,并认为纲领性定义、口号、隐喻是实践教育学的三大特征。针对隐喻,他指出:"虽然比喻能帮助我们认识某一对象的某些特征,但如果这种在形象中所包含的比喻果真被认为描述了该对象的基本特征,那么,它也可能导致我们错误的认识。"③

20世纪以来,在我国教育学科学化的过程中,逻辑和实证已经成为我国教育研究的不懈追求。当前,我国教育学经典著作往往将隐喻思维方式视为前科学的。如南京师范大学教育系编的《教育学》指出,在教育学的萌芽阶段,对教育经验抽象概括的程度比较低,"在论述问题时,往往还是停留在现象的描述、形象的比喻和简单形式逻辑的推理上。理论的论证往往缺乏充分的科学依据,不免带有相当程度的主观臆测性"。而独立形态的教育学产生后,教育学的理论化、抽象化和科学化水平有了一定的提高,"逐步地从现象的描述走向理论的论证,从比喻、类比走向科学的说明"。④ 李定仁、徐继存主编的《教学论研究二十年(1979—1999)》⑤ 在论述教学理论的历史发展时,也持有相似的观点。

(二)教学隐喻存在的广泛性

以上论述似乎表明,在教育研究中,隐喻这种"非科学"的思维方

---

① 安军:《科学隐喻的元理论研究》,博士学位论文,山西大学,2007年,第11页。
② [德] 莱布尼茨:《人类理智新论》,陈修斋译,商务印书馆1982年版,第384—385页。
③ [德] 布列钦卡:《教育科学的基本概念》,胡劲松译,华东师范大学出版社2001年版,第8—9页。
④ 南京师范大学教育系编:《教育学》,人民教育出版社1984年版,第5—6页。
⑤ 李定仁、徐继存主编:《教学论研究二十年(1979—1999)》,人民教育出版社2001年版,第30页。

式已经被逻辑和实证所超越，其在当前的教育研究尤其是科学的教育研究中是不合时宜的。然而，通过对教育和教学理论发展历史的梳理，我们可以发现，无论在前科学还是科学的教育研究中，隐喻都在其中或显或隐地存在着。古代教育教学思想中的隐喻自不待言，近现代科学的教育理论①中依然存在着隐喻。如统觉团是赫尔巴特教学理论中最为核心的概念之一。这一概念显然是通过日常生活中物理性的"团"的形象来隐喻性地表征人类学习的心理现象。杜威在其教育著作中使用了大量的隐喻，其中"生长"可谓是其实用主义教育理论的"根隐喻"。泰勒的课程理论是在当时美国工业社会的背景下产生的，其课程理论中隐含着"教育即生产"的根隐喻。在这一根隐喻下，有一系列相关的隐喻，如"学校是工厂""教师是工人""课程是生产线"以及"学生是产品"等。学校教育烙上了社会控制的特征，并将学生定位于依附性的角色，成了需要加工的原料。② 而基于心理学的教学理论，如行为主义教学理论、信息加工教学理论、建构主义教学理论中分别隐含着"人是动物""人脑是电脑""人学习的过程就像有机体适应外界环境的过程"的隐喻。

虽然隐喻在现当代教学理论中仍然存在，但与古代相比，隐喻语言在数量上已大大减少，而且许多隐喻隐藏在逻辑性和实证性的理论背后，一般不为人们所关注。可以说其在默默地支撑着教学理论的发展。显然，许多教学研究者秉持所谓的科学和理性立场对教学理论中隐喻的忽视甚至排斥是不合理的。事实上，20世纪初，科学哲学家已经开始了对科学领域中隐喻的专门研究，当前科学隐喻的价值已在科学界获得了共识。③教育学研究者对隐喻的态度亟须改变。所幸的是，一些学者已经认识到隐喻在教育及教育研究中的价值并通过隐喻来表达自己的教育智慧。如后现代课程理论家多尔不仅通过隐喻方式建构其课程与教学理论，而且

---

① 这里有必要对"科学"进行一定的探讨。在教育学研究中，对科学的认识大略有两种：一种主张科学的教育学就是运用自然科学的实验、测量、统计等归纳方法进行的研究；另一种主张从广义的角度来界定科学，只要运用理性对教育理论的合逻辑的建构都可以视为科学的。赫尔巴特、杜威、泰勒等人的研究即属后者。从教学理论发展史来看，杜威、泰勒等人的教育理论的影响远远超过追求自然科学化的教育学研究。

② Ahmet Saban, "Functions of Metaphor in Teaching and Teacher Education: A Review Essay", *Teaching Education*, Vol. 17, No. 4, 2006, pp. 299 – 315.

③ 参见第一章。

提出隐喻在教育互动中更有利于启发对话和思考。当前，我国一些著名教育学者的教育和教学思想中也蕴含着诸多新颖、形象的隐喻，这些隐喻有力地传达了其基础教育观和课程改革观。一些研究教师个人理论的学者则通过隐喻来研究教师个人理论，认为隐喻是教师个人理论的重要表征。这些学者对隐喻的使用和研究，显然有利于纠正教育学术界对隐喻的普遍忽视。然而，要想进一步纠正对隐喻的不合理态度，仍需要对教学理论中的隐喻进行系统的探讨。

第二节 教学隐喻与教学理论的发展

一般认为，隐喻因其形象和生动而有利于传播理论，但其在理论的建构中是可有可无的。事实上，隐喻在教学理论的建构中也发挥着重要的作用。甚至可以说，教学理论发展的历史就是教学隐喻不断超越的历史。教学理论可以被视为基于教学隐喻而扩展的教学理解。笔者在硕士学位论文中，曾对教学理论中的教学隐喻进行了系统的梳理。这里将以此为基础，对我国古代儒家教学思想中弥漫的关于"水"的隐喻和西方现当代教学理论中盛行的"生物学"隐喻进行具体的研究，以进一步深化我们对隐喻在教学理论发展中的功能的认识。

一 以水喻教：儒家绵延着的教学理解

孔子曰："知者乐水，仁者乐山；知者动，仁者静。"（《论语·雍也》）水作为自然和人类生活中最为普遍存在的形态，成为我国古代思想家论说中的核心意象。对于智者为什么乐水，朱熹认为："知者达于事理而周流无滞，有似于水，故乐水。"（《四书集注》）正是由于水所具有的各种自然形态和功用，其常给智者无限的启迪去认识自然和社会。[①] "以水比德、以水喻道、以水论政、以水谈兵等以自然之水隐喻社会人事的做法是中国古人基本的思维习惯。"[②] 在教学思想的视域中，我国古代各家学说尤其是儒家也常通过水对教育教学的人性假设、理想人格、学与

---

① 靳怀堾：《中华文化与水（下卷）》，长江出版社2005年版，第465页。
② 刁生虎：《水：中国古代的根隐喻》，《中州学刊》2006年第5期。

教的原则和方法等进行论述。儒家诸子的"以水喻教"思想蕴含着丰富的教学智慧。

(一) 以水论人性

我国古代思想家论述教育教学时，一般先论述人性，人性学说是他们教育教学思想的基石。在先秦，告子的"性无善无恶论"、孟子的"性善论"、荀子的"性恶论"最为著名，而这些学说往往来源于水的启示。告子曰："性犹湍水也，决诸东方则东流，决诸西方则西流。人性之无分于善不善也，犹水之无分于东西也。"（《孟子·告子上》）意思是说人性犹如激流的水，从东方开了缺口就向东流，从西方开了缺口就向西流。人没有善或不善的定性，正像水没有向东流或向西流的定性一样。孟子则通过水对告子进行了批判。孟子曰："水信无分于东西，无分于上下乎？人性之善也，犹水之就下也。人无有不善，水无有不下。今夫水，搏而跃之，可使过颡；激而行之，可使在山。是岂水之性哉？其势则然也。人之可使为不善，其性亦犹是也。"（《孟子·告子上》）孟子认为，水诚然没有东流西流的定向，但却有上下的定向。人性之善，就如水向下流的本性。水在外力作用下，可以跳起来，高过额角，"爬"上高山，但这不是水的本性。同样，人可以被误导做坏事，但这并不是人的本性。和告子相比，孟子对水的性质的把握更胜一筹，"人向善"与"水就下"的论证更加有说服力。在对"人性善"基本论述的基础上，孟子提出人皆有"恻隐之心""羞恶之心""恭敬之心""是非之心"，这就是"仁义礼智"。"仁义礼智，非由外铄我也，我固有之也。"（《孟子·告子上》）"凡有四端于我者，知皆扩而充之矣，若火之始然，泉之始达。"（《孟子·公孙丑上》）孟子认为人有仁义礼智的善端，但仁义礼智的获得终究是教与学的结果。他探讨人性是为了"顺性"而因势利导。①

与孟子不同，荀子认为人性是恶的。他辨析了"性"与"伪"的区别，认为人性是生而有之，不是学而有之的。生而有之，谓之性，学而有之，谓之伪。荀子强调人性应该是先天的自然状态，不含有任何后天的人为因素，而孟子所言的"礼义法度"则是圣人制定并供人学习的。"饥而欲饱，寒而欲暖，劳而欲休"，"好利而欲得"（《荀子·性恶》），

---

① 孙培青主编：《中国教育史》，华东师范大学出版社2000年第2版，第69页。

这些才是人的本性。在对"人性恶"判断的基础上，荀子重视教化在"化性起伪"中的作用。他用盆水做隐喻，说："人心譬如槃水，正错而勿动，则湛浊在下而清明在上，则足以见须眉而察理矣。微风过之，湛浊动乎下，清明乱于上，则不可以得大形之正也。心亦如是矣。故导之以理，养之以清，物莫之倾，则足以定是非，决嫌疑矣。"（《荀子·解蔽》）荀子强调人心就如盆水一样，盆放得正，污浊就会沉淀于下，上面的水就清澈得可以照人；如果被吹动摇晃，就好比受到诱惑，水底的污浊就会翻腾上来，表面的清水也会随之变得浑浊了。以此说明水底的污浊就是人性中的"恶"，只有良好的教化，才能把盆水摆平，使其表面的水变清。

（二）以水论君子人格

理想人格学说是儒家教育教学思想的重要内容。《荀子·宥坐》篇记录了孔子用水的形态与功能来隐喻君子的人格：

> 孔子观于东流之水。子贡问于孔子曰："君子之所以见大水必观焉者，是何？"孔子曰："夫水，徧与诸生而无为也，似德。其流也埤下，裾拘必循其理，似义。其洸洸乎不淈尽，似道。若有决行之，其应佚若声响，其赴百仞之谷不惧，似勇。主量必平，似法。盈不求概，似正。淖约微达，似察。以出以入，以就鲜絜，似善化。其万折也必东，似志。是故君子见大水必观焉。"

孔子在此提出了水之九"德"：水滋养万物却没有自己的目的，就像"德"；水自上流下，纵然曲折，但始终遵循这一规律，就像"义"；水汹涌澎湃源源不断，就像"道"；如果掘开堤岸使水流通，它会纵情奔腾，流向山谷，无所畏惧，就像"勇"；把水注入容器衡量，它总是平的，就像"法"；水注满容器不多不少，不用刮平，就像"正"；水柔婉曲折流到极细微之处，就像"察"；水可以清新洁净他物，就像"善化"；水千回万转，总向东流，就像"志"。

正因为水的"德""义""道""勇""法""正""察""善化""志"九方面的品格，君子逢大水必观之。孔子说"知者乐水"，或许是因为智者从水上看到了自身。水的高尚品格其实隐喻了君子应有的人格。

这也是儒家教育教学的培养目标，即塑造如水一样的儒家君子的完美人格。

儒家不仅用水提出了理想人格，而且用水提出了"高"且"严"的评价标准。孟子曰："孔子登东山而小鲁，登泰山而小天下，故观于海者难为水，游于圣人之门者难为言……流水之为物也，不盈科不行；君子之志于道也，不成章不达。"（《孟子·尽心上》）这里提出了圣人学说的卓越性，并且指出，流水不把洼地流满，不会向前流；君子有志于道，没有一定的成就，也就不能够通达。

《荀子·宥坐》篇还记录了孔子师徒关于"宥坐之器"的对话，表达了对学习、修身等问题的认识：

> 孔子观于鲁桓公之庙，有欹器焉。孔子问于守庙者曰："此为何器？"守庙者曰："此盖为宥坐之器。"孔子曰："吾闻宥坐之器者，虚则欹，中则正，满则覆。"孔子顾谓弟子曰："注水焉。"弟子挹水而注之。中而正，满而覆，虚而欹。孔子喟然而叹曰："吁！恶有满而不覆者哉！"子路曰："敢问持满有道乎？"孔子曰："聪明圣知，守之以愚；功被天下，守之以让；勇力抚世，守之以怯；富有四海，守之以谦。此所谓挹而损之之道也。"

水满必溢，这是大自然的规律。古代先哲从这种自然现象中悟出了人生的道理。为此，鲁国的有识之士在鲁桓公的庙中放了欹器，隐喻"虚则欹，中则正，满则覆"。孔子有感而发出"恶有满而不覆者哉"的言论，进而在子路的提问下，指出了为学为人，要谦虚谨慎、戒骄戒躁，才能保持长久。

（三）以水论学与教的原则和方法

在学与教的原则和方法范畴，水也给儒家诸子以诸多启示。学习需要务本和积累。孟子曰："原泉混混，不舍昼夜。盈科而后进，放乎四海，有本者如是，是之取尔。苟为无本，七八月之间雨集，沟浍皆盈；其涸也，可立而待也。"（《孟子·离娄下》）有本源的水，滚滚向下流，昼夜不停，流满低洼处而向前，直入大海。假若水没有本源，如七八月间的雨水虽将大小沟渠都填满了，但不久便干涸了。为学的道理也如此。

"务本"、坚持不懈、循序渐进必将有所成就，而有末无本，就如同鲜花，虽然鲜艳宜人，但终究要枯萎的。孟子的观点，被宋代的陆九渊进一步深化。他说："涓涓之流，积成江河。泉源方动，虽只有涓涓之微，去江河尚远，却有成江河之理。若能混混，不舍昼夜，如今虽未盈科，将来自盈科……然学者不能自信，见夫标末之盛者便自慌忙，舍其涓涓而趋之，却自坏了。曾不知我之涓涓虽微却是真，彼之标末虽多却是伪，恰似檐水来相似，其涸可立而待也。"① 另外，南宋大儒朱熹《观书有感》的著名诗句"问渠那得清如许，为有源头活水来"也表达了类似的思想。

荀子也用水对发愤于学、持之以恒的精神进行了探讨。如"学不可以已。青，取之于蓝而青于蓝；冰，水为之而寒于水"，"积土成山，风雨兴焉；积水成渊，蛟龙生焉；积善成德，而神明自得，圣心备焉。故不积跬步，无以至千里；不积小流，无以成江海"。（《荀子·劝学》）学习是没有止境的，冰是由水凝结而成，但比水凉，隐喻后学对前人的超越。"不积小流，无以成江海"，学习必须注重积累，没有积累就不可能达到至广至深的境界。

学习者的个性特点对教育教学的成效影响甚大，儒家学者对此多有论述。如孟子讲"如智者若禹之行水也，则无恶于智矣。禹之行水也，行其所无事也。如智者亦行其所无事，则智亦大矣"（《孟子·离娄下》）。大禹治水，就是顺其自然，因势利导，体现出了大智慧。这对教育者有重要启示：教育者应针对学习者的个性给予适当的引导，而不是强制甚至压迫。就像强行堵洪水往往被其冲垮一样，强制和压迫的教育将是失败的教育。北宋理学家张载用水探讨了教学的限度问题。他说："教之而不受，虽强告之无益，譬之以水投石，必不纳也。今夫石田，虽水润沃，其乾可立待者，以其不纳故也。"② 这表明，有效教学的前提是激发学生内在的学习主动性。如果学生没有学习的内在动机，教学的结果必然是"以水投石而不纳"。

朱熹还用"撑水行舟"的过程来隐喻读书学习的过程。他说："为学极要求把篙处着力。到工夫要断绝处，又更增工夫，着力不放令倒，方

---

① 田正平、肖朗主编：《中国教育经典解读》，上海教育出版社2005年版，第211页。
② 同上书，第168页。

是向进处。为学正如上水船，方平稳处，尽行不妨。及到滩脊急流之中，舟人来这上一篙，不可放缓。直须着力撑上，不一步不紧。放退一步，则此船不得上矣！"① 他通过水中撑船描述了学习的启动、步入正轨、艰苦卓绝等阶段，生动形象、发人深省。

（四）"以水喻教"彰显了"天人合一"的思维方式

儒家教育倡导积极主动的入世精神，无论是主张"性善"还是"性恶"，都强调教育教学在培养君子和服务社会中的积极作用。在具体的学习范畴，也主张积极主动、坚持不懈的为学精神。而道家主张自然主义的教育，甚至以夸张的笔法提出"绝学弃智"。儒家和道家教育教学思想的差异，可以从孟子和庄子的人性和教育教学言说中见得一斑。孟子以"水之就下"来论述"人之性善"，庄子则主张人性自然论。他同样以水为喻表达了这种思想："吾生于陵而安于陵，故也；长于水而安于水，性也；不知吾所以然而然，命也。"（《庄子·达生》）可以看出，"庄子以生长所习、自然所成为人性"②。孟子主张性善，是为了说明实行"仁政"和积极的教化是顺应人性的；庄子主张人性自然，是为了证明"无为"是顺应人性的。③

虽然道家以及墨家等学派与儒家学派的学术观点不同，但它们往往都遵循着"天人合一"的思维模式。这种思维模式的一个认识论假设是：天道和人道一体，人道和天道遵循着同样的规律。这样，通过对水等事物的体悟就可以获得人生和人事的认识。与我国古代主流的隐喻思维不同，西方在古希腊时期，张扬着"天人分立"的逻辑思维已经成为哲人思维方式的主流。虽然古希腊思想家的著作中也蕴含着隐喻，但与逻辑思维相比，其中的隐喻思维仅仅处于一种从属的地位，至少其以一种隐性的方式发挥着作用。而我国古代思想家普遍将隐喻视为言说、认知和理解的重要方式，并明确地肯定了其价值。④ 在教育教学的视域中，以水为核心并不断扩展着的隐喻，绵延着思想家们的想象力，并不断地扩展

---

① 田正平、肖朗主编：《中国教育经典解读》，上海教育出版社 2005 年版，第 201 页。
② 刘宝才：《"以水喻人"的学说及其思维方式》，《中国哲学史》2003 年第 1 期。
③ 同上。
④ 具体参见第一章相关内容。

着人们对教育教学的人文性理解。

（五）对当代教学研究的启示

近现代以来，随着西学的引入和我国教育学的发展，逻辑和实证已经成为我国教学研究的主导范式。当前，我们如何对"以水喻教"的思维方式进行评价？我们是否还需要这样的思维方式？有人可能会说，同样以水为喻，告子和孟子表达了"性无善无恶"和"性善"这两种完全不同的观点，因此这种思维方式是非科学的。然而，正如美国汉学家艾兰所言："中国早期的思想家无论属于哪一个哲学流派，都假定自然界与人类社会有着共同的原则，人们通过体察自然便能洞悉人事。"[①] 这是一种思维方式，也是一种世界观。

不过，我们也必须承认，在当前的教学研究中，像我国古代那种用自然和生活中的事物（如水）来隐喻教学的现象已经很少见到。专业的教学研究者要么钟情于用其他学科的概念、原理来阐释教学问题，要么钟情于构造"清晰"的概念，进行"严谨"的判断和推理，并力求揭示教学中的科学规律，似乎他们在有意识地回避传统的隐喻思维方式。然而，在追求科学化的过程中，教学思想的灵性日益失落，甚至在多数教学研究中，冷冰冰的晦涩难懂的语言令人望而生畏。在更为开阔的教学实践领域，隐喻语言仍为广大教师无意识地使用着，他们继续从自然和生活事物中汲取着教学智慧。

在当前教学日益科学化、技术化、工具化的背景下，复兴传统隐喻思维显然有利于彰显失落的教学人文精神。教学是人与人的交往活动，教学理论不可能成为完全意义上的科学，精神性的人的存在决定了教学和教学理论的人文性。张扬着人文性理解的隐喻思维，有利于释放教育者的想象力，激发其自我体悟与心灵觉解，也有利于注重生活体验的人文教学论的发展。

以上探讨了"以水喻教"的思维方式对我们的教学理解的扩展及其当代价值。概而言之，隐喻思维是人类的基本思维，人类在面对抽象的未知的教育教学问题时，往往以已知的具体的经验来认识它。这样，在

---

① ［美］艾兰：《水之道与德之端——中国早期哲学思想的本喻》，张海晏译，商务印书馆2010年版，第13页。

我国古代，水作为滋养人类生命和生活的千变万化的形态，成为思想家们论说教育教学的基本意象。在现时代，教育教学研究中隐喻思维的重要体现就是"学科隐喻"思维，教育学者们热衷于运用其他学科的概念、原理和发现来隐喻教育教学问题。学科隐喻和自然隐喻在本质上是一致的，因为物理、化学、生物学等自然科学是研究自然的，是对自然现象和规律的科学化的认识，而自然隐喻的"类比源"往往是直观的可感的自然事物和现象，二者的对象是相同的，只是认识的视角有所不同。[①] 下面将通过对教学理论中生物学隐喻的探讨来深化我们对学科隐喻的认识。

二　生物学隐喻与西方教学理论的发展

一般认为，教育学和教学论的学科基础主要有哲学、社会学和心理学。这些学科的学派更迭和思想演进都直接或间接地对教学理论的发展产生着重大影响。因此，教育学研究者在此方面的论著颇丰。然而，19世纪末20世纪初以来，自然科学的崛起和发展对哲学社会科学产生了深远影响。这些影响不仅体现在研究方法上，而且体现在思想观念上。其中，生物学对哲学社会科学的影响尤为突出。教学论作为研究人类教学活动的实践性较强的学科，也或直接或间接地受到了生物学的影响。许多思想家在生物学的启示下，对学与教进行了充满想象力的研究，从而促进了教学理论的发展。

（一）作为学科隐喻的生物学隐喻

从16世纪到18世纪，近代各门自然科学逐步从自然哲学中分化出来，并因其确定性的知识而获得了至尊的地位。受自然科学的影响，哲学内部也出现了反传统哲学的实证哲学。其后，自然科学的发展一直深刻影响着哲学社会科学。

在自然科学中，生物学作为研究生物的结构、功能、发生和发展规律，以及生物与周围环境的关系的科学，对哲学社会科学产生了尤其重要的影响。生物学对哲学社会科学的影响主要体现在生物学的重要发现尤其是基于生物学发现的概念和理论对哲学社会科学的启示上。人类社会、经济、教育等与生物系统的相似性，使思想家们能够以生物学的概

---

① 高维：《教学理论中的教学隐喻研究》，硕士学位论文，南京师范大学，2010年。

念和理论来观照社会科学问题。由于生物学和各社会科学的研究对象的差异，当生物学的概念和理论被用来解释人类各种活动时，其就具有了隐喻的性质。隐喻的本质是用一事物来认识和理解另一事物。我们通过生物学的概念和理论获得的对人类社会各种活动的认识和理解，可以被称为生物学隐喻。

生物学隐喻在解释人类各种活动方面体现了强大的活力。在经济学领域，演化经济学试图以生物学为基础来解释社会经济现象，其以存在于经济组织、决策规则、商品以及生产方法中的多样性和适应性为研究对象，探索经济演变过程的机制。在演化经济学发展史上，"种群""自组织""生态学""基因"等概念和理论被用来隐喻性地认识和理解经济学现象和问题，如"一些演进经济学家，以分子遗传学中DNA的结构和中心法则为模板，构建了企业遗传理论模型，研究企业及其发展"[①]。

在社会学领域，"生物学思想与社会学的跨学科对话，从社会学诞生之初就开始了"。在社会学史上，社会学和生物学"对话"的成果至少包括：社会有机体论（以斯宾塞为典型代表）、社会进化论、社会生物学、潘光旦的人文生物学以及社会共生论。[②] 这些由学科"对话"产生的社会学理论中蕴含着丰富的生物学隐喻，可以被称为生物学的社会理论。

和在经济学和社会学领域中一样，生物学隐喻在教育学尤其是教学理论的建构和发展中发挥了重要作用。由于教学理论的实践品格，生物学隐喻往往首先通过对哲学和心理学的影响，进而推动教学理论的更新。

（二）教学理论中的生物学隐喻

教学理论中蕴含着丰富的生物学隐喻。杜威的教育教学哲学、皮亚杰的建构主义学习观、多尔的后现代主义教学观都隐喻性地借鉴了生物学研究成果。对这些思想家的教学理论中生物学隐喻的梳理和分析，有利于我们明晰生物学对教学理论发展的影响。

1. 杜威："经验""生长"

杜威深受达尔文学说的影响。在1909年发表的《达尔文学说对哲学的影响》一文中，他指出："《物种起源》一书通过对绝对永恒之物这艘

---

① 白瑞雪：《生物学类比与演化经济学的发展阶段》，《教学与研究》2011年第3期。
② 刘建洲：《隐喻：生物学与社会学对话的桥梁》，《学术探索》2003年第5期。

神圣不可侵犯的方舟发起攻击,并把那些曾被看作固定不变的和完美无缺的类型的形式看作是有起源的和会消失的,而引进一种思维模式,这种模式一定会使认识的逻辑发生变革。"① 在1916年出版的《民主主义与教育》的序言中,杜威指出该书的哲学吸收了生物科学上的进化论等思想,并"旨在指出这些发展所表明的教材和教育方法方面的变革"②。杜威教育学说中的生物学隐喻主要体现在"经验"和"生长"这两个概念上。在《民主主义与教育》的开篇,杜威谈道:"生物和无生物之间最明显的区别,在于前者以更新维持自己","生物能为它自己的继续活动而征服并控制各种力量……生活就是通过对环境的行动的自我更新过程";"随着某些物种的消失,更加适合利用它们无法与之斗争的许多障碍的生物诞生了。生活的延续就是环境对生物需要的不断的重新适应";"通过更新而延续的原则,适用于最低的生理学意义上的生活,同样适用于经验",教育在其最广泛的意义上讲就是社会生活经验的延续。③

  杜威反对"把教学看作把知识灌进等待装载的心理的和道德的洞穴",认为生活就是生长,教育应该提供给儿童生活和生长的条件。儿童要构成持续不断的生长,应具有主动地调整自己的活动以应付新情况的能力。④

  通过这些引文我们可以看出,杜威的"教育即经验的延续和改造"的命题在很大程度上来源于达尔文"适者生存"的思想,而"教育即生长"的命题则在很大程度上源于植物生长的启示。杜威对"经验"和"生长"的认识,直接影响着他关于思维、课程教材、教学的思想。可以说,杜威的经验课程、思维和教学五步等思想间接地受到了生物学隐喻的影响。

  2. 皮亚杰:"同化""调节""平衡"

  著名心理学家皮亚杰首先是一位生物学家。他批判了拉马克强调环

---

① 《杜威文选》,涂纪亮译,社会科学文献出版社2006年版,第49页。
② [美]杜威:《民主主义与教育》,王承绪译,人民教育出版社1990年版,第5页。
③ 同上书,第6—7页。
④ 同上书,第60—61页。

境在进化中的决定性作用的"经验论"、乔姆斯基的语言"天赋论"以及新达尔文主义的"综合进化论",认为进化是原始遗传组织和环境的相互作用产生的。

皮亚杰指出,有机体并不仅仅被动地接受外部作用的影响,其与"外界环境之间存在着完全名副其实的相互作用,这就是说,在环境变化所引起的紧张状态或者说不平衡状态出现之后,有机体已经用组合的方法发明了一个创造性的解决方法,从而带来了一种新的平衡形式"①。源于生物学的启示,皮亚杰指出,认知结构不仅仅受到环境的影响,也不是先天形成的,其通过同化和调节以维持认知平衡。面对新的刺激情境,如果主体能够将其纳入自己的认知结构中,就是同化;如果不能将其整合到已有的认知结构中,主体会调整自己原有的认知结构,以适应环境并达到新的平衡。

显然,皮亚杰是通过有机体与环境的相互作用来认识和理解人类的认知特征。与有机体适应环境的同化、调节和平衡一样,在认知行为的各个水平上都存在着同化、调节和平衡状态。虽然皮亚杰指出"自我调节是生命最普遍的特性之一,也是机体反应与认知性反应所共有的最一般的机制"②,我们仍能够直觉地发现生物学隐喻在皮亚杰的认识论中的显要地位。皮亚杰基于生物学隐喻的发生认识论,对学与教的理论产生了重大影响。

3. 多尔:"自组织"

后现代课程理论家多尔广泛地援引自然科学的发现和理论来探讨课程与教学问题。其中,新生物学是其思想的重要来源。与传统物理学的一方决定另一方的模式不同,新生物学强调自我组织和相互作用。多尔概括了新生物学的特点:组织的复杂性、发生历史或编码、原因的多元性、方向性和目的、"自组织"③,并用这些特点来观照教学问题,提出了许多具有启发性的教学思想。多尔认为,对课程理论的发展而言,生物

---

① [瑞士] 皮亚杰:《发生认识论原理》,王宪钿等译,商务印书馆1981年版,第60页。
② 同上书,第68页。
③ [美] 小威廉姆·E. 多尔:《后现代课程观》,王红宇译,教育科学出版社2000年版,第90页。

学隐喻比机械论更具有启发性,而"自组织是这一生物学模式的根本特征"①。

关于生物学中的"自组织"现象,多尔举了集胞黏菌目变形虫现象的例子。②黏菌目变形虫通常以单细胞的形式生存,但是当食物不足时,其会产生惊人的变化。变形虫会发出信号以吸引其他变形虫并随机形成一个集合的团块。作为一个团块,变形虫移向其他位置,并在那里从集胞凝块群中形成一个茎状物。这种茎状物具有丰富的细胞,其从团块主体中分离出来,生成新的芽孢,这些芽孢自身会再分解为新的个体细胞单元。

从变形虫的案例中,我们可以看出"自组织"遭遇的不确定性,以及将突发的"困扰"转变为平衡(和谐)的能力。这对课程与教学无疑具有丰富的隐喻意义。

(三)生物学隐喻与教学理论的创新

基于以上所言的生物学隐喻,杜威、皮亚杰、多尔分别批判了在其之前占主导地位的赫尔巴特的主知主义教学理论、桑代克的行为主义学习理论和泰勒的目标取向的课程理论。

1. 杜威与赫尔巴特

杜威基于"教育即经验的改造"和"生长"的思想,对教育史上曾产生重大影响的几种教育教学思想,即教育即预备、教育即展开、教育即官能的训练、教育即复演、教育即塑造进行了批判。其中,杜威对赫尔巴特"教育即塑造"思想的批判在当时更加具有现实意义。赫尔巴特基于思辨心理学的教学阶段理论(明了、联系、系统、方法),比较注重书本知识和教师在教学中的主导作用。因其具有的易操作性,赫尔巴特的教学理论于19世纪后半叶在世界范围内产生了广泛影响。杜威认为教育(教学)即生长、教育(教学)即经验的改造,赫尔巴特的教学理论的"缺陷在于忽视生物具有许多主动的和特殊的机能,这些机能是在它

---

① [美]小威廉姆·E.多尔:《后现代课程观》,王红宇译,教育科学出版社2000年版,第101页。

② 同上书,第149页。

们对付环境时所发生的改造和结合中发展起来的"[1]。杜威正是基于作为生物学隐喻的"生长"和"经验"两个概念，强调儿童内在的主动性以及与环境的相互作用和适应，从而实现了教育教学理论的重大创新。

2. 皮亚杰与桑代克

皮亚杰在《智慧心理学》一书中，对发展心理学史上的五种学习理论[2]进行了述评。这五种学习理论的最后一种，即 20 世纪上半叶极富影响的尝试错误说。皮亚杰认为以桑代克为核心的行为主义心理学派坚持了拉马克学说的精神，就像拉马克强调个体遗传单元受到环境的影响一样，行为主义者信奉刺激—反应（S→R）模式，而"没有受到同时代的生物学革命的影响"。基于生物学隐喻，皮亚杰主张有机体与环境相互作用的认识（学习）观。他指出 S→R 应该写成 S↔R，更确切地说应写成 S（A）R，其中 A 是刺激向某个反应格局的同化，而同化才是引起反应的根源。[3] 基于生物学中有机体面对环境刺激的同化、调节和平衡理论，皮亚杰促进了学习和教学理论从行为主义向建构主义转变。建构主义学习理论启示教师在教学中应关注学生已有的知识、经验以及学习的内在主动性，纠正了行为主义教学理论的片面性，扩展了教学理论对具有无限复杂性的教学的解释力。

3. 多尔与泰勒

泰勒被誉为课程理论之父，其名著《课程与教学的基本原理》被誉为课程理论领域中的圣经，该书提出的课程理论的四个问题（学校应达到什么样的教育目标？提供什么样的经验才能达到这些教育目标？如何组织这些教育经验？如何确定这些目标正在实现？）已经成为现代课程与教学理论不得不思考的基本问题。泰勒原理的基点在于目标，并将目标贯穿于课程的始终，因此，也经常被称为课程的目标模式。多尔认为泰勒的目标模式是线性的，具有科学主义的倾向，它规定了一系列外在的客观的目标等着学生去接受和实现。

---

① ［美］杜威：《民主主义与教育》，王承绪译，人民教育出版社 1990 年版，第 81 页。

② ［瑞士］皮亚杰：《智慧心理学》，洪宝林译，中国社会科学出版社 1992 年版，第 10—16 页。

③ ［瑞士］皮亚杰：《发生认识论原理》，王宪钿等译，商务印书馆 1981 年版，第 60—61 页。

多尔指出，用"自组织"思想指导的教学与将学生视为接受者的教学具有本质的不同。前者包容并珍视干扰、问题，教师努力发挥教学智慧，以把握"重要的关口"，促成新的秩序和收获；后者则排斥干扰，将其视为影响教学成效的不良因素。① 前者是"学"主导"教"的教学，后者是"教"支配"学"的教学。② 用"自组织"隐喻来理解教学，所得出的教学思想及其实践，无疑是教学的一场"革命"。

基于生物学隐喻，杜威、皮亚杰、多尔促进了教学理论的发展，但这并不表明其彻底地替代了赫尔巴特、桑代克和泰勒的教学理论。事实上，后者的理论仍然以不同的形式"活"在教学实践中。当前，因适应时代知识传授的需要和简洁、易行的操作路径，赫尔巴特教学理论的精神仍为广大的教育行政人员、校长和教师信奉着；桑代克的行为主义学习理论在教学实践中仍有广泛的解释力；泰勒的课程编制理论几乎仍是当前占主导地位的课程理论，并有力地支撑着课程与教学实践。

（四）对教学理论中生物学隐喻的反思

不过，从历史的视角来看，杜威、皮亚杰、多尔都强调学习者的内在经验和主动性及其与外部环境的相互作用，对曾占统治地位的课程、教学和学习理论形成了有力的冲击，从而推动了教学理论的发展。为了深化对教学理论中生物学隐喻的认识，我们有必要进行总结性的思考。

1. 隐喻"源域"的变化

在教学理论发展史上，教学隐喻经历了从自然隐喻、生活隐喻到学科隐喻的演变。③ 在古代和近代，许多教学思想家通过自然和社会生活中的事物来类比和认识教学；现当代以来，随着其他学科的发展，许多教学理论家用其他学科的概念和原理来观照教学现象与问题。在生物学的视域中，古代和近代的教学思想家主要通过自然界中的生物来认识教学。这些思想家包括昆体良、夸美纽斯、裴斯泰洛齐、福禄培尔等，如夸美纽斯通过"种子""树木""成长""果实"以及与之相关的"阳光"

---

① ［美］小威廉姆·E. 多尔：《后现代课程观》，王红宇译，教育科学出版社2000年版，第227页。

② 同上书，第146页。

③ 高维：《教学理论中的教学隐喻研究》，硕士学位论文，南京师范大学，2010年，第41页。

"雨露""四季"等来隐喻教学。随着生物学学科的建立和发展,用生物学的进化论以及其他理论来观照教学的生物学隐喻成为教学理论发展的重要动力。杜威、皮亚杰和多尔的学与教的理论集中体现了这一特征。

2. 生物学隐喻在教学理论发展中的价值

虽然杜威、皮亚杰、多尔的教学理论都源于生物学的启示,但是生物学隐喻在其教学理论形成中的作用却有所差别。生物学隐喻对杜威教学理论的影响主要以对其哲学和教育哲学的影响为中介。而且,杜威构建了系统的教育教学理论,并经历了教育实践的检验和修正。在杜威的教学理论中,逻辑的、隐喻的、事实的言说方式实现了有机的统一。皮亚杰的学习理论建立在自然实验和观察的基础上,但其基本概念,如"同化""调节""平衡"等都源于生物学。我们至少可以认为,皮亚杰的学习理论在理论假设和表达上具有明显的生物学隐喻特征。隐喻在多尔的教学理论中,不仅以显性形式存在,而且成了最主要的表达方式。和前两者相比,虽然多尔基于隐喻的后现代课程观还主要停留在观念层面,但其对我们传统的线性教学观无疑形成了强烈的冲击。

3. 隐喻使用者对隐喻的意识水平

隐喻是人类的基本思维,人类所表达的许多教学认识,在本质上都是隐喻性的。但对于这样一种思维方式,人们通常处于日用而不知的境地。在杜威和皮亚杰的理论中,他们虽然也明确指出其他学科对教育教学理论发展的重要价值,如皮亚杰曾指出:"教育研究的根本问题就是要从其他学科的联系中得到充实。"[1] 但他们更多地将其理论看作演绎或实验的结果,很少认识到生物学隐喻在其中所发挥的重要作用。多尔在《后现代课程观》一书中大量地使用生物学等学科隐喻,并认为倾向于知识旁观者的逻辑的和分析的教育教学理论统治着教育学,但"就激发对话而言,隐喻比逻辑更有效。隐喻是生产性的"[2]。显然,多尔不仅使用隐喻而且清醒地认识到隐喻在课程与教学研究中的价值。多尔等后现代

---

[1] [瑞士]皮亚杰:《皮亚杰教育论著选》,卢濬译,人民教育出版社1990年版,第129页。

[2] [美]小威廉姆·E. 多尔:《后现代课程观》,王红宇译,教育科学出版社2000年版,第240页。

教育学者对隐喻的看法,有利于纠正我们传统上将隐喻仅仅视为一种修辞手段的狭隘观念,从而认识到隐喻在教学理论发展中的价值。

4. 教学理论家的学科素养

通过生物学隐喻来认识教学问题,需要教学理论家对生物学有相当的兴趣和了解。杜威在大学最后一年学习了由赫胥黎编著的一本生理学教材。其中的生物学观念引起了他极大的兴趣,并对其后来的思想产生了深远影响。杜威指出:"从这门课程中学习到一种相互依赖和相互联系的统一体观念。这种统一体观念给从前开始的一些学术活动提供了一定的形式,并产生了表现某种事物观点的形态或模式。任何领域的物质都应该符合这种形态或模式。至少,它使得我下意识地期望一个世界和一种生活。"[1] 由此可见生物学观念对杜威后来的哲学和教育思想的影响。作为生物学家的皮亚杰在21岁就以题为《阿尔卑斯山的软体动物》的论文而获得博士学位。他显然比杜威对生物学有更深入的研究,他的学习理论是其生物学理论在学习领域非常自然的隐喻性的应用。由于多尔对包括生物学在内的自然科学比较了解,致使其能够运用新生物学的思想,构想出后现代的课程与教学思想。生物学隐喻促进教学理论发展的事实启示我们,教育学研究者应不断完善自己的知识结构,尤其是要了解自然科学方面的知识,从而促进教学理论的进一步发展。

本章首先探讨了教学理论科学化背景下教学隐喻所受到的忽视乃至排斥,而对教学理论中教学隐喻的研究,尤其是对我国古代"以水喻教"思想和西方现当代教学理论中的生物学隐喻的研究表明,教学理论中弥漫着教学隐喻,教学隐喻是教学理论发展的助推器。这些发现对将教学隐喻应用于教师教育,促进教师对教学理论的本质、发展动力和历程的理解具有重要意义。

---

[1] [美]简·杜威等:《杜威传》,单中惠编译,安徽教育出版社2009年修订版,第45页。

第五章

教学隐喻在教师教育中的应用

教师教育的目的不仅在于使职前和在职教师获得可以传递的教育学知识，更在于培养教师的反思精神。教师只有具备了反思精神，才能不断地超越自我，获得发展。然而，在现实中，许多教师教育课程仅仅传递给教师包装好的教育学知识，很少关注教师个人理论，更鲜有沟通教师个人理论与公共教学理论的尝试。在这一过程中，有两个方面的问题值得我们关注：一是教师个人理论的缄默性，二是公共教学理论知识的外在化。教师个人理论的缄默性体现了教师对自己所信奉的教学思想的无意识，这种无意识的教学思想在许多情况下成为教师反思和发展的无形障碍，教学理论知识的外在化则体现了教学论课程的呆板、枯燥和低效。

教师教育课程要取得实效，必须对以上两个问题进行回应。下文主要是从教学隐喻的视角对此进行探讨。上文表明，教学隐喻不仅是教师个人理论的重要表征，也是教学理论发展的助推器。这些基本的理论探讨为将教学隐喻应用于教师教育奠定了基础。作为教师个人理论的重要表征，教学隐喻可以促进教师缄默知识显性化，进而促进教师对自己教学认识的反思。同时，教学隐喻不仅可以在教学理论的建构中也可以在教学理论的传播中发挥重要作用。作为情知的统一体，教学理论中的教学隐喻往往能够给理论受众留下深刻的印象。而通过对教学理论中教学隐喻的梳理、凸显和探讨，可以使学习者深刻地理解教学理论的本质、发展动力和历程。在此基础上，通过教学隐喻将教学理论的传播和教师对其个人理论的反思结合起来，达成教学理论和教师个人理论的"对话"，是提升教学论课程实效的一条可能路径。

第一节　教学隐喻与教师缄默知识显性化

每个教师都有自己的理论，这些个人理论反映了教师对教学的个体性认识，并支撑着其教学行为。然而，许多教师对其所拥有的个人理论往往缺乏清醒的认识，更缺乏必要的反思，这导致其固执自己的教学认识，因袭自己的教学习惯，进而阻碍了自身的专业成长。为了克服这一问题，教师有必要促进自身缄默知识的显性化，而隐喻是促进教师缄默知识显性化的重要途径。

一　教师个人理论的缄默性问题

英国思想家波兰尼在20世纪中叶提出了"缄默知识"的概念。他指出："人类有两种知识。通常所说的知识是用书面文字或地图、数学公式来表述的，这只是知识的一种形式。还有一种知识是不能系统表述的，例如我们有关自己行为的某种知识。如果我们将前一种知识称为显性知识的话，那么我们就可以将后一种知识称为缄默知识。"[①] 与显性知识相比，缄默知识难以用语言、文字等进行表达，难以用正规的形式传递，也难以被批判性地反思。正是由于以上特点，缄默知识一般很少为人们关注，但这并不表明缄默知识是微不足道的。波兰尼指出，缄默知识是人类的一种重要的知识类型，其支配人类的认识活动，并引领显性知识的获得。[②] 波兰尼的缄默知识思想引起了学术界的广泛兴趣，后续的相关研究发现，缄默知识对人类认识和实践的影响并不像波兰尼所言的那样全是积极的，其也可能带来消极的影响。"在显性知识的获得方面，缄默知识既可以起到一种基础的、辅助的甚至是向导的作用，也可能干扰和阻碍显性知识的获得，给人们获得显性知识造成种种困难。"[③] 因此，许多研究者主张缄默知识显性化，以使其发挥积极作用。

---

① Michael Polanyi, *The Study of Man*, London: Routledge & Kegan Paul, 1957, p.12. 转引自石中英《知识转型与教育改革》，教育科学出版社2001年版，第223页。
② 石中英：《知识转型与教育改革》，教育科学出版社2001年版，第224—228页。
③ 同上书，第230页。

总体来讲，教师个人理论中有些是显性知识，更多的则是缄默知识[①]，甚至有研究者将缄默性视为教师个人理论的一个基本特性[②]。笔者认为，教师个人理论中的缄默知识主要存在三种情况：其一，教师的生活、学习或教学经历使其获得了许多关于教学的认识，这些认识从来没有被有意识地反思和清理，其以隐性形式存在于教师的思想中。其二，教师具体的教学行为背后往往都隐藏着教师的某种教学信念或思想，但许多教师都将注意力集中在具体的教学行为上，甚至日复一日无意识地重复着某种教学行为，而很少反思支配其教学行为的教学思想。其三，教师个人理论中的确存在着一些难以用语言表达的知识，这些知识主要体现在教学艺术层面。

教师的缄默知识既可以发挥积极作用，也可以发挥消极作用。教师个人理论中的缄默知识通常支撑着教师的教学行为，这些缄默知识有时引领和促生着教师的显性知识，有时却排斥与之不同的显性知识的获得。教师自身的缄默知识是其对各种教育教学理论进行筛选的过滤器。那些与教师缄默知识一致或相通的教育教学理论更容易获得教师的认同，而与教师缄默知识不一致的教育教学理论往往被教师本能地排斥，虽然在许多情况下教师对自己的这种排斥是无意识的。

师范生在进入师范院校之前长期的受教育经历使他们对教育教学已经有了诸多的体验和认识。其中，许多认识并不是显性的、系统的，而是以缄默知识的形态存在。师范生头脑中的缄默知识无疑会对教师教育课程产生潜在的影响。传统的教师教育课程常常忽视师范生头脑中的缄默知识，仅仅传递各种各样的教学理论知识。师范生由自身受教育经验获得的缄默知识在此过程中会自发地对教学理论知识进行选择、过滤乃至排斥。如此，教学理论知识通常很难有效地整合到师范生的头脑中，仅仅成了外在的可以传递的知识。在职教师的缄默知识是在日复一日的教学生活中形成的较为稳定的教学认识。由于缄默知识的稳定和潜隐的

---

① 事实上，显性知识和缄默知识的二元对立仅仅是一种逻辑上的区分，教师个人理论基本上都处于从显性到缄默的连续体上。

② 李小红：《教师个人理论刍议》，《高等师范教育研究》2002 年第 6 期；张立昌：《"教师个人知识"：涵义、特征及其自我更新的构想》，《教育理论与实践》2002 年第 10 期。

特点,其在形塑、支撑教师教学行为的同时,也可能使其因袭习惯,墨守成规,甚至可能成为教师接受新观念和进行教学创新的羁绊。正是因为缄默知识在教师专业发展中可能产生的以上消极影响,教师缄默知识显性化越来越受到研究者的关注。

二 教学隐喻:教师缄默知识显性化的重要方式

许多研究者对缄默知识显性化的方法进行了探讨,其大致可以分为两种取向:一种强调个体的反思;另一种强调与他人等外部因素的互动和交流。刘云艳等探讨了发展心理学家卡米诺夫—史密斯(Karmiloff-Smith)的表征重述模型(RR 模型)和日本学者野中郁次郎(Nokana)和竹内光隆(Tadeuchi)的缄默知识与外显知识之间的四种转化模式(SECI 模型①),并分析了其对教师缄默知识显性化的启示。依据 RR 模型,教师要实现自己缄默知识的显性化,可以"综合运用动作表征、表象、符号表征等多种方式对同样的教学信息进行表征重述,促进缄默知识的澄清与梳理"。与 RR 模式相比,SECI 模型在关注教师个体反思的同时,更加强调外部环境在缄默知识显性化中的作用,即"教师缄默知识的显性化还需要教师群体、专家等外部环境的支持,而互动场所恰恰为此提供了有利的外部条件"。②

除了以上较有代表性的教师缄默知识显性化的一般模型外,有许多研究者力求通过隐喻来调查和研究教师个人理论,在此过程中教师的缄默知识通过隐喻得以表征和反思。通过隐喻促进教师缄默知识显性化主要有以下几种途径。

(1)选择。研究者设置多个关于教学的隐喻(如教师角色隐喻)选项供教师选择,教师在选择过程中,将激发其关于教学的认识上升到意识层面。在一项研究中,我们引导幼儿职前教师从 10 个教师隐喻(妈妈、导演、保姆、警察、艺术家、多面手、教书匠、孩子王、园丁、演员)中(不定项)选择符合其幼儿时教师的形象和当前心目中理想的幼

---

① 四种转化模式分别为:社会化(socialization)、外化(externalization)、组合(combination)、内化(internalization)。

② 刘云艳、叶丽:《教师缄默知识显性化策略探讨》,《学前教育研究》2007 年第 2 期。

儿教师形象。① 这一举措力求激活幼儿职前教师对其所受到的幼儿教育的回忆，以及当前对幼儿教师角色的认识，以促进其对幼儿教师角色的反思，进而深化其对幼儿教师角色的认识。

（2）补充。如果让教师选择隐喻是封闭性方法的话，让教师补充完成隐喻句子则是半开放性的促进教师缄默知识显性化的方法。上文中提到的斯滕恩伯格用"数学是一个＿＿＿＿＿＿"的完形题目对小学教师的数学（课程）观念的探究②就属此例。这种方式可以调动教师关于数学课程的认识和情感，从而显现教师们对数学课程的内隐观念。

（3）阅读。任何教师的教学行为背后都隐含着某一种理论，只是教师很少有意识地去反省它。教师的日常表达中散落着许多隐喻语言，这些语言反映了教师个人理论。教师可以通过对自己的教学实录、日记、书信、访谈录等文本的分析来发掘其中蕴含的隐喻。教师可能不止会发现一个隐喻，而各个隐喻之间也可能是冲突的。对这些隐喻的梳理和分析，有利于教师明晰和反思自己对教学的认识。

（4）创作。教师还可以通过创作教学隐喻图③和基于教学（学习）生活史的隐喻来促进缄默知识的显性化。除了上文提到的手绘反映教师个人理论的图画并给予文字的说明外，赖特（Wright）等人还主张利用计算机多媒体，如在 PPT 中加载图片、图形和叙词的方式来展现教师的隐喻。他们认为，这可以使教师将自己教和学的过程视觉化，从而激发其情感体验和认知冲动，进而促成深层的教学反思。④ 教师撰写自己的教学（学习）生活史有利于其全面地回顾自己的学习和教学经历，基于此创作的教学隐喻则有利于其组织和反思自己的经历，并揭示自己对教学的相关认识。

以上列出了几种促进教师缄默知识显性化的基本方法。当然，在实

---

① 高维、刘文娟：《幼儿园教师是什么——学前教育专业学生对幼儿园教师隐喻的理解》，《幼儿教育》（教育科学版）2011 年第 7—8 期。

② Gladys Sterenberg, "Investigating Teachers' Images of Mathematics", *Journal of Mathematics Teacher Education*, Vol. 11, No. 2, 2008, pp. 89 - 105.

③ 第二章和第三章对此已有所论及。

④ Vivian H. Wright, Cheryl W. Sundberg, Sondra Yarbrough, et al., "Construction of Teaching Metaphors Through the Use of Technology", *Electronic Journal for the Integration of Technology in Education*, Vol. 2, No. 1, 2003, http://ejite.isu.edu/Volume2No1/Wright.htm.

际应用中，这些方法不是绝对分立的，许多研究者都将其相互组合来使用。如笔者在对幼儿职前教师的教师隐喻的研究中，就将选择和补充的方式相结合，即如果供选择的隐喻不足以反映自身的情况，幼儿职前教师可以提出其他隐喻予以补充。在此基础上，其还要对自己选择和补充的隐喻给予解释。① 布莱克（Black）和哈利瓦勒（Halliwell）通过口头（对话和讲故事）、书面（做日记和写故事）和隐喻性绘画相结合的方式来表征教师个人理论。在他们的研究中，教师谈论自身的教学经验，创作反映自身教学的图画，并且记录他们在日记中的反思。②

在教师选择、发现或创作反映自身教学的隐喻的过程中，专家引领和团体讨论也是十分有价值的。这些外部支持不仅有利于教师明晰自己对教学的认识，而且有利于其突破自身的认识局限。如伯曼（Berman）等学者将开发教学隐喻作为教师教育课程的重要内容，其不仅要求职前教师创作个人的教育生活史及基于此的隐喻，而且和学员分享教学团队的隐喻，并引导学员通过网上论坛和研讨会等形式讨论自己已经创作的隐喻，基于此每位职前教师再修正和提交自己的教学隐喻论文③。显然，这种方式有利于教师和学员以及学员之间的交流，扩大了每个个体的"视界"。

三 基于教学隐喻的教师缄默知识显性化的意义

以上研究方法都普遍存在着一个假设，即教师所持有的许多知识是隐性的，其远远超出他们日常所能表达的范围。教师使用的隐喻与其缄默知识具有一定的联系，其提供了认识教师内隐的或无意识持有的观念的洞察力。教师缄默知识显性化对于教师教育者和教师本人都有积极意义。

---

① 高维、刘文娟：《幼儿园教师是什么——学前教育专业学生对幼儿园教师隐喻的理解》，《幼儿教育》（教育科学版）2011 年第 7—8 期。

② Alison L. Black and Gail Halliwell, "Accessing Practical Knowledge: How? Why?", *Teaching and Teacher Education*, Vol. 16, No. 1, 2000, pp. 103 – 115.

③ Jeanette Berman, D. Boileau Little, Lorraine Graham, et al., "The Use of Metaphors with Pre-service Teachers", http: //web. archive. org/web/ * /http: //scs. une. edu. au/CF/Papers/pdf/BermanLittle. pdf.

（一）教师教育者对教师个人理论的把握

教师持有的隐喻反映了其个人理论，如信奉"教师是警察"的教师和信奉"教师是朋友"的教师的个人理论显然是不同的。通过教师创作的隐喻，教师教育者可以扼要地把握教师个人理论的状况。然而，在实际情况中，教师个人理论常常是微妙的和复杂的，并不是如此的泾渭分明。

富安塞斯（Dawn Francis）在一个教师教育项目中，要求三年级师范生以"教学像……"为头写一段话，并以此探究隐喻与师范生教学信念的关系。[①] 该项研究一个令人吃惊的发现是师范生宣称的理论和实际应用的理论是分裂的。尽管师范生们在该项目中宣称他们在教与学中采用了建构主义方法，但他们的隐喻表达中却存在着大量的"导管"隐喻。例如，师范生詹莉（Janelle）基于自己的实习经验，做出了如下的表述：

> 作为一名教师，我觉得自己就像通过电路的电流。每一个学生都造成阻力，并消耗教师的能量，所幸的是当获得能量的时候，灯泡（学生）还是会发光。教师所依靠的能量之源最终会耗尽，如果灯泡要继续发出光亮，教师的能源需要更新。而在一些时候，电路中的开关处于打开状态以阻止流动的趋势。

可以看出，这位师范生关于"电路"隐喻的表达与"导管"隐喻是一致的。在她的其他语言表达中，诸如"作为讨论的催化剂""使他们向前移动""从我到他们""使他们集中精力于"等词汇也经常被使用。显然，在詹莉的隐喻及其他语言表达中，学生被视为被动的接受者。这与其宣称的建构主义教学观是不符的。通过其隐喻表述，教师教育者可以洞察到其宣称的和实际秉持的教学思想之间的冲突，并基于此开展必要的辅助和干预。

在职教师承担着复杂的教学任务，其个人理论常常面临着更多的冲突。这些冲突在他们创作的隐喻中得以表征。如 Z 教师在教学论课程提

[①] Dawn Francis, "The Reflective Journal: A Window to Preservice Teachers' Practical Knowledge", *Teaching and Teacher Education*, Vol. 11, No. 3, 1995, pp. 229–241.

交的隐喻作业中创作了以下两个隐喻：

> 起初，最让我难以搞清的是"教学"与"课程"的概念问题。后来，我终于明白课程是方案、蓝图，教学就是实施这套方案、蓝图，即课程类似于设计图纸，教学就类似于将图纸得以实现的施工阶段……
>
> 教学是一种创造性的心智活动，是一种极具灵性和随机性的心灵沟通。教学需要融入教师的智慧和情感，更需要渗透教师的思想和追求。只有这样，我们的教学才是有个性的，才是有灵气的，才能够走得更远。①

不难看出，第一个隐喻主张课程是蓝图，教学是蓝图的实施，体现了教学技术化和科学化的取向。第二个隐喻主张教学是师生之间的心灵"沟通"，则体现了教学艺术化的取向。这两个隐喻至少在表面上是冲突的。如果教师教育者在把握这种冲突的基础上，就教学的科学性和艺术性问题与该教师进行深入的讨论，将有利于澄清该教师的思想混沌。

（二）教师自我意识的觉醒

教师缄默知识显性化对教师而言，首先有利于其对自身潜隐的个人理论的意识和反思。笔者曾在教学论课程中要求师范生撰写个人学习生活史及反映其生活史的隐喻，试图使他们在回顾自身学习经历和创作教学隐喻的过程中，激活其已经拥有的对教学的潜在认识。师范生 S 写道：

> 我一直以来经历的教学就是老师教，学生学。小学的时候会因为好奇而问一些问题，老师的回答通常是"书上就是那样写的，答案就是那样的，没有为什么，记住就好了"，所以后来就变成了有问题也不问。随着年龄的增长，考试变得越来越重要，唯一的任务只是记住考试要考的内容，老师和家长都不允许我们把时间浪费在我们所谓的爱好上。这就造成了我一直以来的遗憾，除了学习，一无所长。感觉我们是装罐厂里的一条生产线，教师是装有东西的机器，

---

① 高维、李如密：《教师教学隐喻图画的比较研究》，《上海教育科研》2011 年第 7 期。

学生是空罐子，平时上课就是往罐子里装东西，考试就是最后的检验，合格的就过了，不合格的会重新加工或直接被抛弃。

这样的教学会使许多学生的天赋被埋没，所以我心中理想的教学是因材施教。因为每个人的兴趣和能力有所不同，所以学校的传统教学不可能适应每个学生。教师和家长不应只注重学生的学习成绩，应注意去发现和发掘学生的特长，学生自身也可以勇敢地提出自己的爱好。在各方的共同努力下，学生的兴趣和人格才会朝着好的方向发展，前途才会充满希望。①

由于长期的受教育经历，师范生已经对教学有了诸多的体验和感知。但这种感知往往处于内隐状态，他们很少意识到并反思它。通过撰写学习生活史，师范生 S 将自己的学习历史展现了出来，其中极具批判意识的"流水线"隐喻表达了作者对自己所经历的教学的批判，与此相对，作者表达了自己对理想教学的认识。

教师发展的关键在于其自我意识水平和反思能力。作为情知的统一体，隐喻可谓教师专业发展的催化剂。教师创作隐喻的过程，也是其组织和提炼自己教学经验的过程。在这一过程中，教师经历着情感的宣泄，也体验着认知的冲动，从而推动了教师的自我意识和教学反思。在布莱克和哈利瓦勒的研究中，他们用口头、书面和绘画相结合的方式来使学前教育教师批判性地检视自己的灵感、经验和人际关系，并感受其对自己教学的影响。有教师用"侵蚀"（erosion）隐喻表达了自己的"镜像"：

有时，我觉得自己像一个岛。多少年来，孩子们过来拜访一段时间，尽情地快乐，并学习他们能够学习的东西，然后又离开，就像是游客。当他们在时，这个岛（我）尽可能地为他们提供更多的东西。岛的一部分被风、海浪等腐蚀了——就像当我感到自己不能为一个特殊儿童做些什么那样——我在日益消损。当然，岛的另一半是度假的胜地，人们在其中尽情地享受快乐，丝毫没意识到它的

---

① 此案例来源于笔者在 2010 年下半年为 N 大学 T 学院英语教育专业四年级学生开设的教学论课程中收集的学生作业。

另一半正在消磨。尽管这个岛有坚实的基础，但它终究会消逝。[1]

通过"侵蚀"隐喻，这位教师呈现了她在儿童看护工作中的压力，以及她采取一些"侵蚀保护"措施的需要。这个隐喻也使她认识到了自己在教育学前儿童时所面临的主要困境，并使她检验了自己当前的情感和行为。

（三）教师个人理论的转变

隐喻不仅可以使教师意识和反思个人理论，而且可以推动教师个人理论的转变。因为，新的隐喻将赋予教师全新的视角来看待教学，这将使其获得对教学全新的理解。这种理解可能会导引教师个人理论乃至实践的改变。

在塔宾（Tobin）的研究中，一位高中科学教师皮特（Peter）用"船长"和"演员"来表达他在课堂管理中的角色。研究者的观察和访谈表明，当他在学生面前"表演"的时候，他是幽默的、善于交流的，而且能够容忍学生的噪声乃至不端行为。作为"船长"，皮特是果断而有效率的，他控制整个班级，而且强调班级的整体活动，以维持以教师为中心的学习环境。可以看出，在以上两种情况下，教师都是掌控者，"船长"掌控"船员"的行为，"演员"掌控"表演"。尽管皮特关于课堂管理的信念限制了他推动学生学习的可能方式，但他并没有批判性地检视他关于课堂管理的信念。塔宾指出，皮特通过"船长"和"演员"两种不同方式来管理班级的能力增加了引入其他隐喻来概念化其角色以改进教学的可能性。例如，如果皮特将自己的角色视为"园丁"，将学生的角色视为"种子"，他是否会更加关注学生个体的需要呢？塔宾在此已经提出了通过隐喻推动教师个人理论和实践改进的思路，其对高中科学新手教师萨安（Sarah）的研究证实了他的设想。[2] 在格里斯（Gillis）和约翰逊（Johnson）的研究中，参加教师研修项目的教师坎迪（Candy）自主地陈

---

[1] Alison L. Black and Gail Halliwell, "Accessing Practical Knowledge: How? Why?", *Teaching and Teacher Education*, Vol. 16, No. 1, 2000, pp. 103 – 115.

[2] Kenneth Tobin, "Changing Metaphors and Beliefs: A Master Switch for Teaching?", *Theory into Practice*, Vol. 29, No. 2, 1990, pp. 122 – 127.

述了教学隐喻推动的教学反思和改善：

> 我在一个强调归纳、问题解决和发现学习的项目中获得了我的教学认同。教师应该是建设性的而非独裁主义的，应该是管理者而非独裁者，应该是学生发现和获得自己的结论的环境的创造者……我将自己视为灯塔——引领我的学生船舶驶达安全、宁静的港湾。我的学生是迷失而需要港口的船只，文献和书写是它们的救星。当我在这一隐喻下观照我今天的教学时，我被我如此地相信自己和文本内容的权力而震惊。当我把自己视为一个向导，我摒弃了阅读者、写作者和文本之间相互作用的权威……学生有选择和自我决策的权力，他们是有能力绘制自己的课程、修正漏洞和航行路线的水手。①

可以看出，该教师在教学上崇尚权威，是一名专制主义者。在教师教育项目的协助下，该教师开始反思自己的角色，认为教师"应该是管理者而非独裁者"，开始相信教师应该是"灯塔"或"向导"，学生有自我选择和决策能力。显然，该教师的个人理论开始从权威型向民主型转变，这也为其教学实践的改善创造了可能。

第二节 教学隐喻美的意蕴及其理论传播价值

虽然，现当代以来，隐喻在教学理论研究中被忽视甚至排斥，但隐喻在教学理论中仍然广泛地存在着。而且许多教学隐喻为人们喜闻乐见地使用和传播着。一些教育思想家通过隐喻表达的经典话语被"争相引用"，实践中对教师和教学的隐喻，甚至融进了每一个关心教育的人的语言和思想中。我们不禁要问，为什么教学隐喻在受到忽视的同时，又受到人们的青睐？也许许多人会不假思索地回答："隐喻是生动形象的。"这个回答不错，但又似乎过于简单。因此，对该问题的解答，需要在更深层次上进行。下面从美学视角，探讨教学隐喻美的因素，并描述人们

---

① Candida Gillis and Cheryl L. Johnson, "Metaphor as Renewal: Re-imagining Our Professional Selves", *English Journal*, Vol. 91, No. 6, 2002, pp. 37–43.

在接受教学隐喻时的审美心理,以及教学隐喻在教学理论传播中的价值,以揭示教学隐喻在教学言说中魅力的源泉。

一 教学隐喻美的因素

教学理论家使用隐喻的直接目的并不是审美,其要么是为了理论创新,要么是为了更好地传达自己的思想。不过,教学理论中的教学隐喻在求真的同时,兼具美学的意蕴。教学隐喻中蕴含着诸多美的因素,包括教学隐喻的形象、张力、空白、多样等。这些因素是人们在接受教学隐喻时产生美感的动因。

(一) 形象

由于教学的复杂性,在教学理论中,人们常常用来自自然、生活的具体事物以及其他学科的概念和原理来认识和理解教学问题。这样,和直白的表达相比,教学隐喻往往通过可感的形象来表达教学思想。"各种形态的美都是以具体的、直感的形式表现出来的,离开了具体的形象就没有美。"① 在关于教学的隐喻中,鲜活、生动的形象层出不穷,常给人一种直观的美的感受。

"水"和"山"是我国古代思想家论说教育教学的核心意象。通过水的自上流下、奔腾向前、洗洁万物等变化多端的形态,思想家们对教育教学的人性假设、君子人格、学与教的原则和方法等做了富有想象力的阐释。② 孟子、张载、朱熹曾分别用登山隐喻,表达了高且严的教学评价标准、学习中经常存在的问题等。如张载言:"今人为学如登山麓,方其迤逦之时,莫不阔步大走,及到峻峭之处便止。"因此他提出"须是要刚决果敢以进"③ 的主张。他还提出,学习需有疑问,"譬之行道者,将之南山,须问道路之出自。若安坐,则何尝有疑"④。朱熹则以登山来说明教学要循序渐进,他说:"譬如登山,人多要至高处。不知自低处不理会,终无至高处之理。"⑤

---

① 李如密:《教学美的价值及其创造》,广东高等教育出版社2007年版,第41页。
② 具体论述请参见第四章。
③ 田正平、肖朗主编:《中国教育经典解读》,上海教育出版社2005年版,第167页。
④ 同上书,第168页。
⑤ 同上书,第201页。

李秉德在谈论教学理论与实践的关系时,认为实践和理论都在发展变化,只有将二者像人用两条腿走路那样协调起来,才能促进教育教学质量的不断提高。① 这些隐喻以非常直观的形式表达了作者对教学相关问题的看法。我们在阅读这些隐喻时,会因其形象、生动而产生愉悦的感觉和直观的认知。

(二)张力

教学隐喻的本质特点在于通过其他事物来认识教学。这样,就会涉及两个不同的"概念"。把这两个本来属于不同类属的概念并置或"等同"起来,往往会形成一种形式上的冲突。形式上的冲突和意义上的联系使得隐喻成为对立统一体,"它以形式上的矛盾实现意义上的统一,从而产生'意味',生成语言的张力"。② 与平白直叙相比,教学隐喻由对立统一引起的张力蕴含着美,它会激发隐喻接受者丰富的心理体验。

不同类别的教学隐喻的张力是不同的。一些趋向于死亡的隐喻如园丁、灵魂的工程师由于被日复一日地使用,其张力基本趋向于零,甚至逐渐成了教师的代名词。与死隐喻相对的是新颖隐喻。新颖隐喻蕴含着巨大的张力,也最能够引起受众的关注。如多尔用自然科学中的自组织现象观照教学的隐喻就在学术界获得了广泛关注,并引起了强烈反响。在死隐喻和新颖隐喻之间,连续性地存在着不同程度磨损的隐喻或者被遗忘的隐喻。如信息加工理论的"人脑如电脑"隐喻由于被广泛地使用,其张力和给人的新奇感就没有"自组织"隐喻强烈。杜威教育教学思想中的"生长"隐喻和皮亚杰建构主义学习理论的"有机体"隐喻,则隐藏在他们理论的背后,一般不为人们发现。对这种类型隐喻的挖掘和分析,可以将其中蕴含的张力凸显出来,从而使我们以另一种视角来感受这些教学理论。虽然隐喻的张力有大有小,但总体来讲,与一般的平白直叙相比,隐喻表达方式会受到格外的关注。

(三)空白

在中国绘画中,部分与部分之间通常会出现大块的空白。"从技术原因看,这是为了突破某些艺术媒介的限制,取得以少胜多、以一当十的

---

① 李秉德:《教学理论与教学实践"两张皮"现象剖析》,《教育研究》1997年第7期。
② 杨增宏:《认知视域下的隐喻张力》,《现代语文》2007年第12期。

效果。""中国传统的山水画,就是因为有了空白,才为那些有限的形装填了宇宙般的广阔无垠性,从而大大提高了作品的审美效果。"① 人们使用教学隐喻是为了表达教学认识,但在许多情况下,由教学隐喻表达的思想具有模糊性,这就给隐喻的接受者以空白去弥补和消除字面意义的冲突。这也显现出了教学隐喻如中国绘画般的无限魅力。

对上文提到的"教学就是放风筝"这个隐喻②,您会做出怎样的理解呢?不同的人往往以自己的方式,思考教学和放风筝的相似点,以填补隐喻的空白。如有的人指出"放风筝的人要选择一片开阔的空地,又要选择适宜的风力",即强调教学环境的重要性;有的人指出"牵引风筝的绳子时而松时而紧,就如教学中当学生热情高涨、冲动十足的时候放松对其的规限;而当其遭遇低谷时及时给予帮助,学生的学习始终在教师的指导下进行",即强调教学中的艺术;有的人则可能指出"风筝放得高与低,不仅要看放风筝的人的技术,还要看风筝的质量,风筝线的长短",即强调学生资质的差异,以及教学条件等。

在日常的教学隐喻语言中,教学隐喻给接受者留下了大片的空白和宽松的解释空间。在许多教学理论语言中,隐喻为理论家们小心翼翼地使用着,在其理论中发挥着假设、论证和传播的作用。即使如此,教学理论语言中的隐喻仍然可能点燃读者的想象力。如杜威的"生长"隐喻就可能引发我们将教学过程和植物的生长过程相类比,从而加深我们对教学本质的思考。

(四) 多样

艺术和审美活动追求变化、差异和多样。美是一个无所不包、能够采取多种多样的形式、"最富于一般性的东西","因为只有最多种多样的对象,彼此毫不相似的事物,我们才会觉得是美的"。③ 由于教学隐喻通过其他事物与教学的相似性来认识教学现象和问题,任何教学隐喻只能认识教学的某一或某些侧面。教学隐喻的本性决定了它必然是开放性和多样性的。我们通过不同的隐喻扩充着对教学的认识。在教学理论发展

---

① 滕守尧:《审美心理描述》,中国社会科学出版社1985年版,第111页。
② 参见第二章。
③ [苏] 车尔尼雪夫斯基:《生活与美学》,周扬译,人民文学出版社1957年版,第6页。

史上，苏格拉底的"产婆术"隐喻、墨子的"素丝"隐喻、洛克的"白板"隐喻自不待言，20世纪以来，杜威的"生长"隐喻、行为主义的"人是动物"隐喻、信息加工理论的"人脑如电脑"隐喻、建构主义的"有机体"隐喻、后现代主义的"自组织"隐喻，在不断丰富人们对教学认识的同时，也不断扩展着教学隐喻美的画卷。

教学隐喻的多样性还体现在即使是面对同一个隐喻，不同的人也往往有各异甚至是相对的理解。如对"登山"隐喻，有的人强调持之以恒的重要性，有的人强调协作共进的重要性，有的人强调登山过程的重要性，有的人强调到达终点的高峰体验。对"园丁"隐喻，有的人看到了园丁的辛勤付出，有的人看到了园丁遵循幼苗内在生长规律的培育，有的人则指出了园丁对树木的修剪和约束。不同的人对同一隐喻的不同理解也体现了隐喻的多样和奇特。

人们在不断地追求着形象、新奇的教学隐喻，也不断地丰富着教学隐喻的多样性。不同的教学隐喻之间与其说是冲突的对立的，不如说是互补的和谐的。它们从不同的侧面丰富着人们对教学复杂性的认识，也不断彰显着教学隐喻多样性的魅力。

二 教学隐喻审美心理描述

"单一的价值只同主体的一定的实用需要相联系"，不构成审美价值，而"单一的心理过程也不构成美感"，美感是多种心理过程的复合。[①] 教学隐喻的形象、张力、空白和多样蕴含着美，我们在接受许多教学隐喻时，往往会产生无以言说的美感。这种美感蕴含着丰富的心理过程，其中包括感知、想象、情感和理解等，这些要素相互关联，相互渗透，融为一体。

(一) 审美感知

审美感知的前提是审美注意。审美注意是审美主体在遇到审美对象时，将注意力集中在审美对象上。由于教学隐喻的生动、形象，避免了平白直叙的枯燥和无味，在教学言说中，教学理论中的隐喻语言往往会引起人们的注意。新奇的教学隐喻，因其源域和目标域之间的巨大张力，

---

① 高尔泰：《美是自由的象征》，人民文学出版社1986年版，第56—58页。

更能够引起人们的兴趣和关注。个体在对教学隐喻注意后,会开始对教学隐喻的感知。

现代心理学揭示的"差异原理"表明,人的知觉能力和敏感性与"眼前的'图示'与心中熟悉的'图示'之间的差异程度有关",只有那些与人们熟悉的事物有所不同,"但又可以看得出与它们有一定联系的事物,才能真正吸引他们"。① 教学隐喻通常通过具体的熟悉的事物,认识不熟悉的抽象的事物的特性无疑完全符合人的这一感知觉特征。正因为如此,教学隐喻所蕴含的形象、传达的信息更容易为其受众感知。当我们看到维果茨基的"脚手架"隐喻时,往往会不自觉地注意这个隐喻,并开始初步感知到教学与脚手架这两个不同事物之间的"张力"。感知是美感经验的出发点,其为更高级的想象和情感活动创造了前提。

(二) 审美想象

"想像大概是审美中的关键,正是它使感知超出自身,正是它使理解不走向概念,正是它使情感能构造另一个多样化的幻想世界。"② 教学隐喻由于用其他事物来认识教学,字面义的冲突,需要想象来弥补意义的空白。个体面对教学隐喻时,需要在教学隐喻使用的语境中,对"源域"进行回忆和扫描,以追寻"源域"和"目标域"之间的相似点。这一追寻的过程就是填补空白的过程。教学隐喻的空白和不确定性,给想象留下了广阔的天地。"想像不是为概念性的认识所引导所规范,而是恰恰相反,想像指示着、引领着、趋向于某种非确定性的认识。"③

多尔在《后现代课程观》一书中用在模糊数学和普利高津关于波动性化学反应研究中的一个重要的概念——自组织——来隐喻教学,主张接纳教学中的干扰,重视学生的自组织能力,促成对话的、探究的、宽松的课堂,无疑会激发我们对教学的无限想象。教学隐喻想象的顺利产生,在于隐喻受众对隐喻的"源域"有一定的了解。如果受众对言说者所引入的"源域"不甚了解,甚至一无所知,要产生积极的注意、感知以及审美想象是十分困难的。在当代的教学研究中,许多研究者大量引

---

① 滕守尧:《审美心理描述》,中国社会科学出版社 1985 年版,第 60 页。
② 李泽厚:《华夏美学·美学四讲》,生活·读书·新知三联书店 2008 年版,第 332 页。
③ 同上书,第 334 页。

用其他学科尤其是自然科学的概念和原理来解释教学问题。由于隐喻受众没有相关的知识储备，很难达成有效的想象和理解。

总之，"想象在审美经验中占据着举足轻重的地位。如果说感知的作用是为进入审美世界打开了大门，那么想象就是为进入这个世界插上了翅膀"①。

(三) 审美情感

美感是感知、想象、理解等多种心理过程以情感为中介的综合统一，"这种综合不是机械的相加，而是以情感为中介"②。生动形象的语言总让人心情愉悦，而用我们熟悉的事物来形成新的教学认识，也常常让我们的心情或松弛或兴奋。弗莱雷在《被压迫者教育学》中通过"存储"隐喻揭示了灌输式教学和压迫行为。麦克斯·施蒂纳用"大脑中的轮子"比拟了宗教、政治等对个人思想的控制。施蒂纳认为，"现代国家的目标就是在人们心中布置一个警察（或在大脑中装一个轮子）"，"在这样的情况下，人们觉得摆脱了国家的直接控制，但他们却间接地被大脑中的轮子控制着"③。这些生动、形象的隐喻，无疑会强烈地冲击着我们的情绪和情感。

叶澜用"教案剧"隐喻对传统课堂教学的"大框架"进行了批判，指出：传统课堂教学就是执行教案的过程，能否完整地执行教案是评价教学成效的唯一标准。这样，"课堂成了演出'教案剧'的'舞台'，教师是'主角'，学习好的学生是主要的'配角'，大多数学生只是不起眼的'群众演员'，很多情况下只是'观众'与'听众'"④。针对课程改革的"水土不服"现象，杨启亮认为："如果教师和学生之'足'的确难与新课程之'履'相适合的话，断然不能削足适履，而是要考虑'改履适足'问题。改履适足其实就是尊重主体性也尊重文化变革中的选择

---

① 滕守尧：《审美心理描述》，中国社会科学出版社1985年版，第65页。
② 高尔泰：《美是自由的象征》，人民文学出版社1986年版，第60页。
③ ［美］乔尔·斯普林格：《脑中之轮：教育哲学导论》，贾晨阳译，北京大学出版社2005年版，第67页。
④ 叶澜：《让课堂焕发出生命活力——论中小学教学改革的深化》，《教育研究》1997年第9期。

性。"① 以上隐喻对传统教学框架的批判和对课程改革适切性的重要性的揭示，很容易引起我们的共鸣。

（四）审美理解

审美理解主要指渗透在感知、想象、情感等因素并与它们融为一体的某种认识。② 由于教学隐喻本身所蕴含的形象、张力和空白，和逻辑性的教学言说相比，教学隐喻的理解富有美感。

对教学隐喻本质的认识以及对语境的把握是我们对教学隐喻审美理解的前提条件。教学隐喻往往通过其他事物认识教学的某一或某些侧面，如果我们泛化了隐喻，将源域的所有特征都映射到教学上，将会造成歪曲的理解。同时，我们还需要在一定的语境中理解教学隐喻。脱离了特定的语境，对孤立的隐喻进行分析是没有意义的。这可以被视为教学隐喻理解的边界。

与逻辑性理解不同，隐喻性理解在本质上是对话性的、启发性的。美国课程理论家艾斯纳对传统上只将逻辑推理视为认知的行为提出了质疑，他认为我们应从广阔的视野来解释认知。他将知识分为推论性知识和非推论性知识。这两类知识分别对应于推论性语言和非推论性语言。推论性语言是用以分类和逻辑推理的有力工具，但对于那些无以明说的东西，我们往往需要诉诸非推论性语言。其中，"隐喻是一种核心性的重要手段"，它"打破了常规语言惯用法的约定"，利用把意义进行重新组合来"唤醒我们的意识"。③ 总之，教学隐喻尊重人类和个体已有的知识与经验，接纳个体对教学隐喻空白的个性补充，从而形成富有美感的理解。

三 教学隐喻的理论传播价值

美感是一种比思想更为深刻的思想。④ 教学隐喻传达的是富于美感的思想，其比一般的思想更加深刻，更加有力量。教学隐喻中所蕴含的形

---

① 杨启亮：《守护家园：课程与教学变革的本土化》，《教育研究》2007年第9期。
② 李泽厚：《华夏美学·美学四讲》，生活·读书·新知三联书店2008年版，第331页。
③ ［美］艾斯纳：《教育想象：学校课程设计与评价》，李雁冰等译，教育科学出版社2008年版，第230页。
④ 高尔泰：《美是自由的象征》，人民文学出版社1986年版，第67页。

象、张力、空白、多样之美，常常使隐喻受众形成富有美感的认知。也正因为如此，教学隐喻在教学理论的传播中可以更好地发挥启发、说明和说服的价值。

（一）启发

与教学理论中的逻辑和事实相比，隐喻的重要特点在于其启发性。不同的教学隐喻将赋予我们不同的视角来看待教学问题。如苏格拉底的"产婆术"使我们认识到知识本身就存在于学习者的头脑中，学生是学习的主体，教师的职责就是帮助学生唤醒已经存在于其头脑中的知识。墨子的"素丝"说和洛克的"白板"说，更加强调外部环境对个体学习的影响。这些早期思想家的观点，在今天来看，当然不够"科学"。然而，这些隐喻仍然为人们所津津乐道，并不断启发着人们对教学基本问题的思考。现当代以来，源于生物学的启示，杜威、皮亚杰、多尔分别提出了"经验""生长"，"同化""调节""平衡"和"自组织"等概念。这些概念及其支撑的教学理论，启发我们将注意力转到学习者内在的经验和主动性及其与外部环境的相互作用上，从而进一步扩展了我们对教学的认识。

由于教学的复杂性，其中必然存在着一些不可说或很难说清的问题。这时，就像在艺术活动中，根本无法形成概念性的精确认识，只能诉诸艺术性的理解和把握。隐喻多样、开放的本性，无疑有利于启发人们对教学的想象和认识。

多尔探讨了自然科学中的混沌现象，如表明天气模式系统观的洛伦兹吸引中心或"鹰眼""蝶翅"（二者都是图像隐喻）。混沌具有的"非线性""界限""吸引中心"以及深处存在着的结构[1]，启发着我们对教学的不确定性的认识，并有力地冲击着传统的线性教学观。也许这种启发是模糊的，无法明确言说的，但其新奇的视角，形象的隐喻图，无疑给我们广阔的想象空间，引导我们以富有美感的方式去探求教学真理。

（二）说明

在许多时候，为了更好地说明某种抽象的思想以使受众理解，言说

---

[1] ［美］小威廉姆·E.多尔：《后现代课程观》，王红宇译，教育科学出版社2000年版，第130—142页。

者会使用生动、形象、可感知的隐喻方式来表达。我国古代思想家惠施曾对隐喻的这一本性发表过看法，他认为隐喻就是"夫说者固以其所知谕其所不知而使人知之"（《说苑·善说》），就是指说话的人本来就是用人们已经知道的东西来说明人们所不知道的东西，从而使人们真正弄懂它。昆体良也曾表达过通过隐喻使人知的观点："假如你给我的听众是经过精选的明智的批评者，我不仅可以从西塞罗的演说词中砍去很多东西，而且可以从拘谨得多的狄摩西尼斯的演说词中砍去很多内容。对这样的听众，不必激起他们的情绪，也不需要悦耳的言词去慰抚他们"，"但是，当我们要面对平民百姓或他们之中的某些人进行抗辩……我们就必须运用我们相信有助于使我们的观点能被人理解的各种手段"。[①]

昆体良的教育言说中充满着大量的隐喻，这些隐喻很好地传达了他的教学思想。如在论述教学应遵循学生的身心发展水平时，昆体良说："正如紧口瓶子不能容受一下子大量流进的液体，却能为慢慢地甚至一滴一滴地灌进的液体所填满，所以我们也必须仔细考察学生的接受能力。他们远远不能理解的东西是不能进入他们的头脑的，因为头脑还没有成熟到能容受它们。"[②] 在教学思想史上，许多教育家如朱熹、夸美纽斯、卢梭、杜威、陶行知等都在其教育言说中大量地使用隐喻。这些隐喻的生动、形象的品性，调动了受众的感知，激发了其想象，从而使其形成了美感认知。

（三）说服

隐喻还可以发挥说服的作用。春秋战国争霸时代，思想家们进行着激烈的思想角逐。诸多思想家通过隐喻来传达他们的政治和教育教学思想。荀子将"譬"看作是谈说之"术"，认为这种"术"既可以为论证真理服务，也可以为"奸说"服务。[③] 作为古罗马雄辩家的昆体良说道："如果一个演说者在纯粹赤裸裸的陈述之外（那一切都是十分必要的），再增加一点雄辩口才，他不应因此而受到责备。因为在我看来，在普通谈话和一个雄辩之士的演说之间有一个重要区别。假如一个雄辩家只要

---

① 《昆体良教育论著选》，任钟印选译，人民教育出版社 2001 年第 2 版，第 174 页。
② 同上书，第 23 页。
③ 周山主编：《中国传统思维方法研究》，学林出版社 2010 年版，第 34 页。

传达他的思想就已足够,他就不用特别费功夫选择恰当的用语;但是,由于他要取悦于听众,打动听众,激起听众的各种情绪,他就要运用自然本身给予了人的那些辅助手段。"①

教学理论是一门求知的学问,其中隐喻的使用应该为探究真理服务。与此同时,任何教学理论都不是教学研究者的自说自话,教学理论研究的最终目的是影响并改善教学实践。教学理论只有被广大教师理解、认同,才可能对教学实践产生广泛影响。教学思想要获得广大教师的理解和认同,除了提出真知灼见外,其语言的通俗易懂、"平易近人"也是十分必要的。晦涩难懂的语言总是让人拒斥,而生动、鲜活的语言总是让人喜闻乐见。由于教学隐喻是情知的统一体,其在促进受众认知的同时,也牵动着受众的情感。因此,含有隐喻的教学言说更容易使受众认同言说者的观点。

第三节 教师个人理论与公共教学理论的"对话"

在教师教育的背景下,西方许多研究者通过隐喻对教师个人理论进行了研究。这些研究和实践有利于教师对其个人理论的认知、反省和转变。然而,其中也存在一些问题,如过于重视教师个人理论,而忽视了公共教学理论的价值,至少没有将二者有效地统合起来。这一问题似乎与我国教师教育的传统正好相反。我国教师教育更加注重教学理论知识的传授,往往忽视对教师个人理论的探讨。

石中英曾批判了传统教师教育仅仅注重教育理论知识传授的弊病,主张既要重视对教育基本"概念""命题""原理"的讲授和分析,也要注重对职前和在职教师的缄默知识的挖掘和分析,并在此基础上引导教师对教育理论知识和个体知识进行比较和鉴别,进而优化其教育知识结构。为了实现此目的,他主张对教师本人或他人的教育教学实践进行"活动分析"和"产品分析"②。笔者认为沟通教育学理论知识和教师缄

---

① 《昆体良教育论著选》,任钟印选译,人民教育出版社2001年第2版,第172页。

② 所谓活动分析是指将教师本人或他人的教育教学活动情景录制下来,然后对其中关涉的显性教育知识和缄默知识进行分析。所谓产品分析是指对教育教学结果的分析。对作业、实验结果等教育教学结果的分析,也可以使教师反思和重构自己的缄默知识。参见石中英《知识转型与教育改革》,教育科学出版社2001年版,第253—254页。

默知识的思路对于改善传统教师教育的弊端是十分有意义的。不过，对于贯彻这一思路的具体方法尚需要多方面的探索。上文分析了教学隐喻对于教师个人理论的表征和改善的功能，以及教学理论中教学隐喻存在的广泛性及其理论传播价值。这些探讨无疑表明将教学隐喻应用于教师教育中以沟通公共教学理论和教师个人理论是可行的。

基于以上认识，笔者在教学论课程中，初步探索了将教学隐喻运用到课程教学中，把师范生的个人理论作为教学的起点，以沟通其与教学理论之间的隔阂，并促进他们的教学反思和教学信念的形成。①

一 师范生对教学的隐喻性认识

师范生在进入高等学校之前，已经有了十多年的受教育经历，这些经历使他们在无意中形成了对教育教学的认识。由于缺少必要的言说环境和反思机制，师范生的这些认识往往"沉睡"在其头脑中。因此，笔者在教学论课程之初就引导师范生撰写自己的学习生活史和教学隐喻，并在班级进行讨论，以唤醒和扩展其个人理论。

（一）撰写个人的学习生活史和教学隐喻

在探讨教学的定义时，笔者向师范生介绍了隐喻的特点以及教学隐喻在表达和反思教师个人理论方面的价值。根据以往教学隐喻研究和实践的经验，师范生在创作教学隐喻时往往存在一定的困难。因此，笔者首先给师范生做了示范：回顾了自身的受教育经历，继而用"存储"隐喻来表达笔者的学习历程，还提出了笔者理想中的"教学即对话"的隐喻。在此基础上给师范生两周时间撰写个人的学习（教学）生活史，以及反映学习（教学）生活史的教学隐喻。师范生们大都在规定时间内完成了作业。如师范生 J 的教学生活史和教学隐喻如下：

> 最近看到一些关于旅行的纪录片，想起自己不多的旅行经历。回顾十几年的学习生涯，突然发现这些年真正专注的事情好像也只有学习了。经历了中考、高考、大学生活，这样的人生阶段，是否

---

① 以下呈现的是笔者在 2010 年下半年给 N 大学 T 学院英语教育专业四年级学生（两个班，共 70 人）开设的教学论课程中开展的实践和研究。

与旅行的过程有几分相似呢？

　　首先，我觉得小学的时候就好比旅行前的日子，想象着自己从未接触过的事物和从未看到过的风景，满心欢喜和期待。小时候对读书有一种好奇，觉得很新鲜，老师上课很有趣，能完成作业就很有成就感，没有讨厌的学科，喜欢买各种文具和作业本。每次新学期开始前都急切地想看到老师，想拿到新的课本，这样的心情不就和出远门前那种期待和兴奋的感觉是一样的吗？

　　升到中学就不一样了。中学科目繁多，开始有了考试的压力。自己并不擅长理科，学下去的动力仅仅是为了考试分数和班上的排名，为了不辜负父母的期望，而不是真心对待学习。那种感觉就像是旅途中失去了一开始的兴奋感，而被途中的辗转颠簸弄得疲惫不堪，意志日渐消沉，无心再看风景，只想原路返回，快快回家为好。

　　而到了大学呢，没有一些爱好兴趣的大学生活是索然无味的。直到大四了也不知道自己真正想要的是什么，漫无目的地看书考试，其余时间就是睡觉上网，茫然无措。即将走向社会的我看不到自己的优势所在，学了那么多年，到头来却不知道自己擅长的是什么。就像是游历了一大圈回到家，脑子里却一片空白，没有印象深刻的旅游片段，却只有疲惫不堪的身体。

　　当然，如果以后有机会成为一名老师的话，我也会对自己的教学有所设想。就让我把它想象成一个拼图游戏的过程吧！每一枚拼图你都要记住它的特点，要知道它是有价值的，尽管每一个都看上去差不多，没有什么过人之处，但只要细心观察你会发现每一枚都有微小的差异，要想完成它，必须要有耐心、恒心，不断尝试。因此，只有真心地像对待朋友一样去了解学生，你才能把教学工作做到最好。这就是我对教学的理解，也是我自己觉得最重要的方面。有了学生的信任还有什么做不好呢？

　　师范生J通过"旅行"隐喻系统地描述了自己的学习经历尤其是学习心态：先是欣喜，然后是失落。这也暴露了教育教学中存在的诸多问题。就像师范生J一样，其他师范生以各异的叙述风格描述了自己的学习经历或教学经历①，这些叙述渗透着他们对自身学习或教学经历的感受和认识。一个人的经历尤其是学习和教学经历会对其个人理论产生根本的影响。因此，在教师教育中，我们应该首先使师范生潜在的缄默知识显在化，以为其个人理论的进一步反思和扩展提供前提。

（二）教学隐喻的分享和讨论

个人的教学隐喻体现了个人的经历和认识，但这种认识也可能是一种"偏见"。严格地讲，由于每个人的学习（教学）经历不同，我们每个人通过教学隐喻所表达的教学认识既是独特的，也是有局限的。为了扩展个人认识的局限，师生和同学之间有必要分享和讨论彼此的教学隐喻，以扩展自身对教学的认识。

在师范生陆续提交教学隐喻作业的过程中，笔者以邮件或面谈的方式和师范生交流其教学隐喻。如师范生 C 用"学习就像造房子"的隐喻表达了自己对学习的认识：

> 学习过程就像是造房子的过程。要想建高楼，基础就得打得扎实。学习也一样，对于基础知识，不但要领会意思，还要深刻记忆，这样才能促进后来的学习。房子得一层一层往上造，事实证明空中楼阁是经不住时间考验的。学习也是循序渐进的过程，从小学到初中，从初中到高中，从高中到大学，我们都得按着学校开设的课程学习，学好了这级的课程才能为下一级做铺垫。

这个隐喻反映了师范生们普遍存在的学习经历。然而，其也反映出我国基础教育中普遍存在的一个问题。笔者给师范生 C 做出了如下的回复：

> "学习就像造房子"的隐喻比较准确地抓住了学习的许多重要特征，做出的一些分析也很有价值。另外，我想，你还可以继续对这个隐喻进行扩展性的思考。具体说来，就是对我国基础教育的"基础"的思考。一直以来，我国基础教育过于重视基础知识的学习和

---

① 由于尚未参加系统的教学实习，许多师范生的教学经验主要来源于做家教。

训练，在一定程度上忽视了学生的实践能力和创新能力。即使在知识学习方面也多是接受学习，忽视学生的发现和探究学习。因此，似乎可以得出这样的结论：我国基础教育的基础是不全面的基础，是畸形的基础。这最终影响了学生的全面发展和创新能力。

在师范生们都提交了个人作业后，笔者组织了班级范围内的教学隐喻交流活动。许多同学参与了交流和讨论。比较有代表性的教学隐喻有：教学即生产线，教学即存储，教学即充气球，教学即复读（机），教学即铸剑，教学即速溶咖啡，教学即航海，教学即登山，教学即填色图，教学即针尖上的舞蹈，教学即旅行，等等。

师范生们通过不同的隐喻表达了对自身学习或教学经历的认识，如"教学即生产线"的隐喻批判了消磨学生个性的标准化的教学；"教学即充气球"的隐喻体现了学生被动地学习以及学习效果的低下——"气球总要漏气"；"教学即铸剑"的隐喻表达了对学校教学一直以来重理论轻实践的忧虑；"教学即针尖上的舞蹈"的隐喻则体现了作者在短暂的教学经历中对教师职业的一种切身感悟：

> 在我看来，教学就像一次芭蕾舞演出，一场针尖上的舞蹈。老师就像芭蕾舞演员，外表华丽、光鲜，姿态万千，独自驾驭着整个舞台，在灯光及音乐等大环境的辅助下，尽情演绎和呈现着最美的舞蹈，给人以美的享受。在她姿态万千，光鲜亮丽的表演下，谁也不知道她脚下蕴含着的痛。教学就如同这样一场针尖上的舞台，教师默默地付出辛勤的汗水和努力。为自己的教学舞台倾尽这最美的表演，为的就是让学生在教师的引导下感受知识的魅力，吸取知识的营养。教师对教学环境的设置和对教学媒体的使用，就如同舞台布局和灯光一样起着不可或缺的作用。
>
> 一名优秀的教师一生都在用自己的汗水，热情投入地演出，付出的是脚下万般的疼痛，收获的将永远是鲜花和雷鸣般的掌声。我愿倾尽我所有的汗水和努力，去完成这场针尖上的舞蹈。

以上教学隐喻从不同的视角探讨了我国教学中普遍存在的问题，教师在教学中的重要地位以及教师的职业道德等。由于经历不同，有些师范生之间的观点还存在较大的差异，但正是不同甚至截然相反的观点，冲击了每个个体原有的教学观，并扩展了其对教学的认识。

二 教学隐喻应用于教学理论的传播

在教学论课程的教学中，师范生撰写、分享、讨论学习（教学）生活史和教学隐喻和公共教学理论的讨论是交织进行的。通过教学隐喻的分享和讨论，师范生在一定程度上反思和扩展了自身对教学的认识，这也使笔者了解了师范生已有的教学认识和困惑，为开展有针对性的教学做好了准备。为了避免使教学理论变成冷冰冰的抽象文字，笔者力求通过逻辑与隐喻相结合的方式来探讨教学理论，并将其与师范生既有的个人理论相结合。

（一）凸显教学理论中的教学隐喻

对教学理论中教学隐喻的梳理和研究，不仅可以明晰隐喻在教学理论的假设、论证中的作用，而且为教学理论的有效传播创造了条件。以已知认识未知、以具体认识抽象是人类思维的基本特点。教学隐喻往往用具体的、生动的、可感的、熟悉的事物来类比抽象的教学。它避免了纯粹的概念和逻辑的枯燥和乏味，往往使人产生似曾相识和松弛自在的感觉。古代和近代教学思想家的"妙喻连珠"自不待言，以现当代教学理论为例，如凸显信息加工理论的"人脑就是电脑"的隐喻，并将人的学习过程描述为信息的输入、编码、存储、输出的过程，追究皮亚杰的"同化""顺应""平衡"等概念的生物学来源，以及他用有机体对环境的适应和平衡来隐喻人的学习过程，那么这些理论将更容易获得有效的理解。

（二）师范生的教学隐喻与教学理论的"对话"

在凸显教学理论中的教学隐喻以促进师范生对教学理论的理解的同时，我们也可将教学理论与师范生撰写的个人学习（教学）生活史和教学隐喻结合起来。具体来讲，师范生的教学隐喻可能会反映一些教学问题以及教学困惑，而一些教学理论可能对这些问题和困惑有所解释。因此，我们就可以将师范生的问题与教学理论结合起来讨论。如一个师范生的教学隐喻如下：

> 我理想中的教学应该是杯花草茶，随着热水的冲泡，散发清新幽香，让人受益良多。而现实生活中的教学，更多的时候只是一杯速溶咖啡，可以用来提神，但当你想再次冲泡的时候，已经索然无味了。

针对这个师范生的学习经历和教学隐喻，我们可以结合赫尔巴特的"教育性教学"思想进行阐述和回应。另有两位师范生分别指出：

> 如今的教学就像充气球。气球就像学生，老师就像掌握打气筒的人，拼命地向学生灌输知识。而当打气筒的使命完成后，这只打满气的气球最终还是会漏气，变回原来的样子。就像教学，塞给了学生许多知识，但之后学生会渐渐忘记学过的知识，所剩无几。
>
> 教学就像是存钱罐，一次能放很多，没多久里面就变得满满的，但是到真正想用里面的硬币时，倒出来的数目总是不符合自己想要的，不是倒不出来就是倒得太多。

气球最终会漏气的原因，我们可以在奥苏泊尔的有意义学习理论中获得一些答案；"教学就像存储罐"隐喻所反映的问题，我们可以在信息加工理论的编码理论中获得些许启示。这样，师范生的教学隐喻和教学理论中的教学隐喻，就获得了沟通。这些沟通更有利于师范生对教学理论和教学问题的理解。

三 对教师教育的启示

通过以上研究和实践，对师范生的专业培养，我们可以获得以下几个方面的启示。

其一，养成反思的习惯。反思是认识提升的重要前提，教师教育课程不仅应教给师范生包装好的知识，更应培养他们反思的习惯。反思是一种能力，也是一种品质。这种能力和品质的形成需要培养。以上探索获得了一些促进师范生对教学进行反思的经验。从纵向上看，师范生可以通过撰写学习（教学）生活史和教学隐喻来对自身的学习（教学）经历进行反思。这种反思是历时性的。从横向上看，师范生之间相互分享反映自身教学认识的教学隐喻，将使其反思和扩展自身的个人理论。基于师范生创作的学习（教学）生活史和教学隐喻，教师教育者可以发现师范生存在的困惑乃至误区，以开展针对性的指导。同时，把师范生的教学隐喻反映出的问题和困惑与教学理论的讨论结合起来，不仅有利于师范生对教学理论的理解，也有利于他们深入反思其个人理论。

其二，认识教学的复杂性。师范生大都用一个隐喻来描述其学习或教学经历。这些隐喻反映了他们对自身学习（教学）经历的最突出的认识。由于教学隐喻是用其他事物与教学的相似性来认识教学，其只能够认识教学的某个或某些侧面。因此，一个隐喻显然不足以认识教学的复杂性。从个体的角度来说，个人的教学隐喻往往具有个人的局限性。因此，分享他人的经历和教学隐喻，将从不同的角度扩展自身对教学的认识。在现实的教学中，既有"生产线""战场"般令人沮丧的教学（学习）局面，也有"填色图"般的教学（教师和学生在既定的框架内，仍有一定的想象空间），而"登山"隐喻所反映出的师生的平等关系以及教师对学生的引领帮助也不乏存在。现实的教学是复杂的，不同的教学隐喻解释了其中的不同侧面，促进着我们对教学复杂性的认识。

从教学理论的发展历史来看，许多后生的教学理论往往以批判者的面目出现，并有取代先前教学理论的架势。如建构主义教学理论扩展了我们的知识观，并强调学生在学习中的主体性地位，其价值自不待言，但这并不能表明其敲响了行为主义教学理论的"丧钟"。在教学实践中，广大教师的教学行为仍然在彰显着行为主义思想的生命力。不同的教学理论就像个人的教学隐喻一样仅仅从不同的假设（经历）或视角出发探究了教学的复杂性。

其三，塑造教学解放的信念。对师范生创作的教学隐喻的统计和分析显示，多数人对其学习经历持否定态度，而其提出的理想的教学隐喻，如"教学即游戏""教学即旅行""教学即烹饪"等表达了他们对师生平等、尊重学生个性和差异的教学、自主和快乐的学习的向往。虽然这样的教学在当前日益加重的考试竞争中很难完全实现，但至少师范生认识到了教学存在的问题，以及我们应该追求怎样的教学理想。虽然这些理想受到了外在种种因素的制约，但认识到了教学的复杂性，并具有反思能力的教师，将心怀教学理想，在实践中释放教学的可能性。随着具有教学信念的教师越来越多，教学才可能成为一项解放人的事业。正如师范生 S 所言：

> 现实中的教学就像一个锁链束缚了学生的思想、梦想与想象，而我理想中的教学不该如此。它应当像把钥匙，解放学生的头脑，让他们自由地想；解放学生的口，让他们自由地说；解放学生的手，让他们自由地做。教学应当教给人理想，教给人平等，教给人真诚，教给人勤劳，教给人奋斗的勇气和方法。

在获得以上三点启示的同时，这里再做三点补充。其一，由于这些师范生还没有参加系统的教育实习，所以其对教学的认识往往要么基于以往的受教育经历，要么源于自己的教学想象。教学理论与师范生个人理论的"对话"有利于扩展师范生对教学的认识，但这种认识很可能在师范生切身参与教学实践时遭遇"挑战"。因此，师范生在教育实习乃至正式参加教学工作时的个人理论状况仍需要后续的研究，但隐喻在其中仍大有用武之地，它将有利于促进师范生或教师的教学反思和教学思想的转变。

其二，虽然以上是对职前教师教育的探讨，但是其中的一般思路，即通过教学隐喻促进教师个人理论的反思、教学理论的传播，以及二者的"对话"的思路是普适的。当前，教师教学思想的转变是一个热门的话题。在在职教师教育中，我们也可以通过教学隐喻促进教师的教学反思和教学思想的转变。教学思想变革的目标应是扩展教师对教学的隐喻，从而超越和扩展他们自身对教学的认识。要达到此目标，教育改革者和教师教育者首先应该认识到许多教学理论的隐喻本质，并通过挖掘和凸显教学理论中的教学隐喻，使教师们更好地理解不同教学理论的隐喻假设和认识论基础。同时，教学思想的变革不仅仅是所谓先进的教学思想的"宣传"，教师教育者与此同时还应帮助教师发掘并反思自身的教学隐喻，从而扩展其对教学的认识。教师在对教学多重认识的基础上，面对不同的教学目标、教学内容、教学对象和教学环境，释放教学智慧，做出具体的教学决策。①

其三,在教学思想领域,教学隐喻是普遍存在的,但不是孤立存在的。我们应通过叙事、文本分析等多种方式来发现教师的教学隐喻。同时,在通过教学隐喻促进教师教学反思时,我们应将其与事实的、逻辑的方式相结合,以更好地促进教师开放性和合理性的教学思想的形成。

---

① 高维:《教学隐喻与课程改革》,《上海教育科研》2011年第5期。

第三部分

教学隐喻与教学实践

教学实践①是教学隐喻存在的另一种环境。当我们进入中小学课堂，偶尔会听到教师和学生的隐喻性表达。这些表达往往会引起我们的关注和兴趣，但仅此而已。我们经常在潜意识中将其视为非常规的语言表达，鲜有对其进行深入的理论思考。一些教师自发的教学隐喻实践也往往仅仅将其视为一种促进学生理解课程知识的教学方法，而且对这种教学方法的实践是随意的和零碎的，缺乏系统的理论参照。与此同时，教学实践中广泛存在的功利主义和科学主义倾向甚至在压抑着儿童的隐喻思维，也束缚着其想象力和创造力的发展。

种种迹象表明，教学隐喻在教学理论界没有得到深入的研究，在教学实践界也没有得到理性的运用。本部分要解决的核心问题是教学实践中教学隐喻的价值及其实现。围绕这一核心问题，笔者将对一些具体问题进行探究。这些问题主要包括：儿童的隐喻思维遵循着怎样的发展规律？儿童的隐喻思维在教学中有何不良的遭遇？教学隐喻对儿童的心理发展有何价值？古今中外教育家的隐喻智慧对当前的教学隐喻实践有何重要启示？在汲取教育家智慧的基础上，是否可以建构一个教学隐喻应用的理论框架？

---

① 这里所言的教学实践主要是指中小学教师的教学实践。

第六章

教学隐喻与学生的心理成长

儿童在4岁左右就具有了隐喻能力,儿童的隐喻体现了其特有的视界,张扬着其想象力和创造性。然而,当前过于注重逻辑和理性的教学压抑了儿童隐喻思维的发展。在功利主义和科学主义教学的背景下,儿童的想象力、创造性以及情感体验等面临着空前的冲击。教学隐喻是促进儿童认知、情感和谐发展的一种有效路径。

第一节 儿童的隐喻思维及其教学遭遇

心理学和教育学领域对儿童的逻辑思维进行了大量的研究,取得了诸多被普遍承认的知识,并对教学实践产生了重大影响。与逻辑思维研究相比较,心理学和教育学对儿童隐喻思维的研究较少,且没有引起学界的广泛关注,更没有对教学实践产生切实的影响。在教学实践界,与儿童隐喻思维相关的实践主要体现在两个方面,一是关注和培养儿童的形象思维,二是通过隐喻来教授知识。由于许多实践者不了解儿童隐喻思维的发展规律,其尊重儿童思维发展规律的实践往往是尊重儿童逻辑思维发展的规律,并没有对儿童隐喻思维的发展给予必要的关注。更有甚者忽视儿童思维的特点,以成人的思维方式来评价和教育儿童,导致了儿童思维的异化,阻碍了其隐喻思维和逻辑思维的协调发展。

一 儿童隐喻思维的诞生

隐喻思维是人类思维的基本方式。人类学家泰勒、列维—布留尔等人的研究表明,原始人缺乏逻辑思维能力,但具有丰富的感知和想象能力,凭借这种能力,他们直觉和隐喻性地达成对万事万物的质朴理解。随着人类的进化,逻辑思维才逐步发展起来,并成为人类思维的另一种基本方式。儿童思维发展的历史在总体上也类似于人类思维发展的历史。可以说,隐喻思维是儿童早期思维的基本特征。

(一) 儿童最初的"隐喻语言"

当代心理学的研究发现,隐喻是儿童语言中非常普遍的现象,而且在很早的时候就出现了。当儿童开始说话时,他们就开始自发地使用隐喻语言。知名儿童隐喻研究专家维纳(Winner)曾记录一个26个月的幼儿指着一个黄色的短塑料棒球棒,呼喊"玉米棒子、玉米棒子!"以及一个18个月大的幼儿叫一个玩具车"蛇",并将其扭曲放在妈妈的手上。[①] 我国语言学者赵俐曾记录1岁8个月的幼儿摸着妈妈的肚子说:"妈妈的肚子,圆溜溜,像鸡蛋一样。"[②] 学前教育学者郑荔记录了一个2岁的幼儿在看到工人修剪路边的冬青时,说:"叔叔在给树理发。"[③] 儿童早期的隐喻思维还集中地体现在其象征性游戏中。对幼儿来说,游戏的世界就是一个主观的真实世界。在这种世界中,一个椅子就是一匹高头大马,一个布娃娃就是一个孩子。儿童的自我中心和泛灵论倾向使其将许多无生命的东西视为像自己一样是有生命的,并沉醉在自己虚拟的想象中,体验着成人难以感受的快乐。

对于儿童的隐喻是不是真正的隐喻存在着两种相互对立的观点。一种观点认为,儿童的隐喻不能称为真正意义上的隐喻,其是儿童思维处于低级阶段的表现,是儿童随机的、错误的归类行为。如皮亚杰认为,儿童的隐喻是其思维处于前运算阶段的表现。另一种观点则认为,儿童的隐喻是真正意义上的隐喻,其反映了儿童有意识地对已经建立起来的类别的违反。[④] 这要求隐喻使用或理解者在清楚两种事物差异的基础上,

---

[①] Stella Vosniadou, "Children and Metaphors", *Child Development*, Vol. 58, No. 3, 1987, pp. 870 – 885.

[②] 赵俐:《语言以人为本——第三轮语言哲学对话》,中国经济出版社2003年版,第356页。

[③] 郑荔:《学前儿童修辞特征语言研究》,高等教育出版社2010年版,第4页。

[④] Stella Vosniadou, "Children and Metaphors", *Child Development*, Vol. 58, No. 3, 1987, pp. 870 – 885.

把握它们之间的相似性。

严格来讲，以上探讨的幼儿早期所使用的隐喻不是真正意义上的隐喻。因为，儿童将其言说的事物（如棒球棒）看成了其他事物（如玉米棒子），并没有认识到二者之间的差别。这种现象也印证了西方学者所提出的儿童隐喻思维发展要经历的三个阶段，即在第一阶段，将不同的事物看作是同一的；在第二阶段，意识到两种事物之间的差异；在第三阶段，既看到二者的差异，又看到二者的相似性，并能够用"像""是"来表达这种相似。①

如此看来，似乎皮亚杰等人主张的2—7岁的儿童具有"泛灵论"倾向，其隐喻语言严格来讲并不是隐喻的主张是合适的。但事实上，皮亚杰学派低估了儿童的隐喻思维能力。

（二）儿童隐喻思维的真正发生

越来越多的实验研究表明：儿童在4岁左右就具备了真正意义上的隐喻能力。如沃斯尼亚杜（Vosniadou）和奥顿（Ortony）研究了3—6岁儿童在两项任务中对相似性的判断。② 在一项比较任务中，儿童从以下各配对中选择一个，完成"A像X"的陈述形式。

（1）隐喻的和字面的配对（如"雨像眼泪"和"雨像雪"）；

（2）字面的和不规则的配对（如"雨像雪"和"雨像椅子"）；

（3）隐喻的和不规则的配对（如"雨像眼泪"和"雨像椅子"）。

在另一项分类任务中，儿童完成"A是和X一样的东西"的陈述形式，仅仅从一个隐喻的和字面的配对中选择。

在比较任务中，儿童在隐喻的和字面的表达之间没有体现出偏好，但在分类任务中体现了明显的偏好。例如，在比较任务中，"雨像眼泪"和"雨像雪"都经常被选择。但是在分类任务中，更多的儿童选择字面的比较："雨像雪一样的东西"。其中，大于4岁的儿童选择的字面表达的数量超过隐喻表达。从这一结果，我们可以推断4岁的儿童知道同类

---

① Brigitte Nerlich and David D. Clarke, "Mind, Meaning and Metaphor: The Philosophy and Psychology of Metaphor in 19th-Century Germany", *History of the Human Sciences*, Vol. 14, No. 2, 2001, pp. 39 – 61.

② Stella Vosniadou and Andrew Ortony, "The Emergence of the Literal-Metaphorical-Anomalous Distinction in Young Children", *Child Development*, Vol. 54, No. 1, 1983, pp. 154 – 161.

事物之间的有意义的相似性以及不同类事物之间的有意义的相似性。3岁的儿童尽管在两个任务中都更加偏向有意义的选择,而不是不规则的选择,但在分类任务中没有体现出对字面表达的偏好。似乎儿童起初持有无差别的相似性的概念,在4岁左右其开始分化为字面的和非字面的相似性。郑荔在观察中发现一个3—4岁的女孩已经有了明显的隐喻意识,她出了许多汗,说:"我是蒸笼头。"然后解释:"就是水开了。我太爱出汗了。"①

这些研究表明,儿童最早在4岁左右就具有了自发使用和理解隐喻的能力。一些研究主张儿童在较大年龄才具有理解隐喻的能力主要与其测试题的难度和测试方法有关。

二 儿童隐喻思维的发展规律

既然儿童在较小年龄就具有了隐喻能力,那么儿童的隐喻能力随着儿童的成长体现出怎样的态势呢?这一问题引起了诸多研究者的兴趣。研究者们一般将儿童的隐喻思维能力分为两个方面:一是儿童的隐喻创造能力;二是儿童的隐喻理解能力。许多研究表明,随着儿童年龄的增长,儿童创造的隐喻的数量在减少,其创造和理解隐喻的能力在增强。

(一) 儿童隐喻创造能力的发展

比洛(Billow)和郑荔都发现,学前期儿童自发创造的隐喻的数量呈下降趋势,著名心理学家加德纳也曾指出隐喻创造在学前期是普遍的,在小学期间则呈下降趋势。②儿童在学前期大量地使用隐喻通常是由于其掌握的词汇有限,在用有限的词汇来表达新的事物或观念时,其往往是隐喻性的。有研究者指出,儿童所使用的被一些研究者视为隐喻的语言其实是语义扩张现象。如用"球"来表达"苹果""葡萄""气球"等外形为圆球的物体。维纳等人认为,这些语言和隐喻语言是有区别的。当儿童习得了这些事物的名称时,这种表达方式就会消失。③

---

① 郑荔:《学前儿童修辞特征语言研究》,高等教育出版社2010年版,第4页。
② 参见 Stella Vosniadou, "Children and Metaphors", *Child Development*, Vol. 58, No. 3, 1987, pp. 870 - 885;郑荔:《学前儿童修辞特征语言研究》,高等教育出版社2010年版,第114—117页。
③ 转引自郑荔《学前儿童修辞特征语言研究》,高等教育出版社2010年版,第7页。

笔者认为，维纳等人的观点值得商榷。儿童在用已有的词汇来表达新的事物时，其往往既认识到了两个事物的相似性，也认识到了二者的差异。只是由于不知道如何表达，才用已经熟悉的词汇来称呼之。其实，从儿童个体的角度来讲，这可以被称为语言的"创新"。因为，在人类语言的发展史上，语言的扩展通常基于隐喻。人类语言的语义扩展和儿童对语义的扩张并没有本质的区别。只是，在现时代，许多事物已经有了约定俗成的名称，儿童在成长中只能接受事物既有的名称，而放弃自己的"创造"。不过，从本质上讲，儿童的这类语言还是隐喻性的，许多研究者将其界定为非隐喻的，是由于他们的成人思维方式导致的。

与此同时，儿童的许多隐喻语言即使在其习得了字面用法后，仍然会被普遍视为隐喻的。因为这些用法在人们的日常语言中也经常被使用。郑荔记录了一个5岁儿童通过"火"和"花"这两个隐喻来表达自己难以言说的心情：

叶页说："可以给我讲两个故事吗？不讲故事我心里就有火，一讲我心里就有花。"

叶页又说："我必须听两个故事，我听一个心里还是有火，心里发热，灭了一点火，还是有火。"

晚餐时叶页再次说起心里有花和有火，妈妈说："为什么你说'有花'？为什么说'有火'？'心里有花'是什么意思？'心里有火'是什么意思？"

叶页："这很难解释的。"

妈妈："'心里有花'是不是心里很美，很高兴？"

叶页一迭声地说："是的，对对对！"（很满意妈妈的解释，感觉完全说出她所想的。）[①]

可以看出，该儿童不知如何用字面语言表达自己的心理感受，而使用了"火"和"花"的隐喻。这些隐喻在日常语言中也普遍存在，如"心中窝火""心花怒放"等。其已经具有了普适的意义。

[①] 郑荔：《学前儿童修辞特征语言研究》，高等教育出版社2010年版，第76页。

随着儿童词汇量、知识和经验的增长，许多思想都可以直接通过字面义来表达。儿童使用的隐喻的数量不可避免地呈下降态势。从隐喻的内容来看，由于儿童没有规范语言的束缚，其想象力可以自由地驰骋，其创作的隐喻具有新奇性和"荒谬性"共存的特点。如有幼儿在用餐后说："食物已经顺着梯子走到我胃里去了。"① 虽然这个隐喻乍一听使人感到荒谬，但如果从儿童的立场来考虑，我们不得不叹服儿童的想象力。不过从整体来讲，幼儿所使用的隐喻主要是基于事物的可感知的具体属性，随着年龄的增长，儿童逐步能够使用基于抽象性和复杂性关系的隐喻，其也越来越符合逻辑和常规。

（二）儿童隐喻理解能力的发展

在儿童对隐喻的理解方面，诸多研究②表明，儿童的隐喻理解能力随年龄增长而增长。如斯坦尼（Siltanen）通过实验研究揭示了儿童隐喻理解的几个阶段。③ 在研究中，她先让被试听故事，然后进行与故事相关的隐喻理解测试。所有的隐喻都以"A 是 B"的标准形式出现。研究结果发现：3—4 岁的儿童不能理解任何隐喻；5 岁的儿童可以理解简单的隐喻；6—8 岁的儿童可以理解简单的隐喻，但不能理解中等难度的隐喻或将之作字面义解释；9—11 岁的儿童能够理解简单和中等难度的隐喻；12—14 岁的儿童能够理解简单、中等和高难度的隐喻。以上对儿童隐喻理解的研究基本上与皮亚杰的儿童认知发展阶段理论相吻合。笔者认为，儿童隐喻理解能力的发展阶段不可能是泾渭分明的，其是一个渐进的过程。不过，斯坦尼的研究还是描绘了一个大致的轮廓，有利于促进我们对儿童隐喻理解能力的认识。

可以说，到目前为止，我们对儿童隐喻能力的发展还没有获得确定的认识。但正如美国学者沃斯尼亚杜所言："我们有理由相信它是一个渐

---

① Evelyn Hatch and Cheryl Brown, *Vocabulary, Semantics and Language Education*, Foreign Language Teaching and Research Press, 2001, p. 10. 转引自白丽芳《儿童隐喻性思维的特点及其发展》，《外语与外语教学》2004 年第 4 期。

② 周榕：《儿童时间隐喻能力发展趋势初探》，《现代外语》2003 年第 3 期；陈淑敏：《儿童隐喻理解能力之发展》，《屏东师院学报》1989 年第 13 期。

③ Susan A. Siltanen, "Butterflies Are Rainbows?: A Developmental Investigation of Metaphor Comprehension", *Communication Education*, Vol. 35, No. 1, 1986, pp. 1 – 12. 转引自吴念阳《隐喻的心理学研究》，上海百家出版社 2009 年版，第 70 页。

进的过程,而不是阶段性的过程。它主要受到儿童的知识和信息处理能力的限制。理解和使用隐喻性的语言包含着知识从一个观念领域到另一个观念领域的映射,其主要依赖于儿童已有的观念性知识,以及其扩充和提升这种观念性知识的经验。"①

总之,随着年龄的增长,在儿童创造的隐喻数量减少的同时,其创造和理解隐喻的能力整体上在提升。由于关于儿童入小学后创造的隐喻的研究很少,而且仅有的研究也基本上是在测试情境下取得的。因此,笔者认为,研究者可能高估了入小学后儿童在自然情境下的隐喻使用情况。种种迹象表明,儿童的隐喻思维在入学后普遍受到了成人教育思维的压制,如何促进儿童的隐喻思维和逻辑思维的协调发展成为另一个亟须关注的课题。

三 儿童隐喻思维的教学遭遇

天真烂漫的儿童有他们自己的世界。这个世界弥散着诗性,充满了幻想。然而,为了适应现代社会,儿童又必须接受教育,学习各门基础知识,为未来的生活做准备。在这一过程中,儿童的隐喻思维常常受到功利主义和科学主义教育的双重压迫。

(一) 功利主义的超前教育

"不让孩子输在起跑线上"可谓当前我国最具影响力的民间教育观念。任何深思熟虑的、富有理想的教育理论在这一教育信条面前都会土崩瓦解。

支撑"不让孩子输在起跑线上"信条的其实是功利主义的教育价值取向。在目前我国贫富差距日益扩大、社会不公平问题日益突出的背景下,几乎每个学生的家长都希望自己的孩子能够在教育中获得成功,进而获得理想的工作、较高的收入和社会地位。然而,也正是这种教育信条将无数孩子抛入了教育竞争的深渊。

为了不输在起跑线上,甚至在孩子刚刚会说话的时候,一些家长就迫不及待地教其学习1、2、3了;有的家长在孩子尚未入小学时,就

---

① Stella Vosniadou, "Children and Metaphors", *Child Development*, Vol. 58, No. 3, 1987, pp. 870–885.

"成功"地教其熟练地背诵百余首古诗。当家长们为自己的教育成就欢欣雀跃时,儿童仍然对他们鹦鹉学舌般说出的话语一知半解,甚至茫然无知。正是在诸如此类的教育活动中,一个民族的想象力被极早地"扼杀"了。由于过早地识字、学数以及后来被考试竞争所束缚,儿童的生活被全面地侵蚀,儿童的精力和活力被极早地耗尽,整个民族的想象力和创造力面临着危机。

为此,我们不禁要问,在人的发展中,"起跑线"到底在哪里?我们常听说,美国学生的竞争在18岁以后,中国学生的竞争在18岁之前。18岁左右是大学学习阶段的开始。大学进行的主要是专业教育,是人生和事业的重要起点。如果人的发展真有什么起跑线的话,这条起跑线应该是大学。基础教育的任务是打基础,促进学生各方面的全面发展,以为未来的"起跑"做准备。显然,在功利主义教育观的支配下,社会大众对"起跑线"的认识存在严重的误区,将"起跑线"无限制地提前,必然带来严重的后果。

无论是家长还是教师,往往都将儿童视为无知者,一个需要教育的人,却很少记得他们还是孩子。孩子应该有自己的生活世界。他们喜欢游戏、童话、神话故事,在游戏和故事中,儿童的隐喻思维得以滋养,儿童的想象力得以放飞。过早地对儿童进行知识教育,只会压抑乃至扼杀儿童的隐喻思维和想象力。一个广为流传的案例或许会给我们些许启发:

> 在美国内华达州,有一天一个名叫伊迪丝的3岁小女孩告诉妈妈,她认识礼品盒上"OPEN"的第一个字母"O"。这位妈妈非常吃惊,问她怎么认识的。伊迪丝说:"薇拉小姐教的。"这位母亲一纸诉状把薇拉小姐所在的劳拉三世幼儿园告上了法庭,理由是该幼儿园剥夺了伊迪丝的想象力,因为她女儿在认识"O"之前,能把"O"说成苹果、太阳、足球、鸟蛋之类的圆形东西,然而,自从幼儿园教她认读了26个字母后,伊迪丝便失去了这种能力。她要求幼儿园对此负责,赔偿伊迪丝精神伤残费1000万美元。结果是幼儿园败诉了。因为,陪审团被这位母亲在辩护时讲的一个故事感动了:她曾经到某个东方国家旅行,在一家公园里见到两只天鹅,一只被

剪去了左边的翅膀,一只完好无损。剪去翅膀的被放养在较大的一片水塘里,完好的一只被放养在较小的水塘里。她非常不解,管理员告诉她,这样能防止他们逃跑。因为,剪去一边翅膀的无法保持平衡,飞起来后会掉下来;在小池塘里的,虽没有被剪去翅膀,但起飞时会因没有必要的滑翔路程,而老实地呆在水里。她听后既震惊,又感到悲哀,为天鹅悲哀。她今天为女儿来打官司,就是因为她感到伊迪丝变成了劳拉三世幼儿园里的一只天鹅。他们剪掉了伊迪丝的一只翅膀,一只幻想的翅膀;他们早早地把她投进了那片小水塘,那片只有 ABC 的小水塘。[①]

这位母亲精彩的辩护后来影响了内华达州《公民教育保护法》的修改。美国当前的《公民权法》规定幼儿在学校有玩和问为什么的权利。它也启发我们儿童的想象力以及与之相关的隐喻思维是需要呵护的,急功近利的教育对幼儿来说只能是拔苗助长。

(二) 教学中的科学主义倾向

17 世纪,培根提出了"知识就是力量"的名言。他所说的知识是通过实验和归纳获得的知识,也就是科学知识。19 世纪,斯宾塞提出了"科学知识最有价值"的命题。这些著名学者的思想反映了当时的社会变革,也引领了社会思潮。18 世纪中叶以后,科学及其支撑的技术革新成为推动经济发展、提升国家实力、改善人们生活的原动力。世界各国在意识形态、价值观念等方面存在着诸多分歧,但尊崇科学、发展科学成为世界各国的共识。在学术研究领域,传统的人文和社会学科也开始借鉴科学的研究方法来进行研究,以改善自己的"科学"水平,提升自己的科学地位。这样,源于科学崇拜的"科学主义"在社会和学术领域迅速弥漫,人们在日常生活中也经常使用科学一词,科学成为衡量一切的标准。在此背景下,科学主义也侵入了教育活动中。

教育中的科学主义倾向主要体现在两个方面:一是尊崇科学知识,二是迷恋教学科学化。这可以被视为科学在社会和学术领域统治地位的

---

① 转引自潘新和《教育:失去了想象力还有存在价值吗(续)》,《福建论坛》2007 年第 4 期。

一种反映。

科学知识在教育中被尊崇除了体现在科学课程的课时在不断地增加，人文课程如语文等收录了诸多关于科学家的故事和科学发展史等，还更加微妙地体现在一些教师的教学行为中。有这样一个案例：

> 在小学低年级的一节语文课上，教师正在带领学生学习"小画家"一课。该课文的主要内容是说，冬天下雪了，大雪将整个原野都覆盖起来。清晨，小鹿、小鸡等小动物们都出来了，纷纷用自己的足或爪子在雪地上画出了美丽的图画。教师在完成了教学任务以后，向学生们提了一个问题：为什么"青蛙"和"蛇"没有出来？不一会儿，有一个学生站起来回答说："老师，因为青蛙和蛇没有毛衣服，怕冷，所以呆在家里没出来。"老师听了以后很不高兴，用非常严厉的口吻说："不知道就不要乱说！"在让这个学生坐下以后，老师又问全班同学："谁知道？谁能告诉大家正确的答案？"这时候，教室里静极了，再也没有人起来回答。看到这种情形，老师说："我告诉你们，青蛙和蛇是冷血动物，冬天需要'冬眠'，所以不可能出来。这个道理等你们上初中以后就明白了。"[①]

这个教育故事鲜明地反映了科学认识对教师的影响，以及成人思维对儿童思维的压抑。这个学生对于"下雪了，青蛙和蛇为什么没有出来"这一问题的回答充满了人文性的理解。它体现了低年级学生"以己度物"的思维方式和童话般的想象。然而，这一充满诗性的回答却受到了教师无情的批判。教师被逻辑、理性和科学认识所桎梏，丧失了想象力，也失却了人文精神。教师对学生的诗意想象的无情宣判无疑是对儿童隐喻思维的蔑视，也是对儿童想象力的扼杀。在人文课程中，一旦科学认识凌驾于人文理解，成人思维压抑儿童思维，就会导致畸形的教育和异化的儿童。

对头脑中充斥着逻辑、理性和科学知识的许多教师来说，他们很难

---

① 石中英：《知识转型与教育改革》，教育科学出版社 2001 年版，第 372 页。

理解和尊重儿童的思维和语言。这就像现代人难以理解原始人的思维一样。① 因此，在教学生活中，成人逻辑思维对儿童隐喻思维的宰割是普遍存在的。如在小学低年级语文的课后练习题中，有一道题：春天来了，雪____了。有学生填雪"哭"了。老师在"哭"字上打了一个大大的"×"，并在旁边端端正正地写上了"化"字。按照科学知识，春天来了，应该是雪化了。但是在低年级的语文课上，这位教师的处理就值得商榷。"春天来了，雪哭了"是多么富有灵性的表达啊！它体现了儿童的世界观和思维方式。然而，儿童萌发的诗意理解却遭到了教师基于逻辑和科学的裁决。在受教育过程中，类似于此的儿童认识遭到教师标准化的纠正是常有的事。"在教师的善意的矫正下，一代代孩子的想象力，连同自尊和自信，就像被拧断了翅膀的小鸟，再也飞不起来了。"②

过分强调逻辑、理性和科学知识的教育造就了单向度的人。随着儿童接受学校教育时间的增加，他们再也不会画"绿色"的太阳了。与此同时，儿童的想象力也在逐渐地泯灭。有一个流传很广的故事，有教师在黑板上画了一个圆，问处于不同学习阶段的学生它像什么。幼儿园的孩子能够说出几十种与圆相似的东西，小学生能够说出十几种，而中学生仅能说出几种。这种现象应引起我们的深思。

除了推崇科学知识，科学主义在教学中的另一表现是迷恋教学科学化。迷恋教学科学化主要体现在教学的技术化以及过分追求教学效率等方面。

为了让学生尽快地掌握知识，应对考试评价，教师成了将知识从课本输入学生头脑的"搬运工"。许多教师对具体策略和方法的迷恋充分体现了其教学技术化的追求。在教师的主导下，学生成了知识的容器，几乎将所有的时间都花在记忆包装好的知识、操练已有标准答案的习题上，其隐喻思维的活力和想象力的空间为无止境的封闭的逻辑操练和一知半

---

① 如针对回乔尔人在某种意义上将玉蜀黍、鹿和希库里（神圣的植物）看作是同一的东西的现象，有学者认为，就它们都是食物而言，其是同一的。然而，事实上，回乔尔人完全是从另一种视角来看待这一现象的。他们的思维和归类的逻辑思维完全不同，而是一种具有神秘性的互渗思维，这种互渗性将不同的事物联系在一起。参见［法］列维—布留尔《原始思维》，丁由译，商务印书馆1981年版，第116—118页。

② 潘新和：《教育：失去了想象力还有存在价值吗（续）》，《福建论坛》2007年第4期。

解的知识洪流所吞噬。

以上问题的产生除了宏大的社会性原因外，还源于教师对隐喻价值缺乏必要的认识以及对儿童隐喻思维的发展规律缺乏了解。对许多教师来说，隐喻仅仅是一种修辞手法，它主要存在于语文学科中。然而，事实上，隐喻作为一种思维方式，不仅存在于人文课程中，也存在于科学课程中。在人文领域，它是人文理解的重要方式，各种文学和文章体裁都饱含着隐喻；在科学领域，它是科学认知的重要方式，隐喻启发着诸多科学的发现。教师对隐喻的忽视甚至是无视在一定程度上导致了学生对课程知识产生过程缺乏认识，从而难以达成深刻的理解。

现代人对原始人的语言的错误理解，源于对原始人的思维特点的不了解。与此相似，教师们在教学过程中对学生的隐喻思维的忽视和无视是由于他们对儿童隐喻思维的发展规律所知甚少。目前，对教学实践产生较大影响的基本上都是关于儿童逻辑思维发展的心理学理论。在皮亚杰等人的认知心理学理论中，我们主要看到的是一个逻辑的儿童在成长，儿童的隐喻思维以及与之相关的情感、想象力等领域相对被忽视了。这些理论主导的教学实践对学生的心理成长也造成了一些消极的影响。

第二节　教学隐喻：学生心理成长的路径

虽然学生的隐喻思维在教学实践中普遍被忽视和遮蔽，但仍有一些优秀教师在注重学生逻辑思维发展的同时，也注意呵护和促进学生隐喻思维的发展。这些教师在教学中使用的以及师生在教学互动中使用的隐喻及其产生的教学效果，使我们相信教学隐喻是促进学生思维协调发展的重要路径。事实上，教学隐喻的价值绝不局限在对学生思维的发展上，其对学生认知和情感的诸方面都具有积极的影响。

一　教学隐喻在学生认知发展中的作用

认知是与情感、意志等心理活动相对应的理智思维过程，是大脑对客观世界进行信息处理从而能动地认识世界的过程。[①] 学生的学习活动主

[①] 赵艳芳：《认知的发展与隐喻》，《外语与外语教学》1998年第10期。

要是认知活动。教学隐喻在学生认知中的作用主要体现在注意、记忆、想象力和创造力以及理解等方面。

(一) 引起注意和加强记忆

在课堂教学中,学生保持良好的注意力是有效教学的基础。然而,符号化和抽象化的课程内容以及枯燥的教学语言,经常让学生的注意力难以集中。学生常常是人在课堂,思绪早已游离于"九霄云外"。与此相对,形象、生动、深入浅出的教学语言则深受学生喜爱。如果教师在教学中能够用生动形象的隐喻来呈现知识,学生的注意力将会集中到学习内容上来,甚至深深地为教师精于取譬的教学艺术所吸引。教学隐喻在记忆方面的积极作用,在学生低年级时就已经彰显。如教师在教授声母 j、q、x 后不能带 ü 的拼音规则时,用"小 ü 看见 j、q、x,摘掉墨镜行个礼"来表达[1],更有利于一年级的小学生记住这一规则。

隐喻对记忆的促进作用也得到了许多实验研究的证实。如雷诺兹(Reynolds)和施瓦茨(Schwartz)曾给被试提供八篇短文,每篇的结尾都是一个结论,有的结论采用字面语言,有的结论采用隐喻语言。在要求被试复述所读材料时,被试对使用隐喻的结论记得更清楚,对文本的细节也记得更多。研究者因此认为,隐喻有利于激发回忆,而且有利于回忆出更多的内容。[2] 台湾交通大学的研究者以 33 名高中生为被试,开展了题为"科学文本的隐喻使用与读者理解"的实验研究。实验要求被试阅读 4 篇自然科学文本。其中,2 篇含有与文本内容相关的隐喻,另 2 篇不含有隐喻。阅读后,要求被试尽可能地回忆文本的相关内容并接受其他方面的测试。结果显示:被试对含有隐喻的科学文本内容的回忆水平显著高于不含隐喻的文本。[3] 这表明科学文本中隐喻的适当使用有利于促进读者的记忆。

关于左右脑的理论和知识表征的双编码理论可以对隐喻促进记忆的事实做出些许解释。荷兰学者杜威·德拉埃斯马(Douwe Draaisma)认

---

[1] 薛瑞萍:《薛瑞萍班级日志:心平气和的一年级》,长春出版社 2010 年版,第 16 页。

[2] [荷兰] 杜威·德拉埃斯马:《记忆的隐喻——心灵的观念史》,乔修峰译,花城出版社 2009 年版,第 12 页。

[3] 转引自郭贵春、安军《隐喻与科学理论的陈述》,《社会科学研究》2003 年第 4 期。

为，隐喻的魅力在于它是矛盾的统一体，其集抽象与具体、言语与图像、概念与形象于一身。① 我们对包含隐喻的内容的记忆涉及两种不同但又相互融合的心理过程，一个是"基于语言"的过程，另一个是"基于形象"的过程。当我们记忆涉及隐喻的内容时，这两个过程就会有机地结合在一起，从而实现高效的记忆。

（二）激发想象力和创造力

在思维教学中，逻辑思维取得了支配性的地位。归纳、演绎、分析、综合等逻辑能力成为教学的主要目标。与此相对，学生隐喻思维能力的培养普遍受到忽视。当前，教师们依然普遍认为，隐喻是一种修辞，主要存在于语文学科中。隐喻作为一种思维方式的观念还远远没有普遍形成。事实上，正因为隐喻与演绎、归纳不同，是一种非严密的思维，才使得其插上了想象的翅膀，能够在不同的事物之间发现相似之处，进而获得全新的认识。人文领域中弥漫着隐喻，彰显着文人雅士丰富的想象力和深邃的洞见。如宋代著名诗人郭熙的《山川训》是诗词中的名作，其极富想象力的佳句"春山淡怡而如笑，夏山苍翠而如滴，秋山明净而如妆，冬山淡惨而如睡"，使我们对山在春夏秋冬的不同韵味有了别样的认识。

隐喻思维和创造力不是文学家的"专利"，儿童天生就具有隐喻思维，然而儿童的隐喻思维在当前过于注重知识灌输和逻辑训练的教学中岌岌可危。小学阶段是培养儿童想象力和创造力的最佳时期，如果以适切的方式开展教学，儿童天生的想象力就会得到保存，创造力也会得到发展。其中，在教学中注意呵护和培育儿童的隐喻思维是一条可行的路径。有这样一个案例：

> 有一天上语文课，年轻的女教师问二年级的孩子："花为什么会开？"第一个孩子说："她睡醒了，她想看看太阳。"第二个孩子说："她一伸懒腰就把花骨朵顶开了。"第三个孩子说："她想和小朋友比比，看谁穿得更漂亮。"第四个孩子说："她想看看，小朋友会不会把她摘走？"第五个孩子说："她也长耳朵，她想听听小朋友唱歌。"

---

① ［荷兰］杜威·德拉埃斯马：《记忆的隐喻——心灵的观念史》，乔修峰译，花城出版社2009年版，第11页。

突然，第六个孩子问老师一句："老师，您说呢？"老师原来准备的答案是："花开了，是因为春天来了。"但是她听到孩子们的回答，想了想，又想了想说："花特别懂事，她知道小朋友们都喜欢她，她仰起她的小脸，笑了！"女教师的回答挺响亮，听到这，孩子们全看着老师笑了，那笑脸比花更好看。①

二年级的孩子对"花为什么会开"的回答体现了其丰富的想象力和童真童趣。和上文提出"下雪了，青蛙和蛇为什么没有出来"的教师一样，这位教师也已被成人的科学理性思维所束缚，她对"花为什么会开"准备的答案是"因为春天来了"。但孩子们一个个富有诗意的回答令她陶醉，当有孩子问她为什么花会开时，她也给出了童话般的回答。临场的教学智慧使这位教师没有像上一位那样用科学理性思维压制甚至是戕害学生的素朴的隐喻思维。师生之间的对话生发了其乐融融的意境，在此意境中，学生的想象力和创造力得以生长。

教师对学生隐喻思维的重视不仅体现在呵护上，还体现在对其积极的推动上。如在执教小学五年级语文《望月》一文时，特级教师张康桥就非常注重培养学生的隐喻思维。在该文中，舅舅反问小外甥"你觉得月亮像什么？"小外甥几乎不假思索地回答："像眼睛，天的眼睛。"在舅舅的追问下，小外甥解释说："这是明亮的眼睛。它很喜欢看我们的大地，所以每一次闭上了，又忍不住偷偷睁开，每个月都要圆圆地睁大一次……"在教学过程中，张老师引导学生补充省略的"内容"，学生的想象力也像文中的小外甥一样开始驰骋。有学生说："时间长了，月亮也吃不消，就闭上眼睛，盖上了被子——我们叫睡觉，月亮叫月全食。但它每次都只睡一会儿。"有学生说："江水里也有一只眼睛。它喜欢看星星们的天空，所以每一次闭上了，又忍不住偷偷睁开，每个月都要圆圆地睁大一次。"除此之外，教师还引导学生写一写在自己的心目中月亮像什么。② 这些教学行为充分体现了教师对学生隐喻思维的重视，而学生所创

---

① 张玉庭：《比花还美的故事》，《独生子女》2000年第7期。
② 张康桥：《弥散心灵深处的月光——〈望月〉教学实录》，《小学青年教师（语文版）》2006年第10期。

作的充满想象力和创造力的隐喻更令我们叹为观止。

(三) 促进理解

隐喻所蕴含的想象力和创造性不仅可以生成人文理解,也可以促进科学认知。如19世纪美国发明家莫尔斯(Samuel Morse)看到驿站用新马更换疲劳的马以继续赶路,想到用中继转发的方法远距离发送电报信号。法国化学家和微生物学家巴斯德(Pasteur)基于感染的伤口与发酵的葡萄的相似性而开始理解感染的机理。[①] 在教学活动中,教师使用生动形象的隐喻也有利于学生对抽象的科学概念和理论的认知。如在讲解气体压强的微观机制时,可用"雨天撑伞"为喻:

> 从气体分子运动论的观点看来,气体压强是大量的气体分子频繁地碰撞器壁而产生的。雨滴打在雨伞上,使伞面受到冲力。单个雨滴对伞面的冲力是短暂的,但大量密集的雨滴接连不断地打在伞面上,对伞面就形成一个持续的均匀的压力。同样,单个分子碰撞器壁的冲力是短暂的,但是大量分子频繁地碰撞器壁,就对器壁产生持续的均匀的压力。[②]

学生都有"雨天撑伞"的经验,这种具体的、可感的经验有利于学生对不可见的气体压强形成初步的直观认识。

二 教学隐喻在学生情感发展中的作用

从广义上讲,情感是人对外在事物的态度体验及相应的行为反应,其与人特定的主观愿望或需要相联系。任何一种情感现象都会以一定的形式和内容表现出来。情感现象的过程和形式,一般被称为情绪;情感现象的内容和性质,一般被称为狭义的"情感"。情绪具有情景性、暂时性的特点,情感与社会性需要相联系,作为一种体验和感受,具有稳定

---

① [美] A. J. 斯塔科:《创造能力教与学》,刘晓陵、曾守锤译,华东师范大学出版社2003年第2版,第153页。

② 李广晨等编著:《中学物理教学中的比喻和类比》,河北教育出版社1989年版,第65页。

性和持久性的特点。① 人不仅是理智的,也是情感的。人通过理智来探究外物,反省自我,也基于情感与外界交往,抒发自我。在当代社会,如果仅仅具有情感而没有理智是未开化的人的话,仅仅具有理智而没有情感则是异化的人。理智和情感的和谐共生形成了一个健全的人。

很久以来,学生的情感在教学中没有得到应有的重视,似乎教学的目的就是要塑造理智人。人们对情感的偏见,主要集中在情感对认知活动的干扰或破坏方面。"他们认为人是受理智支配的,一旦情感上升,理智便会下降,从而扰乱人的智慧活动。然而,大量的研究表明,适当的情感对人的认知过程是具有积极的组织效能的,而只有不适当的情感才会产生消极的瓦解作用。"② 隐喻是情知的统一体,在教学中其不仅启发着我们的认知,也抒发着我们的情感。而且,当我们通过隐喻认知的时候,其中往往也伴随着情感。

(一) 隐喻表达情感

我们经常听到人们说:"我无法用语言表达现在的心情。"人们难以用常规语言来抒发自己的感情,主要是因为情感是一种无形的、微妙的存在。无形的、微妙的情感需要诉诸非常规的方式来表达。隐喻就是其中一种基本的方式。情感隐喻常常以具体的、有形的事物来表达情感,充满想象力的远距离类比更能够使我们抒发难以用常规语言表达的情感。李白在《静夜思》一诗中表达了其深切的思乡情怀:

床前明月光,疑是地上霜。
举头望明月,低头思故乡。

其中,"床前明月光,疑是地上霜"是隐喻名句。在月照窗前的情景下,作者泛起思乡的情感,"霜"给人凉的意象,这一意象恰恰表征了作者内心思念家乡的孤独凄凉的感受。

在教学过程中,教师和学生也会使用表达其情感的隐喻。教师通过隐喻表达的情感无疑会给学生潜移默化的影响,学生在教学中所生成的

---

① 彭聃龄主编:《普通心理学》,北京师范大学出版社 2004 年修订版,第 351—352 页。
② 卢家楣:《情感教学心理学》,上海教育出版社 2000 年版,第 94 页。

一些隐喻更直接地表征了其情感。教师在教学过程中，引导学生对自己情感的表达，无疑有利于其情感宣泄和健康成长，而教师也可以据此与学生进行更深入的情感交流。一位教师向一年级的孩子呈现了针对《放小鸟》一文设计的练习题："孩子把小鸟放走了，想一想，他会对小鸟说什么呢？"她将学生们的回答记录如下：

> 学生的回答精彩纷呈："小鸟啊，这回你可要跟紧妈妈，别又飞丢了。""小鸟啊，感谢你给我带来的快乐。可是我不能留下你，因为你想家了。""小鸟啊，高高地飞吧，自由地飞吧。树林和天空才是你的家呢。"……第一个举手的是周子善，我觉得他的发言最为由衷："小鸟啊，我多么想和你一起飞走！"好在他还没有说"我好累。我要远远地离开这里，离开学校！"毕竟，和同学们比起来，他的学习吃力很多。[①]

面对老师提出的问题，这位学生做出了"小鸟啊，我多么想和你一起飞走"的回答。虽然教师庆幸他没有说："我好累。我要远远地离开这里，离开学校"，但他的话语所隐喻的不正是这个意思吗？以上回答含蓄而真切地表现了其学习境况和体验，教师根据他的回答也更加了解了其心理状况。

教师除了可以在教学中引导学生通过隐喻表达自己的情感外，还可以通过隐喻主动地促进学生形成某种积极的情感。如教师可以设计课程引导学生幻想自己成为某种动物或植物，来体验这种动物或植物的境遇，从而唤起其对动物或植物的热爱、同情等情感。

（二）情感促进认知

和一般的认知活动相比，通过隐喻达成的认知往往更普遍地伴随着情绪或浸染着情感。上文曾从美学的视角探讨了教学理论中的教学隐喻所蕴含的美的因素。[②] 其中，形象、张力等也为教学实践中的教学隐喻所

[①] 此处引用对原文有删节。原文参见薛瑞萍《薛瑞萍班级日志：心平气和的一年级》，长春出版社 2010 年版，第 256 页。

[②] 参见第五章。

具有，这些特点也有利于吸引学生的注意力，激发其学习的兴趣。通过情绪心理学理论，我们可以更深入地认识这一点。20世纪50年代，施洛伯格（Schloberg）指出，情绪有三个维度，分别为愉快—不愉快、注意—拒绝和激活水平。各种情绪是由这三个维度的不同整合形成的。1980年，罗素（Russell）主张，情绪可以被分为愉快度和强度两个维度。愉快度又可分为愉快与不愉快；强度又可分为中等强度和高等强度。这样，就可形成四种类型：高兴：愉快—高等强度；轻松：愉快—中等强度；厌烦：不愉快—中等强度；惊恐：不愉快—高等强度。[①]

如果用情绪心理学理论来观照教学实践中的教学隐喻，我们会发现，通过具体事物认识抽象事物的教学隐喻所蕴含的形象和张力将会引起接受者的注意和兴趣，而其通过已知的和熟悉的事物认识未知的不熟悉的事物的特点也使接受者感到轻松自在，甚至倍感亲切。总之，教学隐喻可以激活学生的学习兴奋点，吸引学生的注意力，塑造学生积极的情绪。

积极情绪对认知活动起促进作用也得到了心理学研究的证实，如诸多研究表明："良好的正情绪使一个人感知变得敏锐、记忆获得增强、思维更加灵活，有助于内在潜能的充分展示。"[②] 如上文中提到的关于气体压强的知识，如果教师仅仅讲"气体压强是大量的气体分子频繁地碰撞器壁而产生的"，恐怕不仅难以使学生理解，还可能使学生产生一种消极的学习情绪。如果教师以生动、形象的"雨天撑伞"为喻开展教学，很可能会使学生在轻松、愉快的情绪下学习，从而对知识获得更有效的理解。这种情绪也可能对后续学习有积极的影响。

（三）情感促进说服

隐喻对认知的促进作用还体现在其劝诫或说服的功能上。劝诫和说服的成功在许多情况下源于隐喻的情感力量。在春秋战国时期，许多思想家都善于运用隐喻来表达自己的政治主张，并以其劝诫主政者。隐喻被用来作为教学工具也已经有数千年的历史。在早期的宗教教学文本如圣经、古兰经和禅宗的偈子中，我们就可以发现大量的隐喻。教师在教

---

① 彭聃龄主编：《普通心理学（修订版）》，北京师范大学出版社2004年版，第354—356页。
② 卢家楣：《情感教学心理学》，上海教育出版社2000年版，第99页。

学中也面临着许多道德劝说的任务。直白的道德说教空洞乏味，甚至会引起学生的逆反情绪，贴近儿童生活的含蓄委婉的隐喻语言更容易激发学生的情感体验，从而获得认同。一位教师使用隐喻来劝说一个过度活跃的小学生艾瑞克（Eric）。之前，教师注意到艾瑞克有时穿着一件法拉利（Ferrari）T恤衫，并且拥有一辆法拉利玩具车。教师对他说：

> 艾瑞克，你使我想起了一辆红色的法拉利赛车。我喜欢接近并了解它。它可以飞驰！但它也有一个大的毛病。它在大多数时间都飞快地奔跑，好像并不知道什么时候该慢下来，所以造成了撞击和故障。当这发生时，它有时也撞坏了其他的车。现在，人们希望许多在法拉利赛车厂制造的赛车有时能够慢下来。①

通过这些话语，教师评论了艾瑞克精力充沛但有时又过于鲁莽的行为及其后果。在教师言说过程中，艾瑞克微笑着。尽管艾瑞克此后还会奔跑，但关于法拉利赛车的隐喻给他留下了既有赞美也有忠告的意象。此后，只要说"法拉利又出现了"，艾瑞克就会微笑，有时也会停下来。教师知道艾瑞克喜欢法拉利赛车，所以"近身取譬"，将其比作法拉利赛车，不仅激发了孩子的兴趣，而且委婉地进行了批评教育。这种含蓄而又贴近儿童思维特点的方式显然比教师严肃的宏大叙事般的规训之效果要好得多。

第三节　对相关教学理论的实践观照

在教学领域，许多教学理论历久不衰地启发和引领着教学实践。它们中的典型代表是皮亚杰的儿童认知发展与学习理论、维果茨基的最近发展区理论和杜威的思维与教学五步理论。这些理论对儿童认知进行了开创性的研究。将这些理论与教学隐喻结合起来探讨并相互观照，一方面有利于我们深化对这些理论焦点和盲点的认识，另一方面也有利于我

---

① Robert P. Bowman, "Using Metaphors as Tools for Counseling Children", *Elementary School Guidance & Counseling*, Vol. 29, No. 3, 1995, pp. 206–216.

们从这些理论的视角来认识教学隐喻的实践价值。

一 皮亚杰的认知发展与学习理论

皮亚杰的认知发展理论研究了儿童逻辑思维的发展历程。为了理解儿童逻辑思维的发展，皮亚杰从逻辑学中引入了"运算"这一概念。皮亚杰认为："知识不是现实的摹本。知道一个物体、一件事情，不是简单地看看它，把它构成心理的摹本或意象。知道一个物体，就是要作用于该物体。了解就是更改、转变该物体，并了解这一转变的全过程，其结果是理解该物体被建构的方式。这样，运算就是认知的本质。它是内化了的动作，改变着认知的客体"，发展的中心问题就是运算结构的形成、精化组织及其作用。① 以能否运算以及运算的形态为标准，皮亚杰将儿童的心理发展分为四个阶段，分别是感知运动阶段（从出生到2岁左右）、前运算阶段（从2岁左右到7岁左右）、具体运算阶段（从7岁左右到十一二岁）和形式运算阶段（从十一二岁到十四五岁）。经过漫长的时期，儿童的认知水平从最初尚不能将自己与客体分化发展到能够对抽象的假设和命题进行逻辑转换，具有假设—演绎思维、抽象思维和系统思维的能力。②

在皮亚杰的理论框架中，隐喻被视为处于前运算阶段的儿童所持有的想象性的、偏见性的思想。按照这种观点，学前儿童以基于相似性的方式来思想，年龄较大的儿童则从类别关系进行运算。皮亚杰的这一论断遭到了越来越多的研究的挑战。③ 事实上，虽然进入具体运算阶段以后儿童的逻辑运算能力是其认知的一大特点，但此时隐喻思维仍是其思维的基本方式。即使是成人也经常基于相似性进行猜想，其经常基于具体的、熟悉的经验和模型进行思考，并不仅仅以皮亚杰所宣称的抽象定律进行逻辑运算。在科学史上，诸多重大的科学发现和发明就是明证。

关于认识获得的过程，皮亚杰认为其既不取决于主体，也不取决于

---

① 《皮亚杰教育论著选》，卢濬译，人民教育出版社1990年版，第19页。
② 皮连生主编：《教育心理学》，上海教育出版社2004年第3版，第298页。
③ Stella Vosniadou, "Children and Metaphors", *Child Development*, Vol. 58, No. 3, 1987, pp. 870–885.

客体，而是取决于主客体之间的互动。这种关系不是简单的刺激—反应，而是同化和调节。同化和调节的起点和核心是儿童头脑中的图式。图式最初形成于儿童早期的活动，随后其越来越复杂，最后出现了逻辑结构。面对新的刺激，认知主体一般会将其同化到自己的图式结构中，从而达到认知平衡。如果新的刺激难以纳入已有的图式，认知主体就会改变自己原有的图式，以达到新的平衡。通过同化和调节的作用，认知结构不断发展。

　　在人类认知发展的过程中，隐喻也通常发挥着同化和调节的作用。当人们面对新的事物时，通常会用已有的经验来认识和表达它，如上文提到过的网络与计算机中的办公软件（office）、桌面、文件夹以及电子邮件等概念的最初产生都是基于隐喻思维。通过隐喻，人们将新鲜的事物纳入了自己原有的概念系统和知识结构中。当原有的知识结构难以应对新刺激和新情况时，隐喻也经常可以推动认知结构的调节和更新。如在心理学理论中，行为主义理论难以解释种种学习现象，而学习的"人脑是电脑"和"有机体"隐喻扩展了人们对学习现象的认识。

　　基于认知发展阶段和认知过程理论，皮亚杰非常强调学习要从属于发展。他曾对影响儿童发展的因素进行了探讨。这些因素包括成熟、经验、语言或教育传递以及平衡。他认为基于同化和调节的平衡"是获得逻辑数学知识的根本因素"。[①] 皮亚杰承认成熟、经验、语言或教育传递对儿童发展的影响，但他也强调了这些因素对儿童发展的影响的有限性。如他指出，通过成人指导，儿童能够学习到有价值的信息，但前提是儿童具有同化这些信息的知识结构。皮亚杰的学习从属于发展的理念，得到了继承也遭到了批判。1959 年，在美国伍兹霍尔召开的中小学教育改革会议上，布鲁纳主张，任何年龄的儿童都可接受被认定为需要的课程。皮亚杰学派的英海尔德反对这种说法，主张教学一定要考虑学生当时所处的认知发展阶段。也有一些学者指出，皮亚杰轻视了社会因素对儿童智力发展的影响，也低估了教育和教师的作用。[②]

　　笔者认为，教育对儿童认知发展的重大影响是毫无疑义的。皮亚杰

[①]《皮亚杰教育论著选》，卢濬译，人民教育出版社 1990 年版，第 21—28 页。
[②] 同上书，前言第 8 页、第 14 页。

所言的儿童认知发展本身就是教育的结果。如果没有经受过教育，儿童的认知根本无法达到抽象和逻辑运算的水平。现在问题的关键是，我们在尊重儿童认知发展阶段的前提下，如何促进儿童发展。这种发展不仅仅包括儿童的思维，还包括儿童的知识、想象以及情感，等等。在此意义上，教学的作用空间仍然是广阔的。其中，既作为本体也作为方法的隐喻，将在儿童认识外物、获得知识、驰骋想象、表达情感等方面大有可为。如在知识的获得方面，许多科普作品将前沿的科学发现和发明通过隐喻的形式来介绍，就有利于儿童对这些科学的初步了解。

二 维果茨基的最近发展区理论

与皮亚杰注重儿童认知发展的内在逻辑不同，维果茨基强调社会文化在儿童认知发展中的作用。维果茨基将人的心理机能分为低级和高级两种形式，低级心理机能具有自然的、直接的形式，高级心理机能则具有社会的、间接的形式。"区别人与动物最根本的东西就是工具和符号。人所特有的高级心理机能是以社会文化的产物——符号为中介的。"[①] 儿童认知发展的过程就是掌握和运用作为社会文化产品的符号的过程。符号包括的内容十分广泛，语言是其中最基本的一种。儿童习得了语言，就可以用它来思维和与他人交流。词汇是语言的基础和核心，是一种重要的心理工具。维果茨基研究了儿童学习词汇以及概念形成的过程，发现儿童在形成概念思维之前，表现出了复合思维的特点。所谓复合思维就是基于具体意象将相似的物体相聚和联系在一起的思维形态。这种思维特点和原始人的思维十分相似。事实上，复合思维也是语言发展的基础。维果茨基对此曾举例如下：

> 俄语中有一个表示昼夜的词，便是 sutki 这个词。原先它指的是接缝，即把两块布的拼接处织在一起的某种东西；不久它用来指任何接缝处，例如一间屋子的两堵墙之间的接缝处，因此意指墙角；嗣后，它开始隐喻地用作黎明时的曙光，也即"白天和黑夜的交接处"；再后，它开始意指从一次曙光到下一次曙光之间的时间，也即

---

① 高文：《维果茨基心理发展理论与社会建构主义》，《全球教育展望》1999 年第 4 期。

目前指 24 小时的 sutki。这些意义不同的事物，如接缝、墙角、曙光以及 24 小时，都在一个词的发展过程中被吸引到一个复合体中，它与儿童凭借具体想象将不同事物合并到一个类别中去是同一方式。①

维果茨基揭示了复合思维（其中通常隐含着隐喻思维）在新事物或物体的命名中所起到的中介作用，并指出即使是成人也经常会从概念思维迁移到具体的复合思维。思维的过渡形式不仅限于儿童的思维，"我们在日常生活中也常常求助于它"②。显然，与同时期的心理学家相比，维果茨基已经敏锐地认识到了隐喻的认知价值。综上所述，语言是一种基本的心理工具，隐喻是人类思维的基本方式，其在语言的形成和发展中有重要的作用。所以，从根本上讲隐喻也是人类赖以生存的心理工具，其在儿童习得高级心理机能中的价值有待于研究和开发。

基于自己的文化历史学说，维果茨基对皮亚杰所主张的"教学要从属于发展"的观点进行了批判。他认为，教学不是面向过去的，而是面向未来的，教学应走在发展的前头。维果茨基的"最近发展区"理论集中反映了其关于教学与发展的关系的主张。他认为最近发展区是"儿童实际的智力年龄与他在帮助的情况下解决问题所达到的水平之间的差异"③。维果茨基提出的最近发展区概念产生了深远的影响。受到他的启发，许多学者研究了基于最近发展区的教学策略，支架教学就是其中一例。"支架"是一个隐喻性的概念，其来源于建筑行业的脚手架。建筑工人建造建筑物时，会在其四周搭建脚手架，以为其工作提供支持。建筑完成后，支架就可以撤除。教学中的支架是由更有能力的人提供的旨在促进儿童完成其最近发展区的任务而施行的辅助措施。④ 为了促进学生的认知建构，在学习指导中，隐喻可以作为促进学生理解知识、解决问题的支架。当学生难以理解不熟悉的或抽象的知识和难以解决一些问题时，如果教师能够以具体的或学生熟悉的知识或经验给予学生隐喻性的提示，

---

① ［苏］列夫·维果茨基：《思维与语言》，李维译，北京大学出版社 2010 年版，第 90 页。
② 同上书，第 92 页。
③ 同上书，第 122 页。
④ 皮连生主编：《教育心理学》，上海教育出版社 2004 年第 3 版，第 304 页。

将可能会启发学生的思维，并促进其对知识的理解和问题的解决。

三 杜威的思维与教学五步理论

杜威的思维与教学理论是建立在他对教育的基本认识的基础之上的。杜威认为，教育即生活、教育即生长、教育即经验的改造。"经验"是杜威教育教学理论的一个关键概念。他认为经验包含着一个主动和一个被动的因素，二者以特有的形式结合着。"在主动的方面，经验就是尝试——这个意义，用实验这个术语来表达就清楚了。在被动的方面，经验就是承受结果。我们对事物有所作为，然后它回过来对我们有所影响，这就是一种特殊的结合。"① 当人们能够认识经验的主动尝试和被动结果的关系的详情时，其就获得了反省经验。反省经验中蕴含着思维。思维的一般步骤包括"感觉问题所在，观察各方面的情况，提出假定的结论并进行推理，积极地进行试验的检验"②。

基于以上看法，杜威对学校教学进行了批判。他认为学校通常将经验视为感官和物质世界，而将思维视为精神性的高级官能。这导致了思维和经验的隔绝。学校以书本为中心的教学难以将观念的形式从教师传给学生。只有当学生亲身经验问题的情境，考虑问题的条件，并探究解决问题的办法时，他才真正在思维。基于对经验和思维以及学校教学中存在的问题的认识，杜威提出了教学五步理论。

> 教学法的要素和思维的要素是相同的。这些要素是：第一，学生要有一个真实的经验的情境——要有一个对活动本身感到兴趣的连续的活动；第二，在这个情境内部产生一个真实的问题，作为思维的刺激物；第三，他要占有知识资料，从事必要的观察，对付这个问题；第四，他必须负责有条不紊地展开他所想出的解决问题的方法；第五，他要有机会和需要通过应用检验他的观念，使这些观念意义明确，并且让他自己发现它们是否有效。③

---

① [美] 杜威：《民主主义与教育》，王承绪译，人民教育出版社1990年版，第153页。
② 同上书，第166页。
③ 同上书，第179页。

从教学五步理论我们可以看出，杜威主张教学应培养学生科学的思维方法。他曾举例探讨了反省思维与飘忽不定的想象之间的区别：一个人在晴朗的天气散步，忽然感到有些凉，他感觉可能要下雨了。他抬起头，看到头上有一片黑云。于是，他加快了脚步。在此情境中，这个人通过种种迹象判断可能下雨的过程及其行动，表明他在进行较严密的思维。在同样的情境中，有的人看到云会想起人的形象和面孔。杜威认为，虽然以上二者都是通过观察到的事物想到未观察到的事物，但它们有本质的差别。后者仅仅是想象，并不是事实；而前者对雨的预测很可能是事实。①

总体看来，杜威对反省思维的探究揭示了科学的思维方法的规律，但他显然相对忽视了想象在思维中的重要性。事实上，在解决问题的过程中，人们经常会求助于已有的经验。其中，已有经验与手头问题的相似性，往往启发我们对问题的思考。在这一过程中，我们所依仗的就是飞扬着想象力的隐喻思维。隐喻思维推动了许多科学问题的解决，在日常生活中其也被我们日用而不知地使用着。另外，杜威是依据科学或理性旨趣对"看到云想起人的形象和面孔"这一行为进行评判的。如果从人文视角来看，这种诗意的思维方式同样是人类所需要的。如果说科学思维使我们更好地认识和控制外物的话，诗意的隐喻思维则使我们和外部融合，生成富有人文意义的体验。

以上在探讨教学隐喻的认知和情感价值的基础上，将其与三种具有广泛影响的学习和教学理论进行了相互观照，在观照中进一步阐释了隐喻的认知价值。虽然这三种理论关注的是认知，并不探讨情感问题，但在科学认知中所关涉的隐喻，也会促发儿童的情绪和情感体验。在强调认知的同时，我们还应认识到，人不仅仅是理性的存在，还是情感的存在。在教学中，我们应该像关注儿童的认知一样，关注儿童的情感问题。上文关于儿童的情感隐喻的探讨，也许会使我们获得些许启示。

本章主要探讨了教学隐喻在儿童心理成长方面的价值。在教学实践

---

① ［美］杜威：《我们怎样思维·经验与教育》，姜文闵译，人民教育出版社 2004 年版，第 16—17 页。

中如何更好地发挥其价值是另一个重要问题。因此，有必要对教学隐喻的应用策略进行探讨。在建构教学隐喻的应用策略之前，首先让我们来回顾教育史上可资借鉴的卓越探索。

第七章

教学隐喻实践的历史沿革

作为人类认知的基本方式，隐喻广泛地存在于人类的思维和语言活动中。教学作为培养人的思维和语言的活动，隐喻在其中的存在是必要的也是必然的。只是当前人们常常深陷于知识和逻辑的教学中，忽视了教学隐喻在儿童发展中的价值，更缺失了在教学中使用隐喻的智慧。从古代到现代，教育史上的许多教育家在教化和教学活动中都非常注重隐喻的运用，展示了天才般的智慧。我国古代儒、道、禅以及西方宗教的教化隐喻智慧，现代西方的隐喻课程以及中西教育家在教学中的隐喻实践对于我们反思当前的教学、学习使用隐喻的策略等具有广泛的意义。

第一节 古代的教化隐喻及其当代教学启示

这里首先要做出两点说明：其一，教化隐喻概念的外延大于教学隐喻。它是指教育家在思想教化时所使用的隐喻，有些教化隐喻并不是在和学生面对面的教学中使用的。但这些教化隐喻对当前的教学具有重要的启示意义。在下文中，我国儒家、禅宗，西方宗教中的许多隐喻其实属于教学隐喻的范畴，但为统一起见，其在整体上也被称为教化隐喻，只是在具体论述中会使用教学隐喻的概念。其二，虽然古代教育家所使用的许多教化隐喻的对象是成人，但作为一种思维方式和认知策略，其具有一般的意义。这些教化智慧对当代教学仍具有诸多的现实意义。

一 儒、道、禅的教化隐喻

"取象比类"是我国古代思想家最突出的语言和思维特征。修辞学家宗廷虎指出："中国古代学者一贯重视'象'，讲天体，称为'天象'，讲人体，称为'脉象'；在语言运用中，诸如'想象''表象''意象'等词语很多，中国文字构成的基本方法也是象形的。'取象比类'，采取形象的手法来表达思想，是中国古代的基本思维方式之一，诸如比喻、象征、借代、类比等用得较多，形象思维比较发达。这与西方古代重视逻辑思维形成鲜明的对照。"① 由于笔者在广义上使用隐喻概念，其包括比喻、象征、借代、类比等，我国古代取象比类的思维方式也可被统称为隐喻。

隐喻在我国古代具有我们今天难以想象的重要性和广泛性，它集教化功能、政治功能、外交功能、审美功能、占卜功能、选拔功能等于一身。"如果要寻找中国文化共同体的范式，那么'喻'（象）正是这样一个思维范式。它不仅为儒、佛、道所共有，也为文学、哲学和教育所同具。"②

基于共同的思维范式，先秦思想家表达了不同的咨政救世思想。道家"大象"论，将"象"与道结合，开创了形而上的自然哲学。与道家自然哲学不同，儒家学派为"象"论注入了更多的社会伦理色彩，形成了"象"通礼乐、"以象比德"的政教传统。③ 自汉朝传入中国的佛教在唐朝实现了中国化的飞跃。六祖慧能吸收了儒、道精神，创立了具有中国特色的禅宗思想体系。禅宗以"不立文字""识心见性"而著称，个体不依赖文字的或思辨的方式来把握禅道，通常借助隐喻和形象来开悟。在儒、道、禅的经典中，我们可以发现诸多的教化隐喻，其对当代教学具有诸多的启示意义。

（一）儒家的教化隐喻

在中国古代课程史上，对课程设置产生重大影响的思想家有两位，其分别是孔子和朱熹。孔子研究和编写了《诗》《书》《礼》《乐》《易》《春秋》作为教材。至西汉时，董仲舒向汉武帝提出了"罢黜百家，独尊

---

① 郑子瑜、宗廷虎主编：《中国修辞学通史》，吉林教育出版社1998年版，总论第9页。
② 金忠明：《喻：传统教育的思维范式》，《华东师范大学学报》（教育科学版）1993年第4期。
③ 夏静：《礼乐文化与中国文论早期形态研究》，中华书局2007年版，第167页。

儒术"的文教政策并获得采纳。此后，儒家一枝独秀，五经①成为文人士子不释于手、不绝于口的金科玉律。六经作为儒家文化的精髓鲜明地体现了中国古代取象比类的思维方式。清代思想家王夫之言："乃盈天下而皆象矣。《诗》之比兴，《书》之政事，《春秋》之名分，《礼》之仪，《乐》之律，莫非象也。而《易》统会其理。"（《周易外传》卷六）他认为，儒家六经都是以象征表意的，而《周易》集中阐释了这种思维方式。在六经当中，《周易》和《诗经》对中国古代思维方式的塑造具有特别的意义。南宋的陈骙在《文则》中就强调了《周易》和《诗经》中比喻的作用："《易》之有象，以尽其意，《诗》之有比，以达其情。文之作也，可无喻乎？"教育史学者金忠明指出："中国历代文章，比喻色彩都很浓厚。比喻作为文学创作和教化宣道的主要方法，得自于易教和诗教这两个古老传统"，"由易教和诗教所奠定的'喻'之传统，在后世文学家、教育家的推动和发展下，更为丰富壮大"，汉代辞赋、魏晋谈玄，"唐、宋、明、清之大文学家、大教育家，无不承袭而发扬光大之"。② 由此可见六经尤其是《周易》和《诗经》在教育活动中对中国古代文人隐喻思维的深刻影响。

在孔子之后，对我国古代课程产生重大影响的是朱熹。朱熹撰写的《四书章句集注》（简称《四书集注》或《四书》）在南宋就风行天下，在元朝以后更是成了科举考试的标准答案和各级学校的必读书目，影响中国封建社会后期的教育长达数百年。③ 四书同样弥漫着中国传统的隐喻思维方式，《论语》、《孟子》两部书中诸多的对话更是体现了教化隐喻的智慧。

孔子十分注重语言的力量，隐喻作为重要的思维和言说方式自然也受到孔子的重视。孔子的取譬思想承继了《周易》和《诗经》的精髓。《周易·系辞下》言："古者包牺氏之王天下也，仰则观象于天，俯则观法于地，观鸟兽之文与地之宜，近取诸身，远取诸物，于是始作八卦，

---

① 《乐经》后来失传，六经遂变为五经。

② 金忠明：《喻：传统教育的思维范式》，《华东师范大学学报》（教育科学版）1993 年第 4 期。

③ 孙培青主编：《中国教育史》，华东师范大学出版社 2000 年第 2 版，第 218—219 页。

以通神明之德，以类万物之情。"《诗经·大雅·抑》也说："取譬不远。"这种近身取譬的思想在孔子的言说和其与弟子的教学对话中得到了充分的体现。他教育学生说："能近取譬，可谓仁之方也已。"（《论语·雍也》）从孔子自身来看，隐喻是其传播仁义伦理的重要方式。

孔子及其弟子的言语中所使用的隐喻按照其内容指向大体可以分为三类。其一，表达儒家伦理。在礼崩乐坏的时代，孔子建构了儒家伦理思想。这些思想经常通过隐喻来传达。如子曰："为政以德，譬如北辰，居其所而众星共之。"（《论语·为政》）子曰："人而无信，不知其可也。大车无輗，小车无軏，其何以行之哉？"（《论语·为政》）又如子贡曰："君子之过也，如日月之食焉：过也，人皆见之；更也，人皆仰之。"（《论语·子张》）孔子及其弟子所使用的以上隐喻生动地传达了德性的重要性以及君子应有的品格，明白晓畅，令人信服。

其二，表达自己的信念和情感。孔子怀着救世的理想，周游列国，宣传自己的政治主张，屡遭失败，却百折不挠。许多隐喻表达了其道德信念和情感。如"吾岂匏瓜也哉？焉能系而不食？"（《论语·阳货》）"不义而富且贵，于我如浮云。"（《论语·述而》）"岁寒，然后知松柏之后凋也。"（《论语·子罕》）"逝者如斯夫！不舍昼夜。"（《论语·子罕》）

其三，表达对学生的评价。孔子有时通过隐喻来形象委婉甚至幽默地评价学生。如子贡问孔子自己怎么样，孔子说子贡是一种器皿。子贡问是什么器皿，孔子说是敬神的玉器。（《论语·公冶长》）孔子如是说既有贬子贡也有褒子贡的意思，而且有开玩笑的成分。褒之是因为敬神的玉器是珍贵的，这象征着子贡的才能之厚重，然而，将之称为器皿终究有批评的意思，因为孔子也言："君子不器。"（《论语·为政》）又如孔子曾批评子路之鼓瑟，弟子们因此而不尊敬子路，子曰："由也升堂矣，未入于室也。"（《论语·先进》）孔子在批评子路后又做了一定的肯定和鼓励，意思是说子路已经很有水平了，但仍需继续努力。

孟子被称为亚圣，是孔子之后儒家最重要的代表人物。他承继孔子提出了"仁政"思想，主张"民为贵，社稷次之，君为轻"，倡导"制民之产"，使老百姓安居乐业，重视通过教育使大众明人伦，从而实现社会治理。虽然孟子的仁政思想在战国争霸时代也没有得到执政者们的响应和执行，但他凭借其无与伦比的雄辩才能，获得了一些君主的暂时认同。在几百年以后，孟子的仁政思想和孔子的思想一起影响中国社会长达 2000 余年。

作为思想家和雄辩家的孟子也是使用隐喻的大家。他说："言近而指远者，善言也；守约而施博者，善道也。君子之言也，不下带而道存焉。"（《孟子·尽心下》）可以看出，他将隐喻作为善言的重要标志。基于这种认识，孟子在表达其思想时使用了大量的隐喻。"据统计在《孟子》全书二百六十一章中，有九十三章总共使用了一百五十九个生动、确切的比喻。"[①] 其中许多隐喻是在孟子与执政者或其弟子的对话中使用的，具有教化隐喻的性质。其中，孟子和梁惠王的一次对话最为著名。

> 梁惠王曰："寡人之于国也，尽心焉耳矣。河内凶，则移其民于河东，移其粟于河内。河东凶亦然。察邻国之政，无如寡人之用心者。邻国之民不加少，寡人之民不加多，何也？"孟子对曰："王好战，请以战喻。填然鼓之，兵刃既接，弃甲曳兵而走。或百步而后止，或五十步而后止。以五十步笑百步，则何如？"曰："不可，直不百步耳，是亦走也。"曰："王如知此，则无望民之多于邻国也。……"（《孟子·梁惠王上》）

梁惠王认为，与邻国相比，自己治理国家已经尽心尽力但国家的人口却并不增多。孟子以"战喻"暗示了梁惠王的谬误之处，并进而阐释了其"制民之产"等政治主张。孟子所使用的"战喻"具有两大特点：第一，针对教化对象的特点而取譬。梁惠王嗜好战争，孟子就以战争为喻来表达自己的观点。这样很容易使梁惠王达成理解。第二，含蓄地表达了对教化对象的劝谏。孟子作为臣民，若以直白的语言批评君王，很可能会引起其愤怒甚至导致更严重的后果。以隐喻方式来劝谏君王，不仅可以隐藏直言批评的锋芒，而且可以使其在舒适中获得认同感，从而达到更好的说服效果。

以上是孟子对君民关系的论述，在君臣关系方面，其也有精辟的论

[①] 李如密：《儒家教育理论及其现代价值》，中华书局 2011 年版，第 290 页。

断。孟子告齐宣王曰:"君之视臣如手足,则臣视君如腹心;君之视臣如犬马,则臣视君如国人;君之视臣如土芥,则臣视君如寇雠。"(《孟子·离娄下》)孟子通过博喻阐释了自己的君臣关系思想。一个个鲜活的意象顺次陈开,令人叹服。

孟子凭借其隐喻智慧和雄辩能力使自己的思想得到了有效的传播,但是在争霸时代,并没有君王愿意切实实践他的思想。虽然如此,他仍然执着于自己的信念。他孜孜以求的精神在一些隐喻中得以体现。如孟子曰:"仁之胜不仁也,犹水胜火。今之为仁者,犹以一杯水,救一车薪之火也;不熄,则谓之水不胜火,此又与于不仁之甚者也,亦终必亡而已矣。"(《孟子·告子上》)又如孟子曰:"鱼,我所欲也;熊掌,亦我所欲也,二者不可得兼,舍鱼而取熊掌者也。生,亦我所欲也;义,亦我所欲也,二者不可得兼,舍生而取义者也。"(《孟子·告子上》)通过这些隐喻,孟子表达了仁必胜不仁以及舍生取义的坚定信念。

孔孟在教化活动中开创了儒家"近身取譬"和"以象比德"的传统。这一传统在《学记》中得到了更明确的论述。《学记》中说:"君子之教,喻也。道而弗牵,强而弗抑,开而弗达。道而弗牵则和,强而弗抑则易,开而弗达则思。和易以思,可谓善喻矣。"又说:"善歌者使人继其声;善教者使人继其志。其言也约而达,微而臧,罕譬而喻,可谓继志矣。"以上"喻"一般被解释为启发、诱导,事实上,其也有譬喻的含义,因为启发诱导仍需借助譬喻。《说文解字》注:"喻,告也。凡晓谕人者,皆举其所易明也。《周礼·掌交》注曰:谕,告晓也。晓之曰谕,其人因言而晓亦曰谕。谕,或作喻。"金忠明认为:"则所谓晓,举其易明者也。而举其易明的通例,即打比方。"① 儒家将隐喻视为德性教化的基本方式,所谓"君子之教,喻也"。与此同时,儒家还提出了"喻"之原则:"其言也约而达,微而臧,罕譬而喻。"可见,其也强调使用隐喻的目的是为了达成对正题的理解,应力求简练,不可滥用。在《学记》之后,荀子发展了使用隐喻的原则。他首先强调了隐喻说明道理的功能,认为"譬称以喻之"(《荀子·非相》)是谈说之术之一,但同时指出:

---

① 金忠明:《喻:传统教育的思维范式》,《华东师范大学学报》(教育科学版)1993年第4期。

"辩说譬谕，齐给便利而不顺礼义，谓之奸说。"（《荀子·非十二子》）可见，荀子主张在运用隐喻时，应遵循礼义，否则就是奸说。他实际上强调了隐喻的道德规范性原则。

可以说，孔孟和《学记》开创了儒家教学的隐喻传统。在后世形成的"四书五经"的儒家课程体系，也在根本上形塑了无数儒生的思维方式。在当前逻辑教学一统天下的情境下，儒家的许多隐喻主张和实践对当代教学仍然具有启示意义。在隐喻的内容指向方面，儒家的教化隐喻主要包括"以象比德""以喻传情""以喻评价"。当前，教师可以采用隐喻方式来进行道德教化，这可能会起到更好的说服效果；可以通过隐喻方式来传达情感方面的内容，这也将有利于激发学生积极的情感体验；还可以通过含蓄的隐喻来评价学生，避免直白的批评对学生可能造成的伤害。在使用隐喻的原则方面，儒家讲"近身取譬""罕譬而喻""顺乎礼义"。这启示我们在教学中使用隐喻应遵循三个原则。首先，应使用学生身边的素材来进行隐喻，以学生不熟悉的素材作比，不仅难以使学生达成明晰的理解，还可能造成模糊乃至混乱的认识。其次，我们应注意使用隐喻的目的一般是为了达成对教学内容的理解，切不可滥用隐喻。再次，使用隐喻应遵循道德性原则，不可为歪理邪说服务。

（二）道家的教化隐喻

面对社会动乱的格局，道家提出了迥异于儒家的政治主张。老子认为人类从原始完美的自然状态到现实社会的没落，儒家学者难辞其咎，因此，"绝圣弃智，民利百倍；绝仁弃义，民复孝慈"（《老子·第十九章》）。道家思想以"道"为核心，拓展出天道自然论和人道无为论，开创了与儒家伦理哲学迥异的自然哲学。

长期以来，道家教育思想很少得到教育学术界的关注，甚至许多人因为其主张"绝圣弃智"而认为道家是反教育的。事实上，这些人误解了道家高反差的话语方式，没有领悟其内在精神。虽然关于道家教育活动的记录几乎是空白，但道家精神对中国人思想的深刻影响是毋庸置疑的。杨启亮指出，如果将教育文化视为一棵树的话，儒家的显性教育就是赫然立于"地上"的树，道家的潜隐教育则是潜生于"地下"的根，"根"又何尝不是生机勃勃又柔弱坚忍的"树"呢？道家"以崇尚自然为宗源拓展出返朴归真、脱俗超越、柔静宽容的道家精神，道家教育及其传统就蕴涵在这些基本的或主要的精神之中"。①

"道"是老子哲学的最高范畴，它兼顾宇宙本体规律和人类秩序法则的双重意义。老子认为凭借语言和概念难以穷尽"道"之精微，所谓"道可道，非常道。名可名，非常名"（《老子·第一章》）。因此，对于不可把握、不可言状、难以穷尽的道的认识只能诉诸其他的表达方式。老子所采取的认识和表达方式就是隐喻，简单地说就是"以喻悟道"。老子在阐释"道"时，用了一系列的意象如"水""母""阴""朴"作为"道"的象征。这些意象形象地表达了"道"的深刻意义。其中，"水"是老子阐释"道"时使用最为核心的意象。他讲："上善若水，水善利万物而不争，处众人之所恶，故几于道。"（《老子·第八章》）"天下莫柔弱于水，而攻坚强者莫之能胜，以其无以易之。"（《老子·第七十八章》）"江海所以能为百谷王者，以其善下之，故能为百谷王。……以其不争，故天下莫能与之争。"（《老子·第六十六章》）正是因为水的处下、不争、柔弱才使其最接近于道。而道家教育所倡导的基本精神也就是水的精神。

"德"是老子哲学中的另一个重要范畴，其仅次于"道"的地位。"德至少包含两层含义：一是指道赋予事物的自然本性；二是指人的品德、操行；二者之间具有紧密的联系。"老子在表达德的概念时，同样使用了隐喻，如"婴儿""赤子"。"婴儿、赤子无私无欲、无知无识、纯真无邪、处虚守静很好地体现了常德的本质特性。"② 基于对"道"和"德"的阐释，老子批判了儒家注重仁义礼乐的伦理教化，认为其遮蔽和扭曲了淳朴的道德，所谓"失道而后德，失德而后仁，失仁而后义，失义而后礼。夫礼者，忠信之薄，而乱之首"（《老子·第三十八章》）。总之，老子基于水等隐喻，系统地建构了其自然哲学，开辟了道家潜隐式的教化源泉。

在老子之后，道家的另一代表人物庄子也主张因循自然，并希望摆脱现实世界的束缚，追求绝对的精神自由。"庄子的教育价值观、目的论

---

① 杨启亮：《道家教育的现代诠释》，湖北教育出版社1996年版，第26、50页。
② 梅德明、高文成：《以〈老子〉为语料的概念隐喻认知研究》，《外语学刊》2006年第3期。

与老子同源，也是从'道'的思想基础出发，由'自然'引出。讲求人性自然，人生自由。虽然有其悲观、伤感的消极一面，也有其批判、抗争、逆反的一面。"① 庄子思想言说的重要特色在于其使用了大量的寓言。他之所以使用大量寓言来传达思想，主要有两个方面的原因：其一，庄子所言之道，过于精深微妙，常规语言难以明晰地表达，只能诉诸寓言；其二，在当时的社会情境下，过于直言的社会批判会给自身带来麻烦，所以其采用隐晦的方式来传达思想。对于言和意的关系，庄子说："筌者所以在鱼，得鱼而忘筌；蹄者所以在兔，得兔而忘蹄；言者所以在意，得意而忘言。"（《庄子·外物》）他在此表明其所使用的语言都是手段，人们应透过语言参悟其传达的思想。

寓言研究专家陈蒲清指出，"《庄子》一书有寓言两百则，想象丰富，境界奇特，机智幽默"，其创作的主要目的，"是宣扬庄子任自然、齐生死、绝圣弃智、避世养生等一系列哲学政治主张"。② 陈蒲清的以上言论不仅揭示了《庄子》寓言之多及其寓言的目的，而且指明了庄子寓言内容的特色，那就是"想象丰富，境界奇特，机智幽默"。按照笔者对隐喻的理解，庄子所创作的寓言也属于隐喻的范畴。庄子所使用的隐喻之所以让我们感到想象丰富、境界奇特，主要是因为其"能远取譬"。

前面谈到"能近取譬"是孔孟取譬的要旨，老子所使用的隐喻也基本如此。近身取譬一般以客观现实为依据，而庄子所使用的隐喻多属于幻想性隐喻，这些隐喻的许多"源域"并非客观存在的事物。也正因为如此，他所创造的寓言常常达到"敷华"和"惊听"的效果。刘勰的《文心雕龙》提出了"物虽胡越，合则肝胆"的隐喻运用原则。就是说，精彩的隐喻的"源域"和"目标域"相隔甚远，但当将它们用到一起的时候，又像肝胆那样贴切。这是从"源域"和"目标域"之间的相异性和相似性两方面来论述的。这一理论可以对庄子的隐喻成就做出一些解释。

庄子创作了大量的寓言来表达其因循自然、无为而治、绝圣弃智、避世养生等思想。如《浑沌之死》宣扬了庄子返璞归真、无为而治的思想：

---

① 杨启亮：《道家教育的现代诠释》，湖北教育出版社1996年版，第70页。
② 陈蒲清：《中国古代寓言史》，湖南教育出版社1983年版，第31页。

南海之帝为儵，北海之帝为忽，中央之帝为浑沌。儵与忽时相与遇于浑沌之地，浑沌待之甚善。儵与忽谋报浑沌之德，曰："人皆有七窍以视听食息，此独无有，尝试凿之。"日凿一窍，七日而浑沌死。（《庄子·应帝王》）

其他宣扬庄子主旨思想的著名寓言还有《庖丁解牛》《散木》等。《庖丁解牛》表达了"养生之道"以及"顺应自然""无为而治"的思想。[①]（《庄子·养生主》）《散木》说明了"无用之用"的思想，即无所用才能保全自己，这才是大用。[②]（《庄子·人间事》）

虽然老庄的思想和孔孟的主张有诸多冲突，然而，在重视和善于取譬方面，他们却是一致的。和孔孟相比，老庄所使用的隐喻具有其独特性，对当前的教学也有一定的启示。首先，老子所使用的隐喻具有系统性的特点。他通过不同的"源域"如"水""母""阴""朴"来表征"目标域""道"。在"道是水"这一根隐喻下，又系统地表达了道之处下、柔弱、不争的品性。这启示我们在教学中，对于难以言说的内容，可以引导学生通过不同的隐喻来认识。如果学生能够发现表征言说对象的合适的根隐喻，将获得对该对象的较为系统的认识。在此过程中，学生的发散思维、创造思维和系统思维能力将获得有益的发展。其次，与孔孟的"近身取譬"相比，庄子的"能远取譬"虽然有时让人感觉荒诞不经，但他不拘常规的远距离联想能力也是其能够创造性地表达其哲学思想的根源。这启示我们要注意培养学生的远距离取譬能力。能从非常不同的事物之间看到相似之处，是创造力的源泉。再次，庄子的隐喻实践也启示我们可以通过寓言故事的方式来施行教化，寓言式隐喻蕴含着无穷的说服力量。与此同时，我们还应注意到，虽然庄子在思想言说时使用了大量的隐喻，但他同时对"譬饰"的现象进行了批判。他说："合譬饰辞聚众也，是终始本末不相罪坐。"（《庄子·天地》）这也启示我们勿要极力发挥隐喻的粉饰功能。

[①] 现在该寓言多用来说明认识和掌握了事物的规律，做事才能游刃有余。
[②] 现在该寓言一般被用来说明要透过现象认识本质。

(三) 禅宗的教化隐喻

禅宗是印度佛教文化和中国文化碰撞和融合的产物。六祖慧能是禅宗发展过程中的关键人物。他对传统佛教进行了大刀阔斧的改革，包括："把传统佛教的真如佛变为心性佛、把传统佛教的佛度师度变为注重自性自度、把传统佛教强调修禅静坐变为注重道由心悟、把传统佛教强调经教变为注重不立文字和把传统佛教强调出世间求解脱变为注重即世间求解脱。"① 慧能的改革推动了佛教的中国化，也扩大了禅宗的影响力，并对后世程朱理学、诗书画艺术产生了深远影响。

隐喻作为一种重要的认知和语言表达方式，广泛地存在于佛教经典和教化活动中。譬喻的梵文为 avadāna，音译阿波陀那。依据内容和形式，印度佛教经典分为 12 个部分，称为十二部经，阿波陀那为其中一部，即《譬喻经》。除此之外，天竺僧人僧伽斯那还著有《百喻经》。不仅佛经中运用大量譬喻，有些经中还有"譬喻品"。在印度佛教的诸经典中，如来和诸菩萨在向世人讲解佛理时，为了让人容易明白，亦较多使用譬喻。② 由此可见隐喻在印度佛教经典中的盛行。

隐喻同样广泛存在于中国禅宗经典中。《坛经》开篇记录了五祖弘忍大师召集弟子们作偈以查看其对佛法大意的领悟程度并据此择选六祖的故事。面对弘忍的命题作文，作为教授师的神秀作的偈是：身是菩提树，心如明镜台，时时勤拂拭，莫使惹尘埃。与之相对，当时干粗活的慧能作的偈是：菩提本无树，明镜亦非台，本来无一物，何处惹尘埃。（《坛经·行由品第一》）神秀在此提出了其渐修观，而慧能更胜一筹，直抵佛法之根本：空和无。由于佛理的空玄微妙，神秀在表达自己的思想时使用了一连串的隐喻，即用菩提树隐喻身，用明镜台表达心，用"时时勤拂拭，莫使惹尘埃"来表达时时修行以维持内心的清净。慧能的偈子的立意与神秀相对，但同样是隐喻的。可见，在应对弘忍的选拔考试时，隐喻是神秀和慧能表达其对佛法认识的基本方式。

禅宗的核心精神是"识心见性"。慧能认为人本有佛性、本有智慧，

---

① 尚荣译注：《坛经》，中华书局 2010 年版，前言第 10 页。
② 张节末：《禅观与譬喻——论中国禅宗与印度佛教的一个区别》，《哲学研究》2000 年第 3 期。

人的本心和本性是修禅成佛的根源，修禅的宗旨就是"识心见性"。禅宗语录中禅师无数的讲、问、答、喝、吼、棒打、斩、烧等语言和行动，都是要引导修禅者终止向外的诉求而转向自己的本心，从而解脱生死，脱离苦海。其中，在禅宗语言的讲、问、答以及诸多的行为中蕴含着丰富的隐喻，体现了禅宗的特色。

和孔孟一样，禅师们也经常通过身边的具体的事物来表达抽象的思想。慧能的许多精深的义理都是通过隐喻来传递的。他认为，世上的人之所以没有开悟，要么是因为世人"于外著境，被妄念浮云盖覆自性，不得明朗"（《坛经·忏悔品第六》），要么是因为"世人终日口念般若，不识自性般若，犹如说食不饱。口但说空，万劫不得见性，终无有益"（《坛经·般若品第二》）。他通过"浮云覆盖"之喻形象地表达了人们不断向外索求致使自性被遮蔽的状况，通过嘴上说各种食物肚子是不能饱的来说明若不内心体认，即使口中终日念诵般若，也不能识心见性。慧能还通过隐喻表达了自己的说法对众生修禅的积极影响。他说："我今说法，犹如时雨，普润大地。汝等佛性，譬诸种子，遇兹沾洽，悉得发生。承吾旨者，决获菩提；依吾行者，定证妙果。"（《坛经·付嘱品第十》）在这里，慧能将众生本有的佛性喻为种子，将自己的说法喻为时雨，种子遇到时雨的滋润将发芽、生长、结果，众生依照慧能的教法修行，也必将悟得妙果。可谓妙喻连珠，意味深长。

慧能认为"定慧"是禅宗之法门。他说："我此法门，以定慧为本。大众勿迷，言定慧别，定慧一体，不是二。定是慧体，慧是定用，即慧之时定在慧，即定之时慧在定。"他还用灯和光的关系对此做了进一步的解释，说"犹如灯光。有灯即光，无灯即暗，灯是光之体，光是灯之用。名虽有二，体本同一。此定慧法，亦复如是"（《坛经·定慧品第四》）。通过灯和光的隐喻，慧能通俗易懂地向众人阐明了定慧一体、体用合一的思想，纠正了"先定后慧"等错误观点。

情境取譬是禅宗教化隐喻的一个重要特点。① 所谓情境取譬就是在具

---

① 在孔子、庄子等人的言行中，也有一些情境性的譬喻。如《荀子·宥坐》中记载孔子"观水比德"以及以宥坐之器教育弟子为人为学要谦虚谨慎的行为。《庄子·秋水》中的庄子和惠施关于人之乐与鱼之乐的对话也属于此类。

体的情境中,借助其中的事物来传达思想。慧能借助五祖弘忍送自己渡江的故事,表达了"迷时师度,悟了自度"的思想:

> 祖相送直至九江驿。祖令上船,五祖把橹自摇。惠能言:"请和尚坐,弟子合摇橹。"祖云:"合是吾渡汝。"惠能云:"迷时师度,悟了自度,度名虽一,用处不同。惠能生在边方,语音不正,蒙师传法,今已得悟,只合自性自度。"祖云:"如是如是。……"(《坛经·行由品第一》)

渡和度是同音词,但又一实一虚。以船渡人是身体之渡,以佛度人是精神之度。在弘忍送慧能过江途中,慧能立足情境,将渡度结合,虚实相生,生动地表达了自己的主张,给人留下了深刻的印象。

慧能的弟子怀让也是情境取譬的大师。开元年间,马祖道一在成为怀让大师的弟子之前,在湖南衡山终日坐禅,不顾任何来访者。怀让察其可成大器,想启发他,于是拿了一块砖头,在庵前磨。一开始马祖道一亦不顾不问,时间久了,才问:"作什么?"怀让回答:"磨作镜。"马祖道一惊讶地说:"磨砖岂能成镜?"怀让答道:"磨砖既不成镜,坐禅岂能成佛?"(《古尊宿语录》卷一)① 以此开始的对话使得马祖道一顿时开悟。

和怀让相似,马祖道一的再传弟子②神赞禅师也通过情境取譬表达了皓首穷经难以使人开悟的思想。神赞在福州大中寺出家,后在外遇到怀海禅师并获得启悟。神赞想到自己的授业老师尚未开悟,便回到大中寺以择机启悟业师。一天,业师又在窗下埋头读经时,一只蜂子要飞往窗外,不断地冲撞着窗上糊的旧纸。神赞伺机说:"世界如此广阔,却不肯出去,偏偏钻那故纸,一辈子也休想出头!"业师听此话后异常震惊,想起神赞回寺后的种种不寻常举动,便问神赞外出时遇到何人,神赞如实相告。业师随即召集众人,请弟子为大家说法。(《景德传灯录》卷九)③

---

① 冯友兰:《中国哲学简史》,新世界出版社2004年版,第223页。
② 怀海是马祖道一的弟子,神赞是怀海的弟子。
③ 于谷:《禅宗语言和文献》,江西人民出版社1995年版,第5页。

由这两个故事我们可以看出怀让和神赞的教化智慧以及情境取譬的力量。

古代参禅的人尚不容易进入禅悟的境界，其对当代人来说更是陌生而艰难。然而，在这个物欲横生、心灵异化的时代，禅宗的超越精神无疑是给执迷不悟的人们一剂清新的良药，至少它会给身心疲惫的人些许安慰。在教学范畴，我们也可从禅宗的教化活动中获得诸多启示。首先，禅师在教化中也像儒家思想家一样，能够近身取譬，以身边的具体的事物来阐释佛理和点拨弟子。禅宗教化隐喻的特点在于它非常鲜明地体现了隐喻思维的非逻辑性，以及思维过程的跳跃性和认识产生的突发性。这集中体现在禅宗诸多的顿悟现象中。在当今教学过于注重逻辑思维的情境下，重申具有突发性和跳跃性特点的隐喻思维的价值是十分必要的。其次，禅宗情境性的教化隐喻要么立足现实情境，要么创造情境取譬，能够给受众留下深刻的印象和异常直观的启发，对我们今天的教学也具有重要的启示。再次，禅宗还认识到，隐喻虽然重要，但它是为佛理服务的。僧人法达不解《法华经》经义，慧能命其念诵并为之讲解。法达即高声念经，至《譬喻品》，慧能说："止！此经元来以因缘出世为宗。纵说多种譬喻，亦无越于此。何者因缘？经云：'诸佛世尊，唯以一大事因缘，出现于世。'一大事者，佛之知见也。"（《坛经·机缘品第七》）慧能的多种譬喻"无越于此"的言论启示我们在隐喻应用上不可本末倒置。[①]

二　《圣经》中的教化隐喻

西方现代文明孕育于两种古老的精神：一是希腊精神，二是希伯来精神。希腊的哲学理性和希伯来的宗教信仰在互动中影响着西方的社会政治和文化。在希腊传统塑造西方人善于思考、追求知识的精神的同时，希伯来传统在规范和约束西方人的品行方面发挥着积极的作用。如果说希腊哲学理性传统的思维方式以逻辑为核心的话，希伯来宗教信仰传统的思维方式则以隐喻为核心。宗教原理是奥妙高深的，为了使文化水平低下的民众感知和理解上帝的"全知、全能、遍在、永恒、自由、圣洁、公义、善良、仁慈、博爱、佳美、信实"，古犹太作家们行之有效的手段

---

① 李如密：《〈坛经〉中的教学艺术初探》，《当代教育与文化》2011年第2期。

就是借助于隐喻。因此,《圣经》中弥漫着隐喻,记载耶稣生平和言论的福音书的言论部分,甚至三分之一以上都用隐喻写成。[1]

文化学者叶舒宪将《圣经》中的隐喻分为三种类型:一是经文中具有象征意义的意象,如"混沌""禁果""十字架"等,这些意象虽源于神话传说,但对于理解犹太—基督教的教义至关重要;二是《圣经》叙述语言和对话语言中所使用的隐喻,如"神吐气如火""你的肚脐像圆杯"等;三是带有说理、劝诫或讽刺目的的隐喻性小故事,其把深奥的教理或观念用通俗的故事表达出来,如陶匠弄泥、稗子和麦子、浪子回头等。[2]

和一般语言中的隐喻相比,《圣经》中隐喻的独特性主要体现在第一种和第三种类型上。具有象征意义的意象是基督教精神的浓缩,其以具体的形承载着基督教的抽象理念,给信教者以无尽的指引和启示。《圣经》中最具影响力的意象当属"十字架"。把人钉死在十字架上是古罗马针对奴隶的一种残酷刑罚,古埃及和古波斯也都曾有过这样的酷罚。"十字架自从接纳了耶稣的圣体,便开始具有了空前的象征意义,它既可代表救世主基督本人,又成为基督教信仰的标志。信徒们用手在身前模仿十字架形状而画出的十字手势礼,可以表达信仰、祈祷、宽恕、献身或祝愿等多种宗教信息。于是,一个代表苦难的符号同时成为拯救的符号,十字架在西方文明中发展为最耐人寻味的象征。"[3]

圣经隐喻中最富有韵味的当属其中的隐喻性故事,《新约》中的隐喻故事尤多。西方学者克莱恩·R.斯诺格拉斯(Klyne R. Snodgrass)曾梳理了耶稣所使用的隐喻性故事,竟达到 40 个之多。[4] 圣经中的隐喻故事虽然是虚构的,但具有现实性基础,其多采用大众喜闻乐见的身边的事物对其进行"润物细无声"的教化。"耶稣的比喻内在地蕴含着一种出其不意的突转,其朴素的意象和叙事虽然并未超越人的语言经验,但却彻底颠覆了人的日常期待,开启了一个完全不同的灵性空间。由此,隐喻

---

[1] 梁工:《圣经叙事艺术研究》,商务印书馆 2006 年版,第 334、338 页。
[2] 叶舒宪:《圣经比喻》,广西师范大学出版社 2003 年版,引言。
[3] 同上书,第 138—139 页。
[4] 梁工:《圣经叙事艺术研究》,商务印书馆 2006 年版,第 341 页。

从一种单纯的语言现象提升为一种认知现象，为人们看待事物提供了一种全新的视角。"① "稗子的比喻"就是其中一例：

> 耶稣又设个比喻对他们说："天国好像人撒好种在田里，及至人睡觉的时候，有仇敌来，将稗子撒在麦子里就走了。到长苗吐穗的时候，稗子也显出来。田主的仆人来告诉他说：'主啊，你不是撒好种在田里吗？从哪里来的稗子呢？'主人说：'这是仇敌作的。'仆人说：'你要我们去薅出来吗？'主人说：'不必，恐怕薅稗子，连麦子也拔出来。容这两样一齐长，等着收割。当收割的时候，我要对收割的人说：先将稗子薅出来，捆成捆，留着烧，惟有麦子要收在仓里。'"（《太》13：24—30）

这个隐喻故事取材于农耕文化，充满了质朴的生活气息。其引人入胜之处首先在于其包含的两次"突转"。当仆人问是否要把稗子拔除时，田主说不必。这是第一次突转。当收割的时候，麦子收在仓里，而稗子被捆成捆用来烧。这是第二次突转。总体来看，麦子和稗子的对立贯穿于整个故事并使其具有一种张力感。麦子和稗子对立的背后隐含的其实是田主和仇敌的对立。最后麦子和稗子的不同遭遇则使该隐喻故事的主题呼之欲出，牵引着人们对其主旨的思索。基督对故事的进一步解释使故事的张力得以消失，大众也因此更明确地认识了该故事的深邃意蕴：

> 当下耶稣离开众人，进了房子。他的门徒进前来，说："请把田间稗子的比喻讲给我们听。"他回答说："那撒好种的就是人子，田地就是世界，好种就是天国之子，稗子就是那恶者之子，撒稗子的仇敌就是魔鬼，收割的时候就是世界的末了，收割的人就是天使。将稗子薅出来用火焚烧，世界的末了也要如此。人子要差遣使者，把一切叫人跌倒的和作恶的，从他国里挑出来，丢在火炉里，在那里必要哀哭切齿了。那时，义人在他们父的国里，要发出光来，像

---

① 吕艳、易蕊英：《圣经中隐喻多元模式的认知探讨》，《南华大学学报》（社会科学版）2011年第1期。

太阳一样。有耳可听的,就应当听。"(《太》13:36—43)

耶稣所讲的类似的隐喻故事很多。如"迷失的羊"(《太》18:12—13;《路》15:3—7)中牧羊人虽然手上有99只安然无恙的羊,但他仍然会暂时离开它们去寻找那迷失的一只。在惊诧中我们将会感知到上帝的博爱精神。又如"浪子回头"(《路》15:11—24)中所讲的将分得的财产挥霍一空后怀着懊悔回到家中的小儿子仍然获得了父亲的"欢迎"的故事也表达了类似的主题。这些生动、新奇的隐喻故事因其所蕴含的"突转"和张力会使受众感到"困惑",而伴随之的主动思维将使其获得对基督精神的体验和感悟。

圣经隐喻属于教化隐喻的范畴,耶稣及其弟子的对话中所蕴含的隐喻也可以被称为教学隐喻。圣经隐喻对我们今天的道德教育和教学仍有一定的借鉴价值。这主要体现在两个方面。其一,象征性意象的教化意义。圣经中广泛存在的象征性意象无时无刻不对信徒们产生潜移默化的影响。在学校教育教学中,我们也可以使用象征性意象施行教化。这种意象很可能在学生的心里烙下永恒的印迹。如有学校用"苹果"的意象表达了自己的校训,该意象象征着"智慧、成功",这种不拘一格的校训表达形式有利于引起学生的注意、激发学生的思考,并可能影响学生的行为。其二,隐喻性故事的教化意义。当前道德教学中的问题很多,其中之一就是干巴巴冷冰冰的说教以及与之伴随的德育低效问题。圣经中的隐喻性故事为我们提供了一条改善当前问题的可能路径。要求受众接受道德规范、执行道德行动并不是一件容易的事,宗教领袖们精心设计的隐喻性故事有利于晓之以理、动之以情。在教学中,如果教师能够使用具有突转、张力特点的隐喻故事来开展道德教化,将有利于激发学生的道德情感和认知,从而提高道德教育的效果。

三 与古希腊哲学逻辑的比较

上文谈到,西方现代文明来源于古希腊文明和希伯来文明。这两种文明在西方都可谓源远流长,影响深远。在中国古代长期的文化主流则是儒家思想。在思维方式上,中国传统儒家和西方犹太和基督教有诸多相似之处,其都善于通过隐喻进行道德教化。而古希腊文明则开辟了与隐喻思维迥异的逻辑思维方式。

古代中西思想家思维方式的差异在孔子和苏格拉底身上得到了明晰的体现。孔子的主要思维方式是直观的形象思维，而苏格拉底则是抽象的逻辑思维。在孔子及其弟子的对话中，多是直白的道德教化，少有的论证也是通过隐喻来表达的。如子曰："为政以德，譬如北辰居其所而众星共之。"（《论语·为政》）弟子们向孔子问何为"仁"、何为"孝"时，孔子针对不同学生的特点给予了不同的回答。与孔子截然不同，柏拉图著作中的苏格拉底在与他人的对话中非常注重逻辑思维，其产婆术的最终目的就是要达到对"善""正义"等概念性的认识。[1]

在苏格拉底和柏拉图之后，亚里士多德是西方逻辑思维研究的一个高峰。他创立了三段论推理。依据三段论推理，如果大前提和小前提都为真的话，那么结论也必然为真。如若大前提是："中国古代思想家都是有智慧的"，小前提是："M是中国古代的思想家"，并且其都为真的话，那么结论"M是有智慧的"也必为真。亚里士多德将其演绎逻辑运用于数学，创立了数学研究中的逻辑工具——公理方法。欧几里得几何正是在这一基础上发展起来的。此后以三段论为核心的演绎推理"不仅成为西方思维的基本形式，而且也成为西方科学的基本形式"。[2] 相比较而言，虽然中国古代也有墨子等思想家提倡逻辑推理，但其类推形式尚没有达到三段论演绎推理的精确性和可靠性，中国古代思维方式的主流还是取象比类。

中国取象比类思维源远流长。中国古代文人所习的字所读的书对其隐喻思维的形成影响甚重。上文提到作为封建社会主流课程的四书五经所体现的思维方式主要是隐喻的。古人学习四书五经的过程就是发展隐喻思维的过程。同时，中国文字是象形和借喻文字，中国人学习和运用文字的过程，也是发展形象思维的过程。这些都是我国古代隐喻思维特

---

[1] 在柏拉图的名著《理想国》中也有诸多隐喻。其中著名的有太阳之喻、线段之喻和洞穴之喻（第一章中已有所论及）。与孔子、孟子等思想家多以身边的具体事物作通俗的隐喻不同（庄子除外），柏拉图所使用的隐喻有两个特点：一是具有虚构性和独创性，如洞穴之喻；二是以抽象的知识为源域，如线段之喻。从隐喻本身我们也可以看出中西方思想家的思想特质的差异。

[2] 吾淳：《中国思维形态》，上海人民出版社1998年版，第281页。

点突出的关键影响因素。如何评价中国古代的隐喻思维方式呢？显然，中国传统隐喻思维具有其毋庸置疑的积极意义。哲学学者吾淳认为：

> 古代中国对于类比思维的成熟运用是非常有意义的。类比思维广泛而长期的运用使得思维保持相当大的活力。换言之，就思维自身而言，中国人所受到的限制比起希腊人来要少得多。而这种活力不仅是想象力的源泉，也是创造力的源泉。古代中国人之所以长期在文学艺术方面有着一种浪漫想象的传统，并且其成就无与伦比；古代中国之所以长期在科学技术方面保持一种发明创造的传统，并且其成就也举世无双，这在相当大的程度上都是和类比思维分不开的。①

从以上言论可以看出，无论在我国古代的文学艺术方面还是实用的科学技术方面，隐喻思维都有积极的推动作用。然而，过于依赖隐喻思维也给中华民族埋下了危机。近现代以来，当西方的演绎思维被注入了归纳和类比思维后，其焕发出了前所未有的活力，推动了西方科学和技术的飞速发展。由于逻辑思维的欠缺，近代以来我国科学的发展远远滞后于西方。当国门被西方列强用近代科学技术制造的利器打开时，国人日益开始反思我们传统的文化和思维方式。五四运动提倡白话文、推崇科学就是这种反思的缩影。

可以认为，我国知识精英们对传统文化和思维方式的反思是被迫进行的，是在救国图存的背景下产生的。就像成中英所言："今天我们所面临的是被科技决定的西方世界，欲与西方人合作竞争，解决我们自己的生存问题，必须在适当情况下对我们固有的语言和思维方式进行适当的转化。我们可以肯定我们语言与思维方式的价值，但这对于我们所要达到的目标来说还是远远不够的。"②

无疑，重视逻辑思维并对中国传统思维进行改造是十分必要的。但

---

① 吾淳：《中国思维形态》，上海人民出版社1998年版，第267页。
② 成中英：《中国语言与中国传统哲学思维方式》，载张岱年、成中英等《中国思维偏向》，中国社会科学出版社1991年版，第198—199页。

是，长期以来，在学习西方科学和理性的过程中，中国传统文化及其思维方式经常受到压抑甚至贬低。在我国当前的背景下，科学崇拜到处盛行。在教育教学领域，科学崇拜也无孔不入。在普遍强调科学至上、效率至上的背景下，隐喻思维常常受到压抑甚至排斥。然而，隐喻思维是人类思维的基本方式，无论是在科学还是在艺术中，其都是普遍存在的。对隐喻的忽视和排斥源于人们对人类思维特点和规律的无知。在当前教学过于强调逻辑思维的背景下，我们需要凸显教学中隐喻的价值。因此，上文重温教化隐喻的古老传统具有特别的意义。当代一些教育学者和教育家也已经开始重视隐喻的价值，并将其运用于教学实践中，对这些教学隐喻实践的研究将会给我们带来更多的启示。

第二节 现代教学隐喻的实践探索

上文谈到，伴随着科学对人类生产的极大推动和生活的持续改善，科学在人们心中获得了至尊的地位，科学主义的思潮也日益流行。在教学活动中，科学主义主要体现在两个方面：一是尊崇科学知识，二是迷恋教学科学化。在此过程中，儿童的思维特点常常被忽视，儿童的情感常常被冷落，儿童的想象力常常被埋没。为了避免或克服现代教学中的以上问题，一些教育学者和教育家尝试将隐喻运用于课程与教学中，积累了宝贵的经验。

一 隐喻课程的开发

在20世纪80年代，美国教育学者唐纳德·桑德斯（Donald A. Sanders）和朱迪思·桑德斯（Judith A. Sanders）对当时过于注重逻辑的教学进行了批判，并在前人研究的基础上建构了隐喻课程的模式。他们的教学隐喻思想主要来源于戈登（W. J. J. Gordon）和萨姆普斯（Bob Samples）。

戈登在20世纪60年代就已经将隐喻应用于创造性的问题解决中。他使用的策略主要有两种：一是使陌生的事物熟悉化，二是使熟悉的事物陌生化。前者通过我们熟悉的事物来认识和理解未知的或不熟悉的新事物；后者通过新的或陌生的事物来认识我们早已熟悉的事物，其将会使我们获得对已熟悉的事物的新认识。戈登的基本策略形成了三种形式的隐喻：直接类比、个人类比和压缩—冲突类比。① 直接类比是在不同的事物之间发展的类比，如汽车像风一样飞驰。个人类比是指使自己成为其他的事物。例如，假使你是暴风雨中织网的蜘蛛，暴风雨对你来说意味着什么？你将有何感受？压缩—冲突类比一般使用将其并列时会产生强烈冲突的词和短语，如易碎的盔甲象征着银行的安全状况。戈登将以上形式的类比运用于课程设计中，以激发学习者头脑中创造性的联结。

依照戈登的隐喻课程模式，当学习关于美国革命的课程时，教师可以将地球科学（火山现象）和美国革命相类比。② 教师可以首先引导学生进行直接类比："你知道什么像火山吗？""在生活世界什么生物像火山？"这些问题将会激发学生兴奋的、鲜活的和创造性的图像。学生可能做出如下的出人意料的回答："打喷嚏就像火山爆发。""章鱼就像火山，因为当受到惊扰时，它会喷出黑色的液体。"在直接类比之后，教师将引入个人类比。如"想象你是美国的殖民者，在什么意义上你像火山？""想象你是牧羊人，你对这些殖民者和英国的交易感受如何？"个人类比将会使学生在想象中获得某种真实的体验，甚至获得富有洞察力的认识。如有学生会说："我准备着爆发，一个小小的打搅将使我沸腾式的疯狂！""我想我不会被当作人来看待。"最后，教师将引入压缩—冲突类比，以揭示和深化讨论主题。教师会问："火山有权力爆发吗？""如果殖民者与割草人发生战争，殖民者将使用什么武器？"这些问题有利于引导学生整合已有的观念和主题。

可以看出，戈登基于三种形式的隐喻建构了结构性的教学方法，以激发学生主动地思维。在这一过程中，学生不是被动地接受包装好的知识，而是主动地通过类比去思考。由于个人类比的渗入，学生思考的过程不仅仅是认知的过程，其中还蕴含着个人通过想象而获得的体验和情感。在压缩—冲突类比中，学生往往会形成富有洞察力和创造性的思想，从而实现观念的飞跃。

---

① Donald A. Sanders and Judith A. Sanders, *Teaching Creativity Through Metaphor*, New York: Longman, 1984, pp. 98 – 99.

② Ibid., pp. 99 – 100.

唐纳德·桑德斯和朱迪思·桑德斯的隐喻课程模式的另一个主要的思想来源是萨姆普斯。萨姆普斯在《隐喻的智慧》(The Metaphoric Mind, 1976) 一书中提出了隐喻智慧的四种方式，分别是象征的隐喻方式、协作和比较的隐喻方式、整合的隐喻方式和创造性的隐喻方式。① 象征的隐喻方式是指各种用来取代一些物体、进程和情境的符号（无论是抽象的还是形象的），如字母、公路指示、象形文字。协作和比较的隐喻方式是指我们通过已知认识未知的方式。在日常生活以及教学中，我们无时无刻不在采用这种方式来思想、言说和交流。整合的隐喻方式需要儿童全身心地投入，它要求儿童成为想象中的物体。如教师引导学生将自己想象为毛虫，并引导其想象和体验毛虫的经历；或者引导学生将自己视为一封信，想象其经历的邮递过程。这种方式有利于促进学生对情境的感知、发展学生的同情心并可能唤醒学生的创造性视角。创造性的隐喻方式意味着允许学生打破习惯和常规，去冒不可能之险。它将使学生获得新的视角，取得令人兴奋的新的发现。

在隐喻语言学和脑科学研究的背景下，尤其是戈登和萨姆普斯的教学隐喻研究的基础上，唐纳德·桑德斯和朱迪思·桑德斯建构了其隐喻课程模型。在该课程中，他们将隐喻视为主要的教学工具，并以其为核心组织课程。这种课程通常不局限在某个学科，往往涉及几个学科，是具有广泛综合性的课程。如基于"蝴蝶活动"而展开的"变化的概念"这一课程，就涉及生活科学、历史、语言等领域。该课程主要包括三个部分：背景、方法和应用。②

（1）背景。变化是生活的本质，然而，许多人害怕变化所带来的不确定性，更乐于墨守成规。因此，在课堂教学中讨论变化的主题，使学生体验和认识到变化的价值是十分必要的。不过，在常规的学科课程中，让学生去体验变化的价值的机会是有限的。因此，以变化为主题的课程将提供给学生看待变化的新视角。

（2）方法。将隐喻方法与课程相整合具有不同的水平，可分为以下

---

① Donald A. Sanders and Judith A. Sanders, *Teaching Creativity Through Metaphor*, New York: Longman, 1984, pp. 102 – 106.

② Ibid., pp. 57 – 69.

四个层次。

水平1：注意。在这一水平，教师引导学生将要教的主题（变化的概念）与用来教该主题的隐喻（蝴蝶）联系起来。

水平2：个人化比较。[①] 在这一水平，教师引导学生以个人化的方式与蝴蝶相比较。这种比较将帮助学生获得看待自己的新视角，并获得更多的关于个人情感和价值的认识。

水平3：隐喻性互动。在这一水平，教师所引导的学生的幻想将追踪蝴蝶从毛虫到茧再到蝴蝶的历程，以隐喻性地表征"变化"的过程。这将使学生以个人化的方式与蝴蝶相联系，并体验变化的概念。

水平4：概念获得的洞察时刻。在这一水平，教师采用非常规的类比来促进概念的获得。具体内容体现在以下的应用部分。

（3）应用。在"变化的概念"课程中，教师通过类比可以使学生获得诸多涉及历史、数学、科学等的启示。如在历史方面，美国南方各州的重构时期就是茧裂开得太快，微风没来得及吹干新生蝴蝶的翅膀；学习中世纪就像学习毛虫成为茧的过程，文艺复兴就是茧的裂变。在数学方面，一道应用题（word problem）就像一个需要打开的茧一样。在科学方面，自然中的变化形式包含了茧的阶段；科学实验室就是茧，每一个研究领域的研究历程都是一次飞翔的机会。

通过以上"变化的概念"课程，我们可以获得以下两个方面的认识。其一，隐喻方法渗透于整个课程中，其是学生认知的基本方式。由于隐喻本身所具有的开放性的特点，学生通过隐喻所获得的认知能力和认知范围是无限的。在以隐喻为核心组织的综合课程中，学生获得了涉及多个学科的认识。其二，由于在该课程中综合使用了比较的、整合的和创造的隐喻形式，学生的想象力和创造力得到了释放，从而扩展了其对自身和外界的认识。在这些认识形成的过程中也蕴含着学生丰富的情感体验，尤其是在学生幻想作为蝴蝶的自己从毛虫到茧再到蝴蝶的艰难历程时，其中的情感体验更是异常真切而丰富。这些体验将使学生切身感受到变化意味着什么。与枯燥无味的纯知识和逻辑的分析相比，这种课程

---

① 在这一水平，学生应该已经在一定程度上熟悉蝴蝶这种动物，并且理解他们将使用它去学习一些新的东西。

形式无疑是有趣的，而且其更能够使学生体验到"变化"的丰富内涵。这启示我们以隐喻方法为核心的综合课程能够切实地联系学生的个人经验，是培养学生想象力和创造力的有效方式。

各种隐喻形式也可以运用于常规课程中。如有教师在教授关于动物社区的课程时，首先提供有关食物链的知识，然后引导学生观察挂在教室中的风铃，并描述它的各部分是如何组合在一起的，接着引导学生想象自己就是风铃，并要他们描述在风中摆动时他们的感受以及如果一根线断了，他们觉得怎么样？这些引导将促进学生对风铃与动物社区的相似性的思考。如"风铃的每个元素如同单个的动物。将各元素维系在一起的线如同动物和食物间的联系。如果拿走其中一个元素，整个风铃就失去平衡"。随后，学生们可以回到动物社区的讨论上并开发他们自己的类比。① 这些类比可以使其以创造性的方式来加工信息，教师也可以从这些类比中了解学生对所教知识的理解程度。

除了将各种隐喻方式以一定的序列纳入教学结构中，这些隐喻形式还可以单独在教学中依据需要而使用。如戈登所言的个人类比（萨姆普斯称之为整合的隐喻方式）在促进学生的认知和培养学生的同情心方面都有广阔的应用价值。将自己想象为特定情境中的某样东西，将使学生获得看待事物的新视角和更深刻的理解。同时，学生将自己视为他物，有利于其对他物境遇的切身体验，从而产生同情等情感体验。如学生将自己想象为暴风雨中织网的蜘蛛时，就有利于其同情和理解蜘蛛的艰难处境。

二 教育家的隐喻智慧

与以上将隐喻作为组织课程的核心不同，一些教育者将隐喻方式渗透于自身的教学中，以培养学生的隐喻思维以及相关的想象力和创造力，体现了卓越的教学智慧。苏联教育家苏霍姆林斯基和我国教育家李吉林是其中的杰出代表。

---

① ［美］A. J. 斯塔科：《创造能力教与学》，刘晓陵、曾守锤译，华东师范大学出版社2003年第2版，第159—160页。

（一）苏霍姆林斯基的隐喻智慧

苏霍姆林斯基注重在教学中培养学生包括隐喻思维在内的形象思维源于其对儿童思维特点的认识。他认为，儿童用形象进行思维。"只有当出现在儿童面前的形象，或者是直观的现实形象，或者是描述得非常鲜明，使儿童好像看得见、听得着、触得到的语言形象时，作为思维实质的思考转换才有可能进行。"① 因此，苏霍姆林斯基主张教师在教学中不能将儿童抽象化和理想化，要理解儿童对世界的感知。在自身的教学中，苏霍姆林斯基非常注重呵护和培养儿童的形象思维。当6岁的儿童尚未开始小学学习时，他就将他们带入大自然中，引导其在大自然中观察、体验和表达。他认为，在大自然中发展儿童的思维是儿童思维发展特点的要求，在大自然中的每一次游历都是发展儿童智力的思维课。

苏霍姆林斯基经常带领孩子们在大自然的情境中自由幻想、编作童话、创作绘画乃至诗歌。他认为，这些活动是通向儿童心灵的正确道路，在这些活动中儿童会不断地观察和体验周围的世界，并逐步成长为会思考和探索的有智慧的人。

在培养儿童的想象力和创造力的过程中，苏霍姆林斯基非常注重对儿童隐喻思维的引导和呵护。如在山冈上，当天空中飘浮来一块奇异的云，他适时地说："孩子们，看这块云像什么？"许多孩子争先恐后地回答：

> "这是戴草帽的牧羊老爷爷，还挂着一根棍子"，瓦利娅说，"你们看，他旁边还有羊群。前头是一只卷犄角的老羊，后面跟着一些小羊羔……老爷爷挎着一个布袋，有什么东西还露在口袋外面"。
>
> "这不是老爷爷"，帕夫洛不同意，"是大雪人，就像我们冬天堆的那个雪人一样。看，手里还拿着扫帚。头上根本不是草帽，而是水桶"。
>
> "不是，这不是雪人，是干草垛"，尤拉说，"草垛上是两个牧人拿着大叉。你们看，他们在往下扔草，下面停着一辆大车。这哪儿

---

① ［苏］苏霍姆林斯基：《育人三部曲》，毕淑芝等译，人民教育出版社1998年版，第34页。

是老绵羊,不是羊,是车。那是车弓,不是犄角……"

"这是个很大的大兔子。我梦见过这样的兔子。下面也根本不是车,而是兔子尾巴。"

……①

关于"云像什么",没有标准的答案。孩子们从自己的视角和体验出发,激动地表达着自己的认识,教师静静地听着,没有任何的评论。在这种情境中,孩子们的想象力也像云儿一样自由。

在一次黄昏时刻,苏霍姆林斯基仅仅提到"傍晚的薄暮和夜晚的昏暗如同河流从遥远的山谷和树林漂浮过来",孩子们就想象出了"薄暮"和"黄昏"这两个童话人物。其中,萨尼娅讲:

他们俩住在森林那边很远的一个山洞里,白天他们下到很深很深的漆黑山谷里睡觉,还在睡梦中叹气……只要太阳一回到他那神秘的花园里,他们就从洞里出来。他们的大爪子上长着软软的毛,因此走起路来谁也听不见。"薄暮"和"黄昏"是善良的、和蔼温顺的,不欺负任何人。②

在教师的隐喻性话语的影响下,萨尼娅创作了这个生动的童话故事。这个故事充分体现了儿童以己(人)度物的思维方式。儿童创作的童话张扬着他们的想象力,其在幻想各种形象的时候,也在发现美和真理。苏霍姆林斯基认为,童话不但不会阻碍儿童对真正自然规律的认识,反而有助于认识。孩子们非常懂得童话所创造的意象在现实中是不存在的。"但是如果孩子们缺少了这些,如果他们体验不出善与恶的斗争,感受不到童话中反映的是人关于真理、荣誉、美好的观念,那么他们的天地将会是狭隘的,不舒适的。"③

---

① [苏]苏霍姆林斯基:《育人三部曲》,毕淑芝等译,人民教育出版社1998年版,第40—41页。
② 同上书,第36页。
③ 同上书,第74页。

在教学中，苏霍姆林斯基像保护娇嫩的花朵那样呵护儿童的思维，而不以成人惯常的知识和思维方式来评价和压抑儿童的思维。他看到科利亚在其画本里画了一棵苹果树，果树上方挂着一弯新月，周围布满了小星星，在好奇心的驱动下与这个孩子进行了如下的对话：

"苹果树上空是些什么星星？"我问科利亚。"这不是星星，"科利亚说，"这是从月亮上往果园里洒落下来的银色火星。月亮上不是也有巨人铁匠吗，是不是呀？""当然有。"我回答说。……①

从以上对话可以看出，苏霍姆林斯基没有像上文中提到的教师那样以所谓的科学立场给儿童以否定的回答，而是肯定了儿童的想象，他甚至为儿童的想法而感到惊喜。

苏霍姆林斯基不仅尊重和呵护儿童的思维，还能够自觉地对自身成人的思维方式进行反省，从而以儿童的眼光来理解儿童。他看到拉里莎在画巨人铁匠，自己也开始画。他认为自己画得不错，和现实中的非常相像。然而，孩子们的目光却被拉里莎的画所吸引。她画的巨人铁匠蓬松的头发周围闪耀着火星四射的光彩，胡须似火舌狂卷的火焰一般，巨大的铁锤几乎比人头还大上一倍。在仔细地观看这个小女孩的画后，苏霍姆林斯基认识到，儿童有自己看世界的眼光和思维方式，我们不能用成人的知识和思维方式来评判儿童。

他在与低年级教师的交流中提出，教师向孩子传授比例、透视、相称规律等知识是很好的，但同时要为孩子的幻想提供广阔的空间，切不可破坏他们观看世界的那种童话语言。② 在苏霍姆林斯基的教育滋养下，这些孩子从6岁就开始创作童话和绘画，他们的想象力和创造力得到了爱的呵护和培育。在小学阶段，在阅读和创作童话、诗歌、短文中，儿童的思维得到了进一步的发展。在小学四年间，所有学生都编写了四五十篇短文，而早在三年级时，就有许多人开始写诗。苏霍姆林斯基的著

---

① ［苏］苏霍姆林斯基：《育人三部曲》，毕淑芝等译，人民教育出版社1998年版，第56—57页。

② 同上书，第57页。

作中记录了学生大量的作品，许多作品体现了儿童独特的隐喻智慧。如舒拉在描写啄木鸟的短诗中体现了她不同寻常的想象力和创造力。

> 松树的皮层下有一千根弦，
> 啄木鸟停在松树的树顶上。
> 它用喙啄着上面的弦，
> 勉强听得见弦发出声响。
> 靠太阳愈近——弦愈细，
> 而靠近地面，弦已不像弦。
> 靠近地面钟声低鸣，
> 铜钟——就在红色的树皮下。
> 啄木鸟在跳跃，发现了弦，
> 它用喙啄，弦发出声响……
> 森林在歌唱，可啄木鸟已在
> 寻找另一根弦了。①

苏霍姆林斯基的教学隐喻智慧有三点值得我们学习。第一，教师自身具有卓越的隐喻能力。从苏霍姆林斯基的著作中我们就可以体会到其天才般的隐喻智慧。在其教学中，他的隐喻智慧和想象力总能够激发儿童的隐喻思维和想象力。第二，在情境中激发儿童的隐喻思维。苏霍姆林斯基将儿童带到蓝天下，带到大自然中去观察和体验，并引导儿童用其他事物来描绘、理解和表达眼前的事物，以自由地发挥其想象力和创造力。第三，在创作中发展儿童的隐喻思维能力。苏霍姆林斯基认为，如果儿童有自己的作品，他们就会更加喜欢各种文学和艺术形式。在儿童创作童话、诗歌、绘画和短文的过程中，其隐喻思维和其他思维能力都得到了切实的发展。

（二）李吉林的隐喻智慧

和苏霍姆林斯基一样，我国教育家李吉林在教学中也非常注重培养

---

① ［苏］苏霍姆林斯基：《育人三部曲》，毕淑芝等译，人民教育出版社1998年版，第235页。

儿童的隐喻思维。她对长期以来盛行的应试取向和灌输式的教学模式进行了批判。在应试的泥潭中，教师和学生都被戴上了枷锁。教师的教学始终在考试的框架之内，在应试的逼压下儿童的活力和灵光受到了极大的束缚和侵蚀。应试背景下"课上分析+课后练习"的教学模式给学生带来的仅仅是碎片化的理解。它消解了学生个体的思考和欣赏，更压抑了儿童的想象力和创造力。

　　针对以上弊端，李吉林经过长期的探索，提出了情境教学的理念，"情境教学正是通过儿童在学习祖国语言，包括词语的学习、修辞手法的运用、篇章的训练以及创造性表达、想象性作文方面，也就是在儿童学习和运用祖国语言文字的过程中，发展儿童的思维，培养创造性"①。情境教学理念的提出，在很大程度上源于李吉林对儿童思维特点的把握。她认为，儿童的思维总是伴随着形象，在他们的眼里许多事物都是有生命的。在各种修辞手法中，儿童接触最多的当属比喻和拟人。这两种修辞手法有利于激发儿童的想象，并促进其形象思维的发展。李吉林还强调指出："修辞手法的教学，并不是简单地教给儿童修辞手法的知识，而是把修辞手法的运用和语言的训练结合起来，在情境中运用，在情境中巩固、内化。这样，修辞手法对于儿童来讲，就不是一种外在的技能，而成了他认识世界、描述世界的一种方式，一种内在的需要和能力。"②

　　李吉林的以上言论有两点值得我们注意。其一，和许多教师不同，她已经不仅仅将比喻、拟人视为一种修辞手段，还将其视为儿童认识世界、描述世界的一种方式。这已经蕴含了隐喻的认知观点。其二，将修辞手法的运用与情境中的语言训练相结合。这一点和苏霍姆林斯基有相似之处，也是李吉林情境教学的一个重要特征。在教学实践中，李吉林切实地贯彻了她在情境中培养儿童思维的观点。

　　面对情境中鲜活的形象，儿童的想象力也会放飞。当李吉林将儿童带到野外，看到沾着露水的野花，有孩子说："小露珠给野花戴上了珍珠项链，在阳光下晶亮而圆润。"③ 这是多么富有想象力和诗性智慧的语言

---

① 李吉林：《李吉林与情境教育》，北京师范大学出版社2005年版，第62页。
② 同上书，第62—63页。
③ 同上书，第38页。

啊！仅仅局限在课堂上，儿童是很难产生这样的语言的，辽阔的野外赋予了儿童广阔的想象空间。

在创造情境的同时，李吉林非常注重有目的、有计划地引导和激发儿童基于情境的想象力和创造力。一次，她带孩子们去农村拔萝卜，看到有的萝卜部分块根露在土外，就连忙指给学生看，并问："你们猜，地下的萝卜想做什么？"孩子们争先恐后地发表看法。有的说："我知道，它大概在泥土里太闷了，想出来透透新鲜空气。"有的说："它好像在对我说，'请帮助我出来吧！'"儿童的隐喻性的话语，不仅活跃了思维，而且激发了劳动的积极性。在教师的引导下，全班所有孩子在随后的《萝卜娃娃看到了田野》观察说话中都使用了拟人的修辞手法，不少人还使用了比喻。①

李吉林的情境思维教学理念在想象性作文教学中得到了更充分的体现。当带领孩子在野外观察过野花之后，她引导这些三年级的学生以"我是一棵蒲公英"为题进行想象性口头作文。②在分部分作文的过程中，学生们就表现出了非同寻常的想象力和创造力。最后 D 同学对大家的分部分作文进行了综合：

> 我是一棵蒲公英，家在小河旁。我的叶子又嫩又绿向四面展开，淡红色的茎把我的"小脸蛋"轻轻地托起，我开着一朵金黄色的小花，远远看去像一个小金盘。
>
> 我的姐妹可多啦！白色的米粒大的荠菜花，随风摆动的知风草，喇叭似的紫薇，她们都是我的姐妹。我们生长在土壤妈妈的怀抱里，妈妈给我们养料，阳光给我们温暖，我们就慢慢长大。勤劳的小蜜蜂，爱打扮的花蝴蝶，她们都是我的常客。一阵风拂过，我们站起来舞蹈，小河水哗啦哗啦地流着，好像在为我们伴奏呢！小鱼跳出水面，要看看这愉快的场面。风停了，我们停止了舞蹈，又开始讲

---

① 李吉林：《李吉林与情境教育》，北京师范大学出版社 2005 年版，第 63 页。
② 教师指引学生们将自己视为一棵蒲公英，并对口头作文的内容、顺序和中心思想进行了具体的指导。然后，教师要求学生分部分口头作文，在发言的同学结束后，其他同学和教师对其发言进行评价和修改。

故事。

　　有一天，土壤妈妈对我说："孩子，你长大了，该安家落户去了。"第二天早晨，我起得特别早，妈妈心疼地说："孩子，只要在我的怀抱里，你就能生根、发芽、开花。"我告别了兄弟姐妹，拉着风伯伯的衣角，带着一把小伞飞起来。我飞在天空中，抬头往上看，蓝蓝的天空，飘着朵朵白云；低头往下看，山路崎岖蜿蜒，小溪水淙淙地流着。我飞过田野，来到一座荒山上。

　　过了几个月，我开了一朵金黄色的小花。一天，我遇到一阵暴风雨，雷声紧跟着闪电向我袭来。我牢牢记住妈妈的话，只要把根深深地扎在妈妈的怀抱里，我就什么也不怕。

　　我傲然挺立在风雨之中，暴风雨不断地袭击着。不久，雨过天晴，太阳出来了，我的身上挂满了小水珠，金色的阳光洒在山冈上，我的姐妹越来越多了，我们又开始了新的生活。[①]

　　这篇口头作文体现了隐喻与逻辑的融合。在言说的顺序上，其介绍了蒲公英自身、家人、客人以及自己安家落户的过程，具有较好的逻辑性。在表达方式上，其主要是隐喻性的，"我是一棵蒲公英"是这篇作文的根隐喻，文中还使用了大量的拟人和比喻，体现了丰富的想象力。该文是全班同学在教师的引导下共同取得的成果。教师引导学生们确立了言说的核心意象、中心思想以及表达的顺序，在有学生对各部分内容进行表达的时候，其他同学不断地提出修改意见，贡献着自己的智慧。在智慧课堂生成的过程中，孩子们的思绪也跟着蒲公英在飞，享受着思想的自由和快乐。

　　李吉林在批判传统教学弊端的基础上，进行了情境教学的实验。她对儿童隐喻思维的培养策略是其情境教学的重要组成部分。其诸多的举措，如注重在情境中激发儿童的隐喻思维、注重教师在其中的引导作用、发挥学生集体的智慧等具有广泛的借鉴意义。

[①] 文中的内容根据课堂中其他同学的意见做了两处小的修改。具体参见李吉林《李吉林与情境教育》，北京师范大学出版社 2005 年版，第 265—274 页。

第八章

教学隐喻在教学实践中的应用

通过以上对中西教育家隐喻实践的梳理，我们获得了诸多的启示。这些启示涉及教学中隐喻使用的目的、形式、原则、方法，等等。然而，总体来看，这些实践及其启示基本上是零星的，尚没有形成一个有序的具有普遍意义的理论体系和操作思路。虽然西方现代的隐喻课程建构了有序的操作模式，但作为一种综合课程，其仅仅可以作为学科课程的有益补充，而不可能成为中小学课程的主导形式。因此，对学科教学中运用隐喻的基本思路的探究将更具有普遍的应用价值。然而，当前我国学科教学实践中的隐喻研究基本上局限在狭隘的教学层面，对课程中隐喻的存在形态以及学生的隐喻能力等问题鲜有深入的研究。这种技艺化的研究取向更多地将隐喻视为一种使学生理解和掌握知识、技能的方法，其不仅难以提升学生的隐喻能力，还可能会陷入知识教学的泥潭。因此，我们需要全面地释放教学隐喻在学生的认知和情感，尤其是想象力和创造力方面的价值。

基于现实中的教学问题、当前的研究现状和问题以及历史上的教化和教学隐喻经验，笔者尝试建构了以课程—教师—学生为基本架构的教学隐喻应用框架。首先，作为人类思维的基本方式，隐喻弥漫于人类文化中。作为文化精髓的中小学课程中蕴含着丰富的隐喻，这些隐喻具有重要的教学意义。其次，教师自身的教学隐喻智慧至关重要。对教师隐喻智慧的养成路径以及教师运用教学隐喻的基本思路进行探讨，可以为教师提供一个参考框架。最后，教师不仅应是知识的提供者，还应是学生思维的引路人。学生隐喻能力的提升是教学隐喻应用的旨归。在认知隐喻研究的背景下，从这三个方面对教学隐喻在教学实践中的应用进行探讨，会更有利于实现教学隐喻的可能价值。

第一节 课程中的隐喻及其教学意义

隐喻作为一种基本的认知和表达方式,弥漫于人类的语言、文学和科学等文化活动中。这样一种广泛存在的认知和文化现象,也必然广泛地存在于中小学课程①中。这些存在不仅包括教科书文本中的隐喻,而且包括课程标准以及教科书对隐喻的一些认识和说明。中小学所设学科门类众多,而且不同学科之间差异明显,因此无论是将其纳入一个框架来论述,还是逐个学科进行论述都是不适当的。前者显得过于抽象而僵硬,后者则显得过于庞杂。因此,下文主要以义务教育语文课程和科学课程为依托②,分析课程中的隐喻及其教学意义。

一 语文课程中的隐喻

21世纪以来,义务教育语文课程标准③和教科书④淡化了对修辞知识的系统教学,主张在教学中基于实例进行点拨和指导,使学生在阅读和表达中形成良好的语感和语言应用能力。课程标准仅仅在附录的语法修辞知识要点中列出了比喻、拟人等。小学语文教科书基本没有呈现关于比喻、拟人的知识,只是结合课文内容,引导学生体会相关句子的妙处,以及运用这些修辞进行说话和造句。在初中教科书中,一些课文练习题捎带地提到了比喻。⑤ 在这些星星点点的论述中,已

---

① 这里的课程是从狭义的层面讲的,主要指课程标准和教科书等。

② 之所以以语文课程和科学课程为依托,主要是因为这两门课程代表了中小学课程中差异明显的两种类型。对这两门分别对应于人文和科学的课程进行探讨,会具有一定的普适意义。

③ 《全日制义务教育语文课程标准(实验稿)》(2001年版)、《义务教育语文课程标准》(2011年版)。

④ 本书所考察的对象是21世纪以来出版的中小学语文教科书。1—6年级语文教科书由江苏教育出版社出版。7—9年级语文教科书由人民教育出版社出版。下文中所涉及的语文教科书中的隐喻案例的出处将以简写的形式在正文中夹注,如三年级《语文》上册,简写为"三上"。

⑤ 如"比喻,就是在描写事物或说明道理时,用同它有相似点的别的事物或道理来打比方,使描写生动形象,说理通俗易懂。比喻通常都有本体和喻体,本体是被比喻的事物,喻体是用来比喻的事物。本体和喻体之间常用比喻词'像''像……一样''似的'等来连接。这种比喻叫明喻"(七上);"有些事情很难描摹,打个比方,就容易讲清楚,而且显得生动活泼,很有趣味"(七上)。又如说明文的课后练习中提出打比方是说明文常用的一种说明方法(八上)。

经显示了比喻的重要功能。只是由于秉持传统的修辞观，课程标准和教科书鲜有对与比喻具有共同本质特征的类比、拟人、象征、寓言等的论述，更没有将其放到一起作为人类认知和表达的基本方式来看待。

事实上，隐喻广泛地体现在词、句、篇各层面上。隐喻是词义扩展和新词建构的重要方式。词语基本上都有多重意义，但其首先有一个本义，本义往往是具体的形象的，基于本义的隐喻义促进了词义的扩展。如"推敲"一词诞生于唐代诗人贾岛写诗炼字的典故。在写《题李凝幽居》一诗（五上）时，贾岛曾辗转反复于用"僧敲月下门"还是"僧推月下门"。在"敲"和"推"的变换中体现了贾岛的琢磨精神。后来"推敲"被用来隐喻做文章或做事时，反复地琢磨和斟酌①。又如当前的"互联网"一词是基于一般网的词义隐喻性地建构的（四上）。这样的例子俯拾皆是，数不胜数。只是随着人们对这些词的频繁使用，其隐喻性逐渐磨损，演变为常规隐喻，人们甚至忘却了其隐喻的本性。句子和篇章层面的隐喻渗透于各种表达方式中。表达方式包括叙述、描写、抒情、说明、议论等。对哪种或哪些表达方式的选择和应用影响着文学的体裁和文章的体裁。文学体裁包括诗歌、散文、小说和戏剧，其往往具有虚构的意味。文章体裁包括记叙文、说明文、议论文、应用文，其一般具有实用的价值。渗透于各种表达方式中的隐喻广泛地体现在各种文学体裁和文章体裁中。

（一）文学体裁中的隐喻

儿歌和儿童诗是儿童文学的重要体裁。它们都具有启迪儿童心智、滋养儿童情感、发展儿童语言的价值。和一般的诗歌相比，儿歌和儿童诗更多采用隐喻的手法，其尤注重使用生动、形象、活泼的语言来实现教育儿童的目的。在低年级语文教科书中我们可以发现大量的儿歌和儿童诗。随着年级的增长，教科书中开始呈现更多的古体诗和现代诗。

抒发情感是诗歌的根本指向。因为情感常常是微妙的，难以言说的；有时又是不便直接表白的，所以其往往需要用隐喻来间接地传达。元代

---

① 事实上，这里所言的琢磨和斟酌也都是隐喻性的词语。

王冕的《墨梅》①（六下）、明代于谦的《石灰吟》②（六下）都隐晦地表达了作者不媚世俗、洁身自好、坚守清白的思想感情。

　　隐喻在传达微妙的情感方面具有更积极的作用。如"愁"是一种情感和情绪状态，其不可名状，难以言说。许多诗人通过隐喻形象地表达了自己的哀思。五代南唐后主李煜在《相见欢》中写道："无言独上西楼，月如钩。寂寞梧桐深院锁清秋。剪不断，理还乱，是离愁。别是一般滋味在心头。"（八下）在《虞美人》中，他还写道："问君能有几多愁？恰似一江春水向东流。"李清照在《武陵春》中云："闻说双溪春尚好，也拟泛轻舟。只恐双溪舴艋舟，载不动许多愁。"（九上）在描写自己的愁绪时，李煜将"愁"比作有形状和有数量的东西，生动地表达了一个亡国之君无穷的哀怨。李清照则将"愁"比作有轻重的物体，表达了其中年孀居内心深处的苦闷和忧愁。当代诗人余光中在《乡愁》一诗中，分别用"小小的邮票""窄窄的船票""矮矮的坟墓""浅浅的海峡"等意象表达了自己从小时到"现在"的"乡愁"，体现了海外游子绵长的思乡情怀。（九下）

　　散文是最自由的一种文体，形式自由、写法灵活是它最大的特点。在表达方式上，散文可以将叙述、描写、抒情、议论相互交融，也可有所侧重。在各种类型的散文中，隐喻都广泛地存在着。如先秦诸子的著作多是议论性的说理散文，隐喻在这些著作中成为论说的重要方式。③ 唐代刘禹锡的《陋室铭》（八上）则是运用了多种表达方式的散文。其名句"山不在高，有仙则名。水不在深，有龙则灵。斯是陋室，惟吾德馨"隐喻性地点出了文章的主题，表现了作者高洁傲岸、安贫乐道的情操。北宋学者周敦颐的《爱莲说》（八上）是一篇兼具描写的议论散文。作者通过对莲之"出淤泥而不染，濯清涟而不妖，中通外直，不蔓不枝，香远益清，亭亭净植，可远观而不可亵玩焉"的描写，以及将莲与菊、牡丹的对比，表现了莲之气度和风节，也隐喻性地传达了作者洁身自好、不媚世俗的精神。

---

① 《墨梅》：吾家洗砚池头树，个个花开淡墨痕。不要人夸好颜色，只留清气满乾坤。
② 《石灰吟》：千锤万凿出深山，烈火焚烧若等闲。粉身碎骨全不怕，要留清白在人间。
③ 在第七章我国古代儒、道的教化隐喻中就可见一斑。

现代散文中许多精微传神的描写都使用了隐喻的表达方式。如朱自清的《春》（七上）是一篇精美的写景散文，文中弥漫着的比喻和拟人生动形象地传达了春的气息，极富感染力。

小说是通过对人物、故事情节和环境的描写反映生活、表达思想的一种文学体裁。叙述和描写是小说基本的表达方式。和散文中的描写一样，小说中的描写也必然经常采用隐喻的表达方式。与小说一样，具有故事特点的童话和寓言由于其自身的特点，更加依赖于隐喻的表达方式。

童话是儿童文学的一种重要体裁。它富有想象和幻想，常用拟人、象征、夸张等手法塑造形象，适应了儿童的思维特点。在童话中，万事万物都是有生命的，都和人一样能够说话，具有喜怒哀乐。在小学教科书尤其是低年级教科书中有大量的童话。这些童话都以拟人或象征的方式传达知识或对儿童进行道德教育。如《蚕姑娘》（二下）讲述了小蚕成蛾的过程，《猴子种果树》（二下）规劝儿童要专心致志，持之以恒。寓言故事通常是一个篇章隐喻，它往往通过简短的小故事来间接地传达思想。语文教科书中同样存在诸多寓言故事。这些寓言反映了人们对某种社会现象的揭示，通常具有讽刺和劝诫性质，如《狼和小羊》《狐狸和乌鸦》（二上）分别揭示和讽刺了社会上凶狠霸道和狡猾贪婪的现象，《滥竽充数》（五上）则辛辣地讽刺了无真才实学、弄虚作假的人。

除了诗歌、散文和小说，戏剧也是文学体裁的一种基本类型。文学领域中的戏剧实指戏剧文学。戏剧文学的语言具有口语和诗化的特点，经常使用成语、谚语、歇后语，而其人物的造型和动作也经常具有隐喻的意味。

（二）文章体裁中的隐喻

与允许虚构塑造艺术形象的文学作品不同，各种文章体裁更强调实用性。记叙文在写人记事和写景状物时，虽然以叙述为主，但也会用到描写、抒情、议论等表达方式。这也必然关涉隐喻性的表达。鲁迅的记叙文如《从百草园到三味书屋》《藤野先生》都非常简练，在其中我们还是可以发现一些在描写和议论时所使用的隐喻。如鲁迅在《从百草园到三味书屋》（七下）中描写泥墙根一带的乐趣时，使用了诸多隐喻性的语言，来表达油蛉和蟋蟀的叫声，来描述木莲果实、何首乌根以及覆盆子的形状。这也说明即使在简练的语言表达中，我们也难以避免使用隐喻，否则很多事物是很难表达清楚的。记叙文中还有许多关于科学技术题材的文章。这些文章记叙了科学发现和技术发明产生的过程，而隐喻思维正是这些发现和发明的动力。存在于语文教科书中的科学隐喻①尤其引人关注。

说明文是抓住事物的特征，说明其形状、性质、特点、功能、成因等方面内容的文章。隐喻是一种重要的说明方法。当我们很难用语言来表达某个事物的形状、性质、功能或为了让受众理解要说明的事物时，隐喻便派上了用场。在小学中年级语文教科书中就出现了简单的说明文《奇妙的国际互联网》。在说明国际互联网的概念时，其做了如下隐喻性的表达：

> 我们经常会听到人们谈论"入网""上网"的话题，你知道他们所说的"网"是怎么回事吗？其实，这种"网"不是一般的网，而是指国际互联网。你可以想象一下，假如有一只巨型的蜘蛛，织成了一张团团包住整个地球的"大网"，那该是怎样的情景啊！国际互联网就像这张包住地球的"大网"。不过，这张"网"是通过无数条"线"把亿万台电脑连接起来的。这些"线"有的是看得见的电缆、光缆，也有的是看不见的无线电波。这些"线"上飞速流动着文字、图像、声音，它们能够在几秒钟内跨过万水千山，传到世界各地的电脑上。（四上）

通过日常生活中的网尤其是蜘蛛网的概念，上文生动地说明了互联网的形状、性质和特点。茅以升在《中国石拱桥》中介绍石拱桥的形状时，使用了一些隐喻，如"石拱桥的桥洞成弧形，就像虹"，赵州桥的"桥洞不是普通半圆形，而是像一张弓"。在描述卢沟桥上不同姿态的狮子时，他形象地写道："这些石刻狮子，有的母子相抱，有的交头接耳，有的像倾听水声，有的像注视行人，千态万状，惟妙惟肖。"（八上）这些意象显然有利于读者直观地把握石拱桥以及狮子的形态。叶圣陶在《苏州园林》（八上）一文中将苏州园林比作为图画。整篇文章都围绕这

---

① 详见下文"课程中的隐喻的教学意义"部分。

一核心隐喻展开，使我们直观地感受到了苏州园林独特的美。

议论文是对某个问题或事件进行分析并发表看法的文体。论点、论据和论证是议论文的三要素。隐喻论证是论证的一种重要方式。它通常通过人们熟悉的事物来类比要言说的事物。这样的论证方式通俗易懂且更容易被人接受。英国哲学家培根的《谈读书》一文（九上）娴熟地使用了隐喻论证的方式。如在论述读书和经验的关系时，他说："读书补天然之不足，经验又补读书之不足，盖天生才干犹如自然花草，读书然后知如何修剪移接；而书中所示，如不以经验范之，则又大而无当。"在论述读不同的书要有不同的策略时，他说："书有可浅尝者，有可吞食者，少数则需咀嚼消化。换言之，有只须读其部分者，有只须大体涉猎者，少数则须全读，读时须全神贯注，孜孜不倦。书亦可请人代读，取其所作摘要，但只限题材较次或价值不高者，否则书经提炼犹如水经蒸馏，味同嚼蜡矣。"此外，他还通过隐喻论证了读书在开发人的才智方面的价值。这些隐喻的源域都是人们熟悉的日常生活事物，基于此的论证通俗晓畅，具有较强的说服力。

二　科学课程中的隐喻

在语言和文学中，隐喻是一种重要的认知和表达方式。在科学领域，隐喻也发挥着重要的认知和交流功能。然而，科学类课程标准对作为重要认知和交流方式的隐喻几乎没有任何陈述，这不能不说是一种欠缺。[①]不过，在教科书[②]中我们还是发现了大量的隐喻，这也恰恰证明了隐喻是我们基本的思维和言说方式。

为了对科学教科书中的隐喻形成条理化的认识，我们有必要对其中的隐喻进行分类。在科学教科书中，除了紧密地以科学问题为主题的科

---

①　无论是当前的小学科学课程标准，还是初中物理、化学、生物课程标准都非常强调对学生科学思维和方法的培养，甚至课程标准中还专设科学探究栏目。科学探究的过程一般包括提出问题、猜想与假设、设计实验与制订计划、进行实验与收集证据、分析与论证、评估、交流与合作等。其中，在科学探究的猜想与假设以及科学的交流中隐喻都发挥着积极的功能。

②　本书所考察的对象是人民教育出版社 21 世纪以来出版的中小学科学教科书。下文中所涉及的科学教科书中的隐喻案例的出处将以简写的形式在正文中夹注。如三年级《科学》上册，简写为"《科学》三上"；八年级《物理》上册，简写为"《物理》八上"。

学隐喻,还有一些具有一般语言特征甚至是文学色彩的隐喻,这些隐喻可被称为人文隐喻。在科学隐喻的范畴内,依据隐喻的使用主体,其可分为科学史上科学家使用的隐喻和教科书编写者使用的隐喻;依据隐喻的源域,其可分为自然隐喻、生活隐喻和学科隐喻。

(一) 人文隐喻与科学隐喻

在科学教科书的文本表述中,不仅有抽象的、客观的科学语言,而且有形象的、主观性的人文语言。虽然科学课程的核心内容是科学知识、科学方法和科学精神,但科学课程中与这些内容没有直接关系的人文语言至少丰富了科学课程的形象,增添了科学课程的趣味性。科学课程中的人文隐喻鲜明地体现了这一特征。虽然科学课程中的人文隐喻并不多见,然而,通过对教科书审慎的分析,我们还是能够有所发现。人文隐喻主要体现在教科书章与节的引言中。如《蓝色的地球》的前言说:"我们考察来到家乡的小河,河水哗哗唱起欢迎的歌。"(《科学》四上)《光与颜色》的开篇说:"雨后的天空,有时可以看到一道彩虹。它色彩绚丽,犹如一座用鲜花编织而成的天桥。"(《科学》四下)初中物理教科书每一章的引言都洋溢着文学的色彩,也都富含着隐喻。如"光现象"一章的引言犹如语文教科书中的语言:

> 节日的夜晚,随着礼花炮声的阵阵轰鸣,空中的礼花上下飞舞,色彩斑斓,千姿百态,有的似蛟龙狂舞,有的如天女散花,它们争着、抢着向人们展示自己美丽、漂亮的身影;街道两旁、楼房周围的彩灯将地面映得通红。整个城市被这姹紫嫣红、五颜六色的礼花、灯光装点成了光的世界。(《物理》八上)

在教科书文本的正文中也存在着一些日常的人文隐喻,如将噪声比作为"隐形杀手"(《物理》八上);在介绍废电池与环境保护的内容时,提出世界上许多国家对电池都实现了"从摇篮到坟墓"的全过程管理(《物理》八下)。

毫无疑问,科学教科书中的隐喻更多地属于科学隐喻,其以科学问题为主题。从内容指向来看,科学隐喻涉及概念、形态、大小、原因、关系、功能与机制等方面。就像日常语言中的许多概念是隐喻性的一样,科学领域中的许多概念，如"功""声波""电磁波""食物链""食物网""细胞壁""细胞膜""细胞核""干细胞"等也是隐喻性建构的。这些隐喻性概念是科学教科书中隐喻的重要内容。只是由于我们在使用这些概念时更多地关注了其实际内涵，忽略了其形成的隐喻性机制。除了隐喻性概念，科学教科书中还有许多说明形态、大小、功能，解释某种关系、原因和机制的隐喻。其中主要和典型的案例，如表 8—1 所示。

表 8—1　　　　　　　　科学教科书中的科学隐喻

内容指向	隐喻案例
概念	根据生物之间这种吃与被吃的关系，我们可以把它们联系在一起，串成一条链。人们把生物之间的这种食物联系叫作食物链。很多条食物链彼此交错形成网状结构，人们把自然界中这种复杂的食物联系形象地称作食物网。(《科学》六下)
	"功"是个多义词，有"贡献"的意思，如功劳、立功；还具有"成效"的意思，如成功、事半功倍。力学里所说的"功"包含有"成效"的意思。*(《物理》九全一册)
	干细胞的"干"字，译自英文的"stem"，是"树干"和"起源"的意思。树干可以萌生新芽，新芽可以发育成新叶、新枝，乃至开花结果。在动物和人体内，干细胞将分化为各种各样的细胞，进而形成不同的组织和器官。(《生物》七下)
形态	太阳从内到外就是一个熊熊燃烧的大火球。(《科学》四上)
	月亮有时圆圆的像个皮球，有时弯弯的像把镰刀。月亮圆缺的样子叫作月相。(《科学》四上)
	地壳内部是不可能有生物存在的。地球上适合生物生存的地方，其实只是它表面的一薄层，科学家把这一薄层叫作生物圈。你知道吗，如果把地球比作一个足球大小，那么，生物圈就比一张纸还要薄呢！(《生物》七上)
	DNA 主要存在于细胞核中，它的结构像一个螺旋形的梯子。(《生物》七上)

续表

内容指向	隐喻案例
大小	原子核位于原子的中心,比原子小得多。原子核的半径大约只有原子半径的十万分之一。如果把原子比作一个直径为100m的大球,原子核只相当于一颗绿豆大小。(《物理》八上)
	原子很小,一个原子跟一个乒乓球体积之比,相当于乒乓球跟地球体积之比。原子核比原子又小得多,如果把原子比作一个庞大的体育场,而原子核只相当于一只蚂蚁。因此,原子里有很大的空间,电子就在这个空间里做高速的运动。(《化学》九上)
原因	地球在运动,我们却感觉不到。这可以用相对运动来解释,如相对于行驶中的火车来说,站台和另一辆静止的火车都是运动的;而相对于火车上的人来说,火车却是静止的。*(《科学》六上)
	木棒在水面上振动会产生水波;说话时声带的振动在空气中形成声波。与水波、声波的形成相似,导线中电流的迅速变化会在空间激起电磁波。(《物理》八下)
关系	这片树林中各种生物之间的关系,以及生物与非生物因素之间的关系,就像一张无形的大网,"牵一发而动全身"。(《生物》七上)
功能与机制	我们的眼球就像一架精密的照相机。视网膜如同照相机里面的胶卷,晶状体则相当于照相机的镜头,它可以把外界物体发出或反射的光,折射到视网膜上,从而形成物体的像;连接视网膜的视神经把这些光信号报告给大脑,我们就看到这些物体了。(《科学》四下)
	在神经系统中,脑相当于人体的司令部;神经相当于人体的电话线,遍布全身各处。我们的感觉器官感受到信息后,由神经通过脊髓把信息发送给脑,脑接受信息后,马上发出指令,神经把指令传递给需要做出反应的器官。(《科学》六上)
	无论植物细胞还是动物细胞,都含有线粒体。如果将细胞比作汽车的话,线粒体就相当于发动机。发动机靠烧燃料给汽车提供动力,线粒体则将细胞中的一些有机物当作燃料,使这些有机物与氧结合,经过复杂的过程,转变成二氧化碳和水,同时将有机物中的化学能释放出来,供细胞利用。(《生物》七上)
	你平常感觉不到,你的身体里有一条条繁忙的运输线,它们将来自消化道的营养物质、来自肺部的氧气,迅速运往你身体的每一个细胞,同时将细胞生活中产生的废物及时运走。这些运输线就是遍布全身的大大小小的血管,血管里流动着血液。(《生物》七下)

注:*处案例对原文有所改动。

以上是从内容指向的角度对科学隐喻概况的初步认识。为了获得更广泛和深入的认识，我们有必要从其他视角对教科书中的科学隐喻进行探讨。

（二）科学家使用的隐喻与教科书编写者使用的隐喻

依据隐喻的使用主体，科学教科书中的隐喻可以分为科学史上科学家使用的隐喻与教科书编写者使用的隐喻。科学史上科学家使用的隐喻主要是为了推动科学理论和技术的创新，而教科书编写者使用的隐喻则主要是为了促进学习者对科学教科书中知识的理解。由于上一部分所言的科学隐喻都属于教科书编写者使用的隐喻，因此这里对其不再赘述。下面重点阐释科学史上科学家使用的隐喻。

在科学史上，卓越的科学家们使用了大量的科学隐喻，许多隐喻启发了科学家的理论假设和创新以及技术革新。第一章提到了德国化学家凯库勒受到弯曲盘绕的蛇的形状的启发而发现了苯分子的环状结构，荷兰物理学家惠更斯基于光和声的诸多性质的相似，提出光也像声音一样是一种波动的假说，以及英国生物学家达尔文受到人口学家马尔萨斯的人口学说的影响而提出了进化论思想。这样的例子还可以举出很多。当牛顿沉思月亮的运动机制问题的时候，从树上坠向地面的苹果被牛顿视为物体在重力作用下的运动。这又使他忽然意识到月亮绕地球的旋转也是一种指向地球质心的"下落"运动。基于这一相似性的认识，牛顿的万有引力定律便"呼之欲出"了。[①] 富兰克林通过将闪电和静电相类比而猜想闪电是一种自然放电现象。这一猜想得到了风筝实验的证实，从而揭开了闪电之谜。气体分子运动论、哈维的血液循环理论、卢瑟福的行星原子模型等，都是基于类比思维而建立起来的。[②]

科学教科书呈现了许多关于科学史的内容，但关涉隐喻的却极为少见。主要案例如表8—2所示。

---

① 张琼、于祺明、刘文君：《科学理论模型的建构》，浙江科学技术出版社1990年版，第74页。

② 同上书，第76页。

表 8—2　　科学教科书中呈现的科学史上科学家使用的隐喻

主题	科学史
核潜艇的发明	鱼的身体里有一个类似小瓶那样的东西，叫作"鱼鳔"。鱼鳔里面装的空气多时，鱼就可以在水下游；里面装的空气少时，鱼就可以在水面游。受鱼类身体结构的启发，人们设计、制造了潜水艇。潜水艇的里面都有一个压载舱。潜水艇浮在水面时，压载舱内充满空气，阀门关闭。下沉时，阀门打开，海水进入压载舱。上浮时，用泵将空气输入压载舱，舱内的海水被排出。(《科学》三上)
对地球形状的认识	人类对地球形状的认识经历了一个相当漫长的过程，这其中有很多的猜想与假说。如中国古人的盖天说："天圆如张盖，地方如棋局"；中国古人的浑天说："浑天如鸡子，天体圆如弹丸，地如鸡中黄"；古代苏美尔人则认为，世界是漂浮在海面上的半球，半球上空布满天体。这些观点仅仅是猜想，在当时人们没有意识和能力去验证。而麦哲伦的环球航行说明了地球不是一个平面，而是一个圆球。*（《科学》四上）
声呐的发明	蝙蝠在飞行时会发出超声波，这些声波碰到墙壁或昆虫时会反射回来，根据回声到来的方位和时间，蝙蝠可以确定目标的位置和距离。蝙蝠采用的方法叫作回声定位。根据回声定位的原理，科学家发明了声呐。利用声呐系统，人们可以探知海洋的深度，绘出水下数千米处的地形图。捕鱼时渔民利用声呐来获得水中鱼群的信息。(《物理》八上)
测量金冠的体积	两千多年前希腊学者阿基米德测量王冠体积的故事。为了鉴定纯金王冠是否掺假，阿基米德冥思苦想了很久都没有结果。一天，他跨进盛满水的浴缸洗澡时，看见浴缸里的水向外溢，他忽然想到：物体浸在液体中的体积，不就是等于物体排开液体的体积吗？随后他设计了实验，解决了王冠的鉴定问题。(《物理》九全一册)

注：*该案例对原文有所改动。

总体来看，当前科学教科书对科学史上的隐喻的渗透屈指可数，甚至在介绍达尔文的自然选择学说的产生过程(《生物》八下)时，丝毫没有提到隐喻思维在其中所起到的重要作用。

(三) 自然隐喻、生活隐喻和学科隐喻

依据隐喻的源域，科学教科书中的隐喻可以分为自然隐喻、生活隐喻和学科隐喻。自然隐喻的源域是自然界的事物，生活隐喻的源域是人类生活中的事物，学科隐喻的源域则是各门学科的知识。其中，学科隐喻又可以分为学科内的隐喻和学科间的隐喻。学科内的隐喻的源域和目标域属于同一个学科,而学科间的隐喻的源域和目标域属于不同的学科。

自然隐喻常用自然界的事物和现象来类比科学知识,如用水波来类比声波(《物理》八上)。上文中所谈的案例,如"干细胞"以及基于蝙蝠回声定位能力和"鱼鳔"特性而制作的声呐和潜水艇等也都属于自然隐喻。总体来讲,教科书中的自然隐喻较少,绝大多数都属于生活隐喻。如用"链"隐喻生物之间连续的吃与被吃的关系,用螺旋形的梯子隐喻DNA的结构,用发动机隐喻线粒体的功能,用照相机隐喻眼球看到物体的机制,等等。

科学教科书中的学科隐喻较少,笔者发现的仅有寥寥几例。学科内的隐喻主要是物理学科中声光电知识间的类比,如在讲述回声的知识时,通过光的反射来说明声音的反射(《科学》四下);又如上文中提到的以声带的振动在空气中形成的声波来类比导线中电流的迅速变化而在空间中激起的电磁波(《物理》八下)。关于学科间的隐喻,笔者仅发现一例:"就像26个英文字母可以拼写出数十万个英语单词那样,利用化学方法分析众多的物质,发现组成它们的基本成分——元素其实只有100多种。"(《化学》九上)

三 课程中的隐喻的教学意义

作为认知和表达的基本方式,隐喻广泛地存在于语文和科学课程中。然而,无论是在教学理论界还是在教学实践界,课程中的隐喻都没有引起足够的重视。在教学理论界,鲜有研究者对课程中的隐喻及其教学意义进行研究;在教学实践界,课程标准中关于隐喻的内容几乎是空白,广大教师仅仅将隐喻视为形象的或有利于学生理解的一种修辞方式。因此,在对课程中的隐喻梳理和分析的基础上,有必要进一步阐释其多样的教学意义。

(一)激发学习兴趣

学生的学习兴趣是有效教学的重要前提。一般来讲,具有生动、形象的语言,贴近学生经验的课程内容更能够引发学生的学习兴趣。课程中的隐喻就具有以上这些特点。低年级小学语文教科书中有大量富含隐喻的儿歌、儿童诗和童话故事。如儿童诗《大海睡了》:

> 风儿不闹了，浪儿不笑了，深夜里，大海睡觉了。她抱着明月，她背着星星，那轻轻的潮声啊，是她熟睡的鼾声。（一上）

又如关于标点符号的儿歌：

> 句中有停顿，加只小蝌蚪（,）。
> 一句话说完，画个小圆圈（。）。
> 疑惑或发问，耳朵坠耳环（?）。
> 命令或感叹，滴水下屋檐（!）。（二下）

这些儿歌和儿童诗以及童话故事中生动活泼的隐喻适应了低年级儿童思维和语言的特点，更容易获得他们的喜爱。

隐喻思维是低年级儿童思维的重要特点，但并不是他们的"专利"。当青少年和成人遇到自己难以理解和表达的事物时，往往也诉诸隐喻思维方式。各年龄段课程中的隐喻实质上满足了学习者认知的需要。随着年级的增长，各种文学体裁和文章体裁中的隐喻通过具体的、熟悉的事物来表达抽象的、不熟悉的事物。这些隐喻生动、形象的特点，源域和目标域之间的张力及其蕴含的美感依然能够吸引学生的注意力，激发其学习兴趣。科学课程中的知识是高度概念化和抽象化的。隐喻改变了科学课程的面貌。科学课程中的人文隐喻提高了其文学性和趣味性，科学隐喻使抽象难懂的科学知识变得形象直观，也有利于激发学生的学习动力。

（二）理解课程内容

既然隐喻是人类认知和表达的基本方式，那么它也必然是我们理解这些认识和表达的内容的重要方式。如果教师在教学中关注课程中的隐喻，并基于此开展相关内容的教学，将有利于学生对相关课程内容的理解。

隐喻广泛地存在于词、句、篇的层面上。词汇是语言表达的基本单位，隐喻是词汇形成和扩展的重要方式。基于隐喻来学习词汇，有利于学生对词汇含义深刻而系统的理解。对渗透在描写、抒情、说明、议论等表达方式中的隐喻的关注，将有利于学生准确地把握作者所描写和说明的事物，体验作者抒发的感情，理解作者持有的观点。宗璞的《紫藤萝瀑布》是一篇写景散文，其中的描写非常引人入胜：

> 从未见过开得这样盛的藤萝，只见一片辉煌的淡紫色，像一条瀑布，从空中垂下，不见其发端，也不见其终极。只是深深浅浅的紫，仿佛在流动，在欢笑，在不停地生长。紫色的大条幅上，泛着点点银光，就像迸溅的水花。仔细看时，才知道那是每一朵紫花中的最浅淡的部分，在和阳光互相挑逗。（七上）

以上对紫藤萝精微细致的描写富有情趣，展现了作者超常的想象力。如果我们在教学中对以上富含隐喻的句子进行品味，将发现在平白直叙中难以表达的美。

篇章隐喻包括寓言以及通篇具有象征意义的作品。对这些课程内容的理解不能仅仅停留在其字面义上，而应透过其字面义认识其隐喻义。如鹬蚌相争所要表达的是当对立的双方在斗争中相持不下时，第三方就会从中得利。（三下）

科学隐喻是传播科学知识的重要方式。科学家在撰写科学著作时，也常常使用通俗易懂的隐喻来表达。如为了解释天体物理学和量子思想，斯蒂芬·霍金（Stephen Hawking）在他关于宇宙学的经典著作《时间简史》中使用了至少 74 个日常类比。在解释宇宙向所有方向同样地膨胀时，他说这非常像一个表面涂上了许多污点的气球被平稳地吹涨的情形。[①]

为了使学生更好地理解课程知识，编写者在科学教科书中使用了大量的隐喻。这些隐喻通常用来自自然的、生活的以及学生已经学习过的知识来表达将要学习的新知识，涉及概念、形态、大小、原因、关系、功能等方面的内容。如果教师基于这些隐喻开展教学，将有利于学生对新知识的理解。如将 DNA 的结构比作为螺旋形的梯子的隐喻，有利于学

[①] Peter J. Aubusson, Allan G. Harrison and Stephen M. Ritchie, eds., *Metaphor and Analogy in Science Education*, Dordrecht: Springer, 2006, p. 15.

生对 DNA 的形态的感知;将人遍布全身的血管比作为"运输线",有利于学生对血管的功能的认识。这里需要特别指出的是,用学科隐喻来表达将要学习的新知识,不仅像自然隐喻和生活隐喻一样有利于学生对知识的理解,而且可以加强学科内和学科间知识的联系,从而促进学生对学习内容的整体性把握。如声光电在一些性质上具有相似性,这几种物理现象之间的类比有利于学生建立知识之间的联系。① 另外,在科学史上,科学家使用的一些隐喻推动了科学理论和方法的进步,对科学家使用的隐喻(如阿基米德测量金冠体积时所使用的隐喻)的讨论,不仅有利于学生对科学知识的理解,而且有利于其理解科学发现和发明的过程。

(三)渗透道德教化

作为人与人交往的活动,尤其是作为社会代表者的教师与未成年人交往的活动,教学必然具有教育性。除了品德课程,其他各学科课程都具有道德教化的意义。这种道德教化意义在语文课程中十分突出。语文课程的基本理念之一就是提高学生的思想道德修养。语文课程中所渗透的世界观、人生观和价值观对学生的影响是深远的。其中,一些隐喻性的诗歌、童话、寓言、历史故事等具有丰富的道德教化意蕴。

如《墨梅》《石灰吟》《爱莲说》等具有象征意义的诗歌表达了作者洁身自好,不媚世俗的情操。这些意象及其意涵已渗透在了中国人的精神中,并对学生的性情具有积极的陶冶意义。《蚂蚁和蝈蝈》(一下)是一个关于勤奋的童话故事。在炎热的夏天,一群蚂蚁辛苦地搬运粮食,几只蝈蝈看到了,嘲讽蚂蚁是傻瓜,自己纷纷休闲找乐。寒冷的冬天到了,蚂蚁躺在储满粮食的洞里过冬,而蝈蝈却经受着饥饿和寒冷的煎熬。该童话在蚂蚁和蝈蝈的行为及其后果的对比中,彰显了勤奋的必要性。伊索寓言《牧童和狼》(五上)是一个广为流传的故事。那个几次谎称"狼来了"的孩子,最终承受了谎言带来的惩罚。它说明一贯说谎的人即使说了真话,也没有人会相信。和寓言与童话一样,历史故事也往往具有其道德意蕴。如《第八次》(三上)讲述了苏格兰王子布鲁斯败而不馁的故事:古代欧洲苏格兰遭到外敌侵略,王子布鲁斯率领军队抵抗侵略,打了七次仗都失败了。他对战争几乎失去了信心,而在大风中织网屡次

---

① 上文对科学教科书的考察显示,其中的学科隐喻极少,屈指可数。

失败但并不灰心最后成功的蜘蛛激发了布鲁斯的斗志。最终,布鲁斯带领苏格兰军队赶跑了外国侵略军。可见,人类不仅可以从自然界的种种生物那里获得科学的启发,也可以从其中获得精神的激励。

以隐喻方式传达的道德教化具有特别的教学意义。如果说平白直叙地告诉学生应该怎样仅仅能使学生获得一些道德知识的话,以隐喻方式进行道德教化还会激发学生的道德情感,从而达到更好的说服效果。以上谈到的童话、寓言和历史故事等及其蕴含的隐喻,鲜活、直观,意味深长,有利于在传达正直、勤奋、诚实、坚持不懈等道德知识的同时,激发学生的道德情感,从而达到润物细无声的道德教化效果。

(四)沟通科学与人文

隐喻不仅是跳跃在科学与文学之间的"精灵",而且是沟通科学与人文的"桥梁"。这主要体现在两个方面:其一,语文课程中的一些隐喻具有科学意蕴;其二,科学课程中的隐喻具有人文意蕴。

在语文课程中,具有科学意蕴的隐喻主要有两个方面:一是关于科学发现的文章中涉及的隐喻,二是科学家的思想和感悟中的隐喻。关于前者,我们在语文教科书中能够发现许多。表8—3呈现了记叙文中的科学隐喻。

表8—3　　　　　　　　　记叙文中的科学隐喻

课文题目	内容简介
鲁班和橹板	鲁班受到鸭子用脚蹼往身后拨水身子轻快地向前滑行的启发,发明了摇船的工具"橹板"。(一下)
世界上第一个听诊器	法国医生雷奈克受两个玩跷跷板的男孩的启发而发明了听诊器。当他看到一个男孩用铁钉在跷跷板的一头轻轻地划,另一个男孩在另一头用耳朵紧贴跷跷板听划出的声音,忽然想到可以用这种方式听病人内脏的声音。(三上)
天火之谜	富兰克林观察到天上的雷暴与静电放电现象有很多相似之处,便大胆地推测,雷暴就是人们熟知的放电现象。他通过风筝实验揭开了雷电的秘密。(五上)
夜晚的实验	意大利科学家斯帕拉捷通过实验发现蝙蝠是靠听觉来辨别方向、确认目标的。后来人们的研究揭示蝙蝠是靠发出和接收"超声波"来做出判断,从而进行自由灵巧的飞翔和捕捉食物的。现在,超声波被广泛地应用于工业、农业、医疗和军事等领域。(六下)

除了以上记叙文中的科学隐喻，还有文章讲述了人类的仿生学与科学发明的关系，提出自然界的种种生物是人类的好"老师"（四下）。显然，在教学中这些文章具有渗透科学知识、科学方法和科学精神的重要意义。

语文课程中科学家记录其思想和感悟的文章中的隐喻也具有一定的科学意蕴。如居里夫人在《我的信念》一文中讲到，当自己注视着女儿们所养的蚕正在执着勤奋地结茧时，她想，自己也和它们一样，总是耐心地把自己的努力集中在一个目标上。她还说，一位从事科学研究的科学家，不仅是一个技术人员，而且是一个小孩儿，好像迷醉于神话故事，迷醉于大自然的景色一般。这种科学的魅力，就是使她能够终生在实验室里埋头工作的主要原因。（七上）从以上隐喻中，学生不仅能够感受到居里夫人对自己信念的执着，而且能够感受到其伟大的科学精神。

在科学课程中，具有人文意蕴的隐喻可被分为三类。一是科学课程中的人文隐喻。科学课程中的人文隐喻无疑极大地改变了科学课程的面貌。这些人文隐喻甚至具有文学般的语言。面对这些隐喻性的语言，可能有人会质疑，科学课程中的人文隐喻将影响科学知识的精确性以及科学教学的有效性。实际上，具有文学色彩的隐喻主要体现在章节的引言上，并不存在于阐释具体科学知识的内容中。人文隐喻中的简单隐喻，如"隐形杀手""从摇篮到坟墓"并不会消解相关科学语言的明晰性，反而增添了语言表达的活力和趣味。二是科学史上科学家使用的隐喻。科学史上科学家使用的隐喻中有的推动了科学的发展，有的则使科学家误入歧途。从宏观的意义上讲，无论是推动科学发展的隐喻，还是使科学家误入歧途的隐喻，都是科学发展的动力。科学家在运用这些隐喻进行猜想和假设以及求证的过程中所体现的精神，无疑具有丰富的人文教育意义。三是教科书编写者使用的隐喻。这些隐喻往往通过熟悉的事物来认识和理解科学知识，体现了对学生既有知识和经验的重视。学生在学习包含隐喻的课程内容时，将可能会因"轻车熟路"而获得愉悦的认知体验。

综上所述，课程中的隐喻在激发学生的学习兴趣、促进学生对课程内容的理解、渗透道德教化、融通科学与人文等方面具有广泛的教学意义。同时，我们还需认识到，教师关注课程中的隐喻并实现其教学意义的过程也是熏陶学生隐喻思维的过程。在此过程中，学生的隐喻思维将得到润物细无声般的培养。①

第二节 教师教学隐喻智慧的修炼

以上阐释了课程中的隐喻的教学意义。当教师基于课程中的隐喻开展教学时，课程中的隐喻也就具有了教学隐喻的性质。在教学活动中，教师自主使用的隐喻同样具有广泛的教学意义。"君子之教，喻也"，作为传授学生知识、训练学生思维、陶冶学生德性的专业人员，教师的隐喻智慧十分重要。虽然隐喻是人类思维的基本方式，幼儿就具有创作隐喻的能力，成人在日常生活中也经常使用隐喻，但是不同人的隐喻智慧是有差异的。对于多数教师来说，形成教学隐喻智慧，需要一定的修炼。

这首先需要教师隐喻观的转变。当前，广大教师仍在狭义的层面上使用隐喻概念，即将隐喻视为比喻的一种，其在本质上是将隐喻视为一种修辞现象。广义的隐喻概念具有广泛的包容性，涵盖了比喻、拟人、类比、象征、寓言等。支撑广义隐喻概念的是隐喻的认知观，其将隐喻视为一种认知现象。教师基于认知观从广义的视角来看待隐喻有利于深化其对弥漫着隐喻的各种文化的认识，也有利于其对富含隐喻的课程的理解，更有利于其将隐喻运用到自己的教学中，从而促进学生对知识的理解和思维的发展。在秉持认知观视野下的广义隐喻概念的基础上，教师教学隐喻智慧的修炼应汲取隐喻智慧的资源，关注影响教学隐喻效果的因素，并了解教学隐喻应用的基本流程。

一 汲取隐喻智慧的资源

隐喻的本质是通过一事物来认知和表达另一事物。前者通常是我们已知的熟悉的事物，后者通常是我们未知的不熟悉的事物。当我们基于两种事物的相似点，通过已知的熟悉的事物来认知和表达未知的不熟悉

---

① 关于学生隐喻思维的培养问题，在下文"学生隐喻能力的培养"部分将进行系统的阐释。

的事物时,隐喻便产生了。具有丰富的知识和经验是修炼隐喻智慧的前提。如果一个教师的知识和经验是贫乏的,他将缺乏可资利用的隐喻源域。教师只有具备了丰富的知识和经验,才可能在生活经验与课程知识以及课程知识之间建立起隐喻性的联结。

教师要想具有隐喻的智慧,仅仅具有丰富的知识和经验是不够的,还应能够在不同的知识和经验之间看到相似点,甚至在风马牛不相及的事物之间看到关联。人类文化、学校课程以及教育家的教化和教学实践中蕴含和使用的隐喻可以给广大教师的隐喻智慧以无尽的启发。

首先,人类文化中的隐喻将给教师以诸多的启悟。作为人类思维的基本方式,隐喻弥漫于人类的语言、宗教、哲学、科学、艺术等文化中。人类文化中的隐喻不是一种可有可无的装饰,而是必不可少的存在,其在根本上形塑和表征着各种文化形态。教师应具有广博的文化知识并对其有深刻的理解。隐喻是人类文化形成的重要机制,教师对人类文化中隐喻的关注和理解,有利于其从一个侧面加深对人类文化的认识。在此过程中,教师的隐喻思维和隐喻智慧也会得到一定的熏染。

其次,教科书中的隐喻是教师获得隐喻灵感的重要来源。作为文化精髓的课程内容中蕴含着丰富的隐喻。通过这些隐喻开展教学不仅可以激发学生的学习兴趣,促进其对课程内容的理解,培养学生的隐喻思维,也可以促进教师自身隐喻智慧的提升。当然,教科书中的隐喻尤其是教科书编写者使用的隐喻并不是十全十美的。这也意味着教师在教学中要对这些隐喻的准确性进行考量,并与学生共同讨论隐喻的适应之处及其限度,防止隐喻不当和扩张造成的认识混乱。与此同时,和已有的研究[①]相同,上文对教科书中隐喻的研究也发现,其大都属于自然隐喻和生活隐喻的范畴,学科隐喻较为少见。这也意味着教师有必要发挥自己的智慧,释放自己的隐喻想象力,加强学科内知识和学科间知识的联系,从

[①] 范增民、毕华林、刘一兵:《高中化学教科书中类比特征的分析及编写建议》,《化学教育》2011年第12期。

而使学生系统地理解学科知识。①

再次，教育家的教学隐喻实践具有永恒的借鉴意义。在教育史上，许多教育家都是使用隐喻的大师。这些教育家的教学隐喻实践②在当前仍具有广泛的借鉴价值。如在道德教化方面，儒家、道家、禅宗、基督教等都十分倚重隐喻，可见隐喻在道德教化和说服中的重要性。在隐喻的形式方面，老子所使用的系统性的隐喻、庄子的寓言故事、基督教的象征性意象和隐喻性故事都是可资借鉴的宝贵资源。在使用隐喻的策略与方法方面，儒家的"近身取譬"、庄子的"能远取譬"、禅宗的"情境取譬"等特色鲜明的隐喻实践至今仍闪烁着智慧的光芒。在使用隐喻的原则方面，儒家的"罕譬而喻""顺乎礼义"，庄子的"合譬饰辞聚众也，是终始本末不相罪坐"（《庄子·天地》）等思想至今也仍具有规范性的意义。总之，虽然以上所言的古代教育家的隐喻实践距今已十分久远，但其所积累的宝贵经验对我们当前的教学实践仍具有积极的启发意义。

二 关注影响教学隐喻效果的因素

虽然在教育史上，诸多教育家进行了卓越的教学隐喻实践并对其进行了一定的理性思考，但这些思考往往是零碎的，尚没有形成一个理论的构架。教师要在教学中更有章法地使用隐喻，发挥更好的教学效果，需要进一步了解影响教学隐喻效果的几个因素。

其一，"源域"和"目标域"的相似性。教师使用教学隐喻的主要目的在于通过其他事物来促进学生对教学内容的理解。学生通过其他事物理解教学内容的前提在于二者具有相似性。如果教师对"源域"和"目标域"的相似性的把握不够准确或者过于机械，那么由此产生的隐喻则

---

① 如在物理教学中，我们可以通过电路欧姆定律来学习磁路欧姆定律。磁路和电路有诸多相似之处，"如电路有电阻，磁路有磁阻；电路有电动势，磁路有磁动势；电路有电流，磁路有磁通；电路中的电流跟电动势成正比，而磁路中的磁通跟磁动势成正比；电路中电流跟电阻成反比，而磁路中磁通跟磁阻成反比；电路欧姆定律数学表达式为：电流＝电动势/电阻，磁路欧姆定律的数学表达式为：磁通＝磁动势/磁阻"。在物理学中，与电路欧姆定律和磁路欧姆定律关系相类似的还有重力势能和电势能、高度差和电势差、高度和电势、水位差和电位差（电压）、万有引力和库仑定律等。总之，学科隐喻在学科教学中的运用空间是广阔的。参见朱保柱《类比教学法在中学物理教学中的应用》，《教育实践与研究（中学版）》2008年第2期。

② 参见第七章教学隐喻实践的历史沿革。

可能是不恰当的。例如，在生物教学中教师可能会将生物体比作一座房子，而将细胞比作建造这座房子的砖块。这个隐喻就不够准确，因为细胞是活的，能够生长和分化，并能够与外界进行物质交换。许多活细胞结合在一起才构成了充满活力的生物体。(《生物》七上)该隐喻将细胞和生物体的关系过于简单化，可能会造成学生错误的认识。

教师在使用教学隐喻时的另一个可能的问题是对相似性的扩张。例如，有人用弹簧连接的两个小球来说明分子之间的相互作用力："中间用弹簧连接的两个小球，当两个小球靠近时，弹簧被压缩，两个小球互相排斥。当两个小球相互远离时，弹簧被拉长，两个小球表现为相互吸引。"①

应该说，这个隐喻能够基本解释分子之间的排斥和吸引的现象，但是隐喻的本性决定了它与要言说的对象是有区别的，我们难以通过一个隐喻全面地揭示言说对象的所有特征。以上关于分子之间相互作用力的隐喻就难以表达分子所受的斥力和引力平衡的状态，在这种状态下，分子之间仍然是有作用力的，当弹簧处于常态的长度时，两个小球之间并没有宏观力的作用。因此，通过小球无法解释分子之间的平衡状态。如果学生将这个隐喻扩张，很可能会得出分子之间达到一定的距离时，它们之间没有相互作用力的错误结论。因此，任何隐喻只能部分地解释所要言说的事物。教师在使用隐喻的同时，不仅要阐释两个事物的相似之处，也要阐明其不同之处，同时还要注重对知识正面的讲解，从而促进学生对教学内容更准确的理解。

其二，学生关于"源域"和"目标域"的知识和经验。一般来讲，教学内容对学生来说都是比较陌生的，教师所使用的隐喻"源域"是学生达成对教学内容理解的关键。因此，教师所用的隐喻应尽可能地贴近学生已有的知识和经验，超越学生知识和经验的隐喻，学生是很难理解的。如在教授细胞的构成及其功能时，将其与城市的构成及其功能进行的系统类比，即将细胞核视为城市的管理者，溶酶体视为垃圾的收集者，

---

① 李广晨等编著：《中学物理教学中的比喻和类比》，河北教育出版社1989年版，第20页。

高尔基组织视为邮政系统,细胞膜视为城市的界限。① 这个隐喻对于生活在城市的学生来说非常容易理解,而对生活在农村的学生来说就有一定的困难。总之,教师在使用隐喻时,必须考虑自己的学生是否具有相关的知识和经验。

其三,隐喻的新颖性。一般来讲,隐喻通过熟悉的、具体的事物来认识不熟悉的、抽象的事物,往往会引起学生的注意并激发其学习的兴趣,新颖隐喻尤甚。和习以为常的隐喻相比,新颖隐喻常常能够揭示事物之间不为人关注的相似之处。其源域和目标域之间的张力常常让人感到惊异。如将电冰箱中使用的"氟利昂"称作热的"搬运工",可以简明而又新奇地阐明电冰箱的工作原理。教师要创作新颖隐喻,需要具有远距离联想的能力,并能够在相距甚远的事物之间看到相似点。

其四,隐喻的善与美。教师使用教学隐喻不仅仅是为了传授知识,在传授知识的过程中还应培养学生的道德和审美素养。道德性和审美性是影响教学隐喻效果的重要因素。教师既不能使用隐喻为歪理邪说服务,也不能使用庸俗的隐喻哗众取宠。如教师以赌场里赌徒的输赢来隐喻机械能的守恒,虽然形象而贴切,但却是庸俗的②,其可能会对学生造成消极的影响。"优美的比喻能给人带来一种悠远的意境,给学生带来想象的空间。比如地理课上教师在讲到极光时,把变幻无穷、色彩缤纷的极光比作随风飘舞的万匹彩缎,流向天际的绚丽巨伞。学生从教师的这个比喻中,眼前似乎就出现了极地上空美丽的极光,同时也感受到比喻的形象美与贴切美。"③ 总之,教师在使用教学隐喻时应注意其道德和审美向度,这样才能达到良好的教育效果。

三 了解教学隐喻应用的基本流程

通过以上对影响教学隐喻效果的一些因素的分析,我们可以发现,

---

① Charles B. Hutchison and Bobby L. Padgett, "How to Create and Use Analogies Effectively in the Teaching of Science Concepts", *Science Activities*: *Classroom Projects and Curriculum Ideas*, Vol. 44, No. 2, 2007, pp. 69–72.

② 李广晨等编著:《中学物理教学中的比喻和类比》,河北教育出版社1989年版,第44页。

③ 李如密、刘云珍:《课堂教学比喻艺术初探》,《全球教育展望》2009年第6期。

教学隐喻是一把"双刃剑",它既可能提升教学效果,也可能走向反面。上文中探讨的一些教育家关于教学隐喻应用的言简意赅的思想,具有历久弥新的启示意义。当代一些研究者为克服教师在使用教学隐喻时可能出现的问题而探索的应用教学隐喻的基本流程更具有规范性和操作性。如格林(Glynn)提出了"TWA"(Teaching with Analogy)的类比教学模型。其分为六个步骤:(1)介绍目标概念;(2)回顾类比概念;(3)识别目标概念和类比概念间相关的特征;(4)相似性的映射;(5)指出类比的失效之处;(6)得出结论。[①] 与格林(Glynn)相比,哈里森(Harrison)等人提出的模式更为详尽。基于对许多学校、教师和课堂的研究,他们提出了关注(Focus)—实践(Action)—反思(Reflection)的隐喻运用指南,如表8—4所示。

表8—4　　　　　　通过类比和模型教学的FAR指南

课前关注	
概念:	概念是不是困难的、不熟悉的和抽象的?
学生:	关于这个概念学生已经具有了哪些相关的观念?
经验:	我可以使用哪些学生熟悉的经验?
课中实践	
相似之处:	讨论在哪些方面"源域"和"目标域"相似?
	这种观念是表面的特征还是深层的联系?
不相似之处:	讨论"源域"和"目标域"的不同之处。
课后反思	
总结:	这个类比是清晰的、有用的还是混乱的?
改进:	以后的课程需要做哪些改变?
	下次我再用这个类比时需要做哪些改变?

资料来源:Peter J. Aubusson, Allan G. Harrison and Stephen M. Ritchie, eds., *Metaphor and Analogy in Science Education*, Dordrecht: Springer, 2006, pp. 20-21.

可以看出,塔芮格斯特(Treagust)等人提供了教师使用教学隐喻的

[①] Shawn Glynn, "Conceptual Bridges: Using Analogies to Explain Scientific Concepts", *The Science Teacher*, Vol. 62, No. 9, 1995, pp. 25-27.

基本流程。这个流程是全面而简明的。它包括课前、课中、课后三个阶段，涉及在什么情况下使用隐喻，如何使用隐喻，如何反思和改善，等等。FAR 指南有利于提升学生对科学知识的理解，同时排除学生理解教师使用隐喻时可能产生的弥散的观念。虽然 FAR 指南主要是针对科学教育提出的，但它对所有学科的教师使用隐喻辅助教学都具有一定的参考价值。

对于上文探讨的影响教学隐喻效果的四个方面的因素，FAR 指南主要涉及了"源域"和"目标域"的相似性和学生关于"源域"和"目标域"的知识和经验。如果教师在采用 FAR 指南时，同时考虑隐喻的新颖性和美善问题，将更有利于提升教学隐喻的效果。

第三节 学生隐喻能力的培养

教师自身隐喻智慧的修炼有利于更好地传达教学内容，促进学生的理解。与此同时，教师还应该培养学生的隐喻能力。第六章从心理学的角度探讨了儿童隐喻能力的发展规律。在此基础上，笔者借鉴语言学者对隐喻能力概念的研究，从一般教学论的角度，分析学生隐喻能力的构成，进而探讨提升学生隐喻能力的策略。

一 学生隐喻能力的构成

许多语言学者对隐喻能力的概念进行了探讨。如洛（Low）将隐喻能力概括为隐喻意识与理解以及隐喻创造策略两大方面，其中每个方面又可进一步细分，如隐喻意识可分为对新颖隐喻、常规隐喻以及原有隐喻的变体的识别能力等；[1] 王寅等人认为，隐喻能力主要包括人们识别、理解和创建跨概念域类比联系的能力，其不仅包括被动地理解、学得隐喻的能力，而且包括创造性使用隐喻的能力，更高目标还包括丰富的想象力和活跃的创新思维能力。[2] 虽然以上学者对隐喻能力的认识不尽相同，

---

[1] 石磊、刘振前：《隐喻能力研究：现状与问题》，《外国语》2010 年第 3 期。
[2] 王寅、李弘：《语言能力、交际能力、隐喻能力"三合一"教学观》，《四川外语学院学报》2004 年第 6 期。

但其都基本主张隐喻能力包括隐喻识别能力、理解能力和创造能力三个方面。

考虑到隐喻能力的重要性，一些语言学者将隐喻能力、语言能力和交际能力并列进行探讨，并主张外语课程标准、教材和教学应注重对学生隐喻能力的培养。① 其他学科教学研究直接对学生隐喻能力进行探讨的还非常少见。事实上，和外语学科一样，在其他各学科中培养学生的隐喻能力具有重要的意义。这里从一般教学论的层面对学生的隐喻能力进行初步的探讨。

（一）隐喻识别能力

隐喻识别能力是指对隐喻的各种形式与功能的觉察和敏感程度。在认知隐喻学的视野下，隐喻概念具有广泛的包容性，已极大地超越了传统修辞学所谓的"A是B"的形式。我们在传统的语文课堂上，常常进行相互比较而又往往纠缠不清的比喻、类比、象征、比拟、寓言等都可被统称为隐喻。其不仅包括令人耳目一新的新颖隐喻，还包括磨损为日常语言的常规隐喻；不仅包括词语和句子层面的隐喻，还包括篇章层面的隐喻。总之，隐喻的形式是多种多样的，其广泛地存在于人类的语言和认知现象中。

与对各种形式的隐喻的识别直接相关的是对隐喻功能的认识。传统上经常区分的各种修辞方式，之所以被统称为隐喻的依据在于它们在本质上都是通过一事物来认识和表达另一事物。隐喻发挥着填补词汇空白、启发思维、促进理解、表达情感等诸多方面的功能。对隐喻功能的认识有利于学生把握各种隐喻形式的共同本质，从而深化对隐喻的理解。作为学生，其隐喻识别能力首先体现在对学校课程中隐喻的识别。课程中广泛地存在着各种形式的隐喻，学生对这些隐喻的觉察水平，直接影响着其对隐喻相关的知识的理解。如在英语学习中，掌握了大量词汇具有本义和隐喻义的规律，将有利于学生对词汇含义的系统理解，从而提高学习效率。对英语中所特有的隐喻的关注和分析，有利于学生从一个侧面深入地理解西方独特的文化。总之，学生的隐喻识别能力直接影响着

---

① 王寅、李弘：《语言能力、交际能力、隐喻能力"三合一"教学观》，《四川外语学院学报》2004年第6期；严世清：《隐喻能力与外语教学》，《山东外语教学》2001年第2期。

其对隐喻的理解，也影响着隐喻的创造。

（二）隐喻理解能力

学生的隐喻理解能力主要受到其隐喻识别能力、知识水平以及逻辑思维能力等因素的影响。首先，隐喻性的表达有多种形式，低年级学生往往难以识别复杂的或不明显的隐喻表达形式，这会造成其对这类隐喻理解的困难。其次，上文已经讲过隐喻理解还受学生知识水平的影响。如果他们对隐喻的"源域"和"目标域"尤其是"源域"比较了解，就很容易达成隐喻的理解。如果其对"源域"和"目标域"尤其是"源域"相关的知识一无所知，实现隐喻的理解基本上是不可能的。再次，隐喻理解还受学生逻辑思维水平的影响。低年级的学生仅仅能够理解基于感知的物理属性的相似性，随着年龄的增长和逻辑思维水平的提高，其逐步能够理解基于抽象性和复杂性关系的隐喻。

心理学的研究表明，儿童的隐喻理解能力随着年龄的增长而增长。如加德纳和维纳的实验研究发现，儿童的隐喻理解能力在10岁左右才趋于成熟。他们向不同年龄的儿童呈现"在监狱工作了许多年后，那个看守已经成为一块无法被移动的硬石头"这一语句，并要求他们对其做出解释。6—7岁的被试仅仅从字面上理解。8岁的被试知道"看守"和"石头"有相似性，但不能将其明确地表达出来。10岁以上的被试才能较准确地理解看守是"铁石心肠"之人。[①] 这一实验表明，6—7岁的被试尚不能对该语句的隐喻形式做出判断；8岁的被试由于知识水平和逻辑思维能力的欠缺，也不能准确地把握看守和石头二者之间的"相似"之处；只有10岁以上的被试才具有理解该隐喻的能力。

（三）隐喻创造能力

隐喻创造能力具体是指创造新颖隐喻的能力。上文谈到，儿童在4岁左右就具有了创造隐喻的能力。低幼儿童创造的隐喻数量多而且常常让人倍感新奇。当然，由于低幼儿童的泛灵论思维的特点，其创作的许多隐喻让成人感到费解甚至荒谬。随着年龄的增长，其知识经验不断扩展，许多思想都能够通过字面义来表达，儿童使用的隐喻的数量呈下降趋势。同时，其使用的隐喻也开始从基于事物的具体属性到基于抽象性

---

① 严世清：《隐喻能力与外语教学》，《山东外语教学》2001年第2期。

和复杂性的关系，并越来越符合逻辑和规范。因此，在培养学生系统的隐喻思维能力的同时又保持其创新性成为教学的一项重要使命。

然而，学生的隐喻创造能力在现实的教学中并没有引起足够的重视。甚至在许多情况下，学生的隐喻思维被功利主义和科学主义倾向的教学行为所淹没。为了让其更快更多地掌握知识，学生被过早地抛入了知识的海洋。在无休止的记忆和逻辑训练中，儿童的想象力和创造力受到了极大的压抑。这种教学能够使学生掌握知识，但很难让他们拥有智慧。有智慧的人不仅拥有知识，更能够自主地发现和创造。承载着想象力和创造力的隐喻思维是发现和创造的一种重要机制。我们不仅需要逻辑的教学，也需要隐喻的教学。逻辑与隐喻的和谐共生是教学的应然追求。

二 学生隐喻能力的培养策略

学生的以上三种隐喻能力存在着复杂的相互影响关系。如隐喻识别能力直接影响着隐喻理解和创造能力，隐喻理解能力也影响着隐喻创造能力。我们培养学生的隐喻能力需要从这三个方面着手。

（一）培养学生的隐喻识别能力

培养学生的隐喻识别能力，并不一定要向学生系统地讲解隐喻的形式与功能。尤其是在小学阶段，这样的行为并不是合适的。教师可以结合课程内容适当地渗透关于隐喻形式与功能的知识。如在隐喻的形式方面，教师在教授《埃及的金字塔》（五下）这篇课文时，可以引导学生找寻生活中类似于"金字塔"构词方式的词语。这样，关于人的面部，学生就可以找到柳叶眉、丹凤眼、鹰钩鼻、瓜子脸、樱桃口等。如果教师能够适当地引导，学生就会对词汇层面的隐喻以及隐喻思维在词汇建构中的作用有直观的感知。在隐喻的功能方面，语文教师还可以结合课文的体裁，使学生领会到隐喻是描写、抒情、说明和议论的重要方式。在科学教学中，教师可以结合科学知识尤其是科学史，向学生渗透隐喻在科学探究中的重要功能。在学生所接触的各种形式的隐喻逐渐丰富以后，教师也可以对隐喻的形式和功能进行较为系统的总结。

（二）培养学生的隐喻理解能力

学生的隐喻理解能力受到隐喻的形式和内容以及自身的逻辑思维能力等方面的影响。如对于汪曾祺《端午的鸭蛋》（八下）"曾经沧海难为水，他乡咸鸭蛋，我实在瞧不上"的语句，学生难以准确地理解。① 这主要是因为学生对语出于唐代诗人元稹《离思》的诗句"曾经沧海难为水"不能准确地把握。"曾经沧海难为水"的字面义是：接触过大海以后，就觉得其他的水和海水相比，哪里算得上是水。即是说见过大海以后，便瞧不上其他的水了。元稹通过这句诗隐喻性地表达了自己对已经去世的妻子的深深的爱恋之情。汪曾祺引用这句诗主要是为了表达对故乡咸鸭蛋的"爱恋"。用爱情来表达对故乡咸鸭蛋的感情，不仅新奇，而且富有幽默感。学生难以理解这句话的妙处，主要是由于他们对作为该隐喻"源域"的诗句缺乏了解。

　　教师在教学中，一方面要尊重学生的隐喻理解能力，另一方面也要采取措施促进学生隐喻理解能力的提升。这些措施包括促进学生对隐喻形式与功能的感知，扩展学生的知识和经验，以及提高学生的逻辑思维能力。关于促进学生对隐喻形式与功能的感知，上文已有论述。在学生的知识和经验方面，教师不能仅仅局限于课本知识和课堂教学，还应以课本为基础将学生引入人类知识的海洋，同时引导学生参加各种实践活动，走进社会，体验人生。这样，学生才可能拥有丰富的知识和经验。学生丰富的知识和经验为其隐喻理解能力奠定了基础。学生的隐喻理解能力还受到其逻辑思维能力的影响。这也意味着为了培养学生的逻辑分析能力，教师在教学中有必要经常引导学生对两个不同事物的同与异进行比较。

　　(三) 培养学生的隐喻创造能力

　　隐喻作为一种认知和表达方式，不仅可以帮助我们认识陌生的事物，也可以帮助我们转变看待熟悉的事物的视角；不仅可以帮助我们有效地传达自己的思想，也可以帮助我们表达难以言说的情感。儿童在很小的时候就具有隐喻创造能力，只是这种能力在学校教育中往往得不到呵护和促进，甚至常常受到压抑。因此，教师在课程与教学中应该呵护和培养学生的隐喻创造能力。

　　在小学低年级，儿歌、儿童诗和童话中富含的隐喻反映了儿童的思

---

① 吴亮奎：《文化变迁中的课程与教学》，博士学位论文，南京师范大学，2011年，第136页。

维特点，不仅有利于儿童对自然、社会和自身的认识，而且有利于培养儿童的隐喻思维以及想象力和创造力。教师在引导儿童学习儿歌、儿童诗和童话的同时，不应仅仅局限于要求儿童模仿文中的隐喻句子进行造句训练，更应引导儿童自编儿歌、儿童诗和童话。苏霍姆林斯基和李吉林的教育实践表明，儿童天生就是诗人，只要教师能够创造情境，给予恰当的示范和指导，儿童的想象力和创造力就会像喷泉一样迸发出来。作为一种基本的认知和表达方式，隐喻广泛地存在于描写、抒情、说明、议论等表达方式中。我们在带领学生鉴赏课文中隐喻的同时，更应指导其将这样一种表达方式体现在自己的口语表达和写作中。

在科学课程与教学中，教师在注重通过隐喻促进学生对科学知识理解的同时，还应促进学生科学隐喻能力的提升。科学课程中由教科书编写者创造的隐喻在促进学生对科学知识的理解方面具有重要的价值。与教科书编写者创造的隐喻相比，科学史上科学家创造的隐喻具有更重要的思维教育价值。向学生介绍科学史上的隐喻，不仅有利于他们更好地理解科学知识，而且有利于他们体验到科学探究尤其是科学思维的过程。在此基础上，教师可以引导学生通过自己已有的知识和经验来探究或理解不熟悉的科学知识。例如，在学生掌握了固体压强的知识后，教师可以引导学生通过固体压强的知识来类比探究液体压强的规律，进而通过实验验证。在这一过程中，学生的隐喻创造能力和科学探究能力将得到切实的提升。

结　　语

就像我们行走离不开双脚一样，我们的思想和言说离不开隐喻。在日常生活中，我们时时刻刻都在使用着大量的隐喻，却很少有人意识到它。隐喻在默默地发挥着它的力量。在教学思想与实践领域，教学隐喻也在悄无声息地贡献着它的力量。

第一节　隐喻的力量

第一，教学隐喻是教师个人理论的表征。教师个人理论是教师对教育教学的认识。教学隐喻是教师表达其个人理论的重要方式。透过教师使用的教学隐喻，我们可以了解教师的教学信念、关于课程内容的认识、关于教学技术与艺术的认识以及关于自我的认识等。处于不同发展层次的教师的个人理论是有差异的。这些差异在其创作的教学隐喻上得到了体现。教学隐喻能够帮助我们把握不同成长阶段教师的教学经验、教学认识和教学追求的差异，从而更好地认识教师成长的规律。

第二，教学隐喻是教学理论发展的助推器。伴随着教学理论的科学化，现当代的教学研究者越来越重视逻辑和实证，隐喻沦落为被忽视的存在。事实上，隐喻在教学理论的建构中发挥着重要的功能。如在古代，"以水喻教"的方式不断地扩展着儒家思想家对教学的理解；在现当代，生物学隐喻相继激发了杜威、皮亚杰和多尔的教学想象力和教学理论的创新。甚至可以说，教学理论发展的历史就是教学隐喻不断超越的历史。

第三，教学隐喻是学生心理成长的路径。教学隐喻在学生的心理成长方面具有多样的价值。在认知方面，教学隐喻可以引起学生的注意，加强学生的记忆，促进学生的理解，激发学生的想象力和创造力；在情感方面，教学隐喻有利于师生以具体的、有形的事物来表达难以言说的微妙情感。同时，由于隐喻以已知认识未知以及形象和张力等特点，关涉隐喻的认知活动也往往伴随着情感。这有利于激发学生的学习兴趣并促进认知，也有利于达成道德教化的目的。

　　为了更好地发挥教学隐喻的力量，我们可以将教学隐喻应用于教师教育和中小学的教学实践中。在教师教育中，挖掘教学理论中的教学隐喻，以隐喻和逻辑相结合的方式来传播教学理论，有利于深化教师对教学理论的理解。同时，通过一定的策略和方法，促进教师创作和反思反映自己教学思想的教学隐喻，有利于教师缄默知识显性化。在此基础上，沟通教师个人理论和公共教学理论，有利于教师认识教学的复杂性，进而形成富有反思性和开放性的教学思想。

　　教师教育中的教学隐喻应用在帮助教师学习教学理论，反思和扩展自身教学思想的同时，也有利于其认识隐喻的价值和功能。这将有利于其将隐喻应用到自己的教学中。中小学课程中存在着大量的隐喻，这些隐喻具有丰富的教学意义。在教学中，教师对课程中隐喻的关注，有利于激发学生的学习兴趣，促进学生对课程知识的理解，渗透道德教化，促进科学与人文的交融。教师在教学中还需要修炼自己的隐喻智慧。教师要想拥有隐喻的智慧，不仅要从人类文化、学校课程中蕴含的隐喻以及教育家的隐喻智慧中获得启发，还应丰实自己的知识和经验，具有丰富的想象力，并遵守使用教学隐喻的基本"规范"。

　　教学不仅要传授学生知识，更要培养学生的思维。教师在教学中应注重学生隐喻能力的培养。学生的隐喻能力包括隐喻识别能力、隐喻理解能力和隐喻创造能力。其中，隐喻创造能力是学生想象力和创造力的集中体现。在十分重视培养学生创新精神的现时代，培养学生的隐喻创造能力显得尤为重要。当然，培养学生的隐喻能力不能仅仅依靠教师的力量。这需要更多的教育者如教育研究者、课程标准的制定者、教科书编写者的参与。只有更多的教育者开始关注学生的隐喻能力，并将其体现在教育研究、课程标准的制定和教科书的编写中，学生的隐喻能力才能得到更好的培养。

第二节　对隐喻力量的再审视

以上主要是对隐喻的正面价值和功能的论述。为了对隐喻获得更全面的认识，我们有必要对隐喻思维方式做进一步的反思。

第一，严密性和确定性。从根本上讲，隐喻思维不直接面向事物本身，而是通过其他事物来认识和表达某事物。这决定了它往往是一种不严密和不确定的思维方式。有人可能会说，既然隐喻思维是一种不严密和不确定的思维方式，我们就应该摒弃它，寻求更具严密性和确定性的思维方式，譬如逻辑思维。事实上，当我们使用隐喻思维的时候，恰恰是在逻辑思维失效的时候。当我们遇到一个非常不熟悉的事物时，我们无以应对，只能诉诸以往的知识和经验，而隐喻思维往往就产生于这样的时刻。同时，在许多人文领域，逻辑往往是乏力的，我们只能诉诸隐喻。虽然基于隐喻思维获得的认识往往是不严密和不确定的，但其在事实上促进了我们对事物的认识。

第二，隐喻与逻辑、实证。隐喻具有无与伦比的力量，但隐喻力量的发挥需要其他思维和言说方式的支撑。事实上，无论在日常生活还是在学术研究中，没有人会仅仅使用隐喻进行思维和言说。隐喻仅仅是人们思维和言说的方式之一。只有将隐喻与逻辑等方式相结合才能够推动思想的创新。其中，隐喻往往起到启发思维或转变思路的作用，逻辑和实验的方式将对隐喻导引的思路进行分析和验证。在教师教育中，将隐喻和逻辑的方式相结合有利于促进教师对教学的认识，在中小学教学中，将隐喻与逻辑、实证等方式不同形式地结合有利于促进学生对课程知识的理解，并促进其思维和探究能力的发展。

第三，凸显与遮蔽。关于隐喻功能的二重性问题在第二章中已有所探讨。这里有必要做出进一步的重申。隐喻通过一事物认识另一事物的本性决定了其只可能揭示目标域的一部分特征。隐喻在凸显目标域一部分特征的同时，也必然会遮蔽其另一部分特征。教学是具有无限复杂性的活动。任何隐喻在揭示其一部分特征的同时，也在遮蔽其他的特征。只有通过不同的隐喻，我们才能更全面地理解教学的复杂性。教学理论发展史上不断更迭的隐喻充分体现了这一点。在教学论课程中，教师教育者在通过教学理论中不同的教学隐喻认识教学的复杂性的同时，也可以引导教师创作不同的隐喻或分享彼此的隐喻，从而以更多的视角来看待教学，扩展对教学的认识。

基于隐喻，我们可能会发现目标域的关键特征，也可能会偏离其关键特征。如在科学史上也有许多失败的隐喻，这些隐喻导引了错误的科学假设。① 当隐喻抓住了研究对象的关键特征时，研究者还须对其进行逻辑分析和实验验证，进而建立科学理论。在科学教学中，隐喻功能的二重性决定了我们仅仅能够通过它来理解科学知识的部分内容。我们必须将隐喻和正面讲解相结合才能有效地传播科学知识。

第四，隐喻与情感。本书主要从认知的视角探讨教学思想与实践中的隐喻现象。从表面上看，认知视角的隐喻研究和情感并没有多少关联。事实上并不如此。我们在表达情感时会使用大量的隐喻，表达情感的隐喻本身就是认知的结果。同时，我们在使用隐喻进行认知的过程中也往往伴随着轻松愉悦的情感体验，这种情感体验对认知活动有积极的影响。总之，隐喻与情感是密切关联的两个主题，应该引起我们的关注。

第三节 研究反思与展望

在既有研究的基础上，本书所做的工作主要有以下三个方面。

第一，研究视角。我们能看到什么取决于我们的视角。如果我们转变自己的视角，就能看到我们习以为常的事物的另一面，甚至看到我们平时看不到的"景观"。在隐喻认知思想的背景下，本书以认知视角对教学思想与实践中的隐喻现象进行了考察。这些考察或许能够使我们对教学隐喻获得一些新的理解。

第二，理论阐释。在教学思想方面，本书从横向（教师个人理论的构成）和纵向（教师的不同成长阶段）两个维度对作为教师个人理论表征方式的教学隐喻进行了分析，明晰了教师的教学隐喻的存在形态。同时，通过对教学理论中的教学隐喻，尤其是我国古代儒家"以水喻教"

---

① 虽然这些隐喻没有直接导引正确的结果，但其同样具有科学意义，正是在试误中科学才不断向前。

思想以及西方现当代教学理论中的生物学隐喻的分析,直观地显示了教学隐喻存在的广泛性及其在教学理论发展中的功能,并进一步深化了教学理论中的教学隐喻研究。在教学实践方面,系统地阐释了教学隐喻对学生认知和情感的价值。同时,对古代的教化隐喻实践和现代教学隐喻的实践探索进行了梳理,并阐释了其对当下教学的启示,从而扩展了教学隐喻应用于教学实践的历史资源,也有利于释放传统教学智慧的生命力。

第三,应用构想。针对教师教育课程枯燥乏味和教师个人理论的缄默性问题,在对教师的教学隐喻以及教学理论中的教学隐喻研究的基础上,初步建构了将教学隐喻应用于教师教育的操作思路。针对儿童的隐喻思维在教学实践中遭到忽视甚至压抑的问题,在分析教学隐喻对学生心理发展的价值,并汲取古今中外教育家的隐喻智慧的基础上,分别以课程、教师和学生为着眼点,建构了教学隐喻在中小学教学实践中应用的操作思路。这些实践设想不是主观想象的产物,其具有一定的理论依据和实践依据。

由于研究能力和条件的限制,本书还存在一些问题和不足。这些问题和不足需要后续研究来完善。其主要包括以下三个方面。

一是知识资源。刚开始研究教学隐喻时,笔者曾迟疑这个题目的延展性。这种迟疑主要是拘泥于教育学的视野所致。随着研究的进展,笔者日益认识到虽然教学隐喻不是一个宏大的研究主题,但是与这个主题相关的知识资源浩如烟海。随着研究的深入,教学视域中的隐喻研究必然要和其他学科的隐喻研究相联系,就像在森林中,一棵棵树在表面上都是独立的,但当我们深究时,它们的根却相互纠缠在一起,难以分开。教学视域中的隐喻研究必须有海纳百川的气魄,才能提高其研究品质。虽然笔者一直积极地学习和借鉴其他学科的研究成果,但是由于对各学科知识的学习和研究还很不足,写作过程中常常举步维艰,错误和不当之处也在所难免。因此,在此方面笔者将继续努力。

二是理论论证。在论证基本的理论观点时,本书主要以理论阐释与案例分析相结合的方式进行。这种从抽象到具体、从一般到个别的方式有利于更好地表达本书的基本观点。不过,在一些方面,理论阐释不够深入,可能会给人举例论证的感觉。同时,教师的教学隐喻、教学隐喻与学生的心理发展等主题中的许多微观问题，如教师个体成长视野下的教学隐喻变迁与教学思想变革，教学隐喻促进学生的记忆和理解，以及学生的情感表达等尚需要进一步的实证研究。

　　三是实践应用。基于现实问题、理论观照和既有实践和研究的成果，本书提出了教学隐喻应用于教师教育和中小学教学实践的基本思路。其中，前者已经在教师教育中得到了一定的应用，后者尚没有应用到实践中。这也意味着以上基本思路亟须到实践中去检验、修正和发展。在教学实践中的教学隐喻应用方面，基于已经建构的课程—教师—学生的应用框架，针对具体学科的教学隐喻应用研究也将是一个重要的方向。

参考文献

一 中文著作类

[1]［美］艾兰：《水之道与德之端——中国早期哲学思想的本喻》，张海晏译，商务印书馆2010年版。

[2]［美］艾斯纳：《教育想象：学校课程设计与评价》，李雁冰等译，教育科学出版社2008年版。

[3]［古罗马］柏拉图：《理想国》，郭斌和等译，商务印书馆1986年版。

[4]［法］保罗·利科：《活的隐喻》，汪堂家译，上海译文出版社2004年版。

[5]［美］波利亚：《数学与猜想：数学中的归纳和类比》，李心灿等译，科学出版社2001年版。

[6]［德］布列钦卡：《教育科学的基本概念》，胡劲松译，华东师范大学出版社2001年版。

[7]［美］布鲁纳：《教育过程》，邵瑞珍译，文化教育出版社1982年版。

[8]［苏］车尔尼雪夫斯基：《生活与美学》，周扬译，人民文学出版社1957年版。

[9] 陈嘉映：《语言哲学》，北京大学出版社2006年版。

[10] 陈蒲清：《中国古代寓言史》，湖南教育出版社1983年版。

[11] 陈蒲清：《中国现代寓言史纲》，湖南教育出版社2000年版。

[12] 陈望道：《修辞学发凡》，复旦大学出版社2008年版。

[13] 陈向明：《质的研究方法与社会科学研究》，教育科学出版社2000年版。

[14]［英］戴维·E.库珀：《隐喻》，郭贵春、安军译，上海科技教育出

版社 2007 年版。

[15] [法] 迪尔凯姆：《社会学研究方法论》，胡伟译，华夏出版社 1988 年版。

[16] 董洪亮：《教学解释——一般问题的初步探讨》，教育科学出版社 2010 年版。

[17] 董远骞：《中国教学论史》，人民教育出版社 1996 年版。

[18] [美] 杜威：《民主主义与教育》，王承绪译，人民教育出版社 1990 年版。

[19] [美] 杜威：《我们怎样思维·经验与教育》，姜文闵译，人民教育出版社 2004 年版。

[20] 《杜威文选》，涂纪亮译，社会科学文献出版社 2006 年版。

[21] [美] 杜威：《人的问题》，傅统先、邱椿译，江苏教育出版社 2006 年版。

[22] [荷兰] 杜威·德拉埃斯马：《记忆的隐喻——心灵的观念史》，乔修峰译，花城出版社 2009 年版。

[23] [美] 多尔：《后现代课程观》，王红宇译，教育科学出版社 2000 年版。

[24] [加] 范梅南：《教学机智：教育智慧的意蕴》，李树英译，教育科学出版社 2001 年版。

[25] 方明编：《陶行知教育名篇》，教育科学出版社 2005 年版。

[26] [美] 菲利普斯、索尔蒂斯：《学习的视界》，尤秀等译，教育科学出版社 2006 年第 4 版。

[27] 冯广艺：《汉语比喻研究史》，湖北教育出版社 2001 年版。

[28] 冯友兰：《中国哲学简史》，新世界出版社 2004 年版。

[29] [巴西] 弗莱雷：《被压迫者教育学》，顾建新等译，华东师范大学出版社 2001 年版。

[30] 高尔泰：《美是自由的象征》，人民文学出版社 1986 年版。

[31] 耿占春：《隐喻》，东方出版社 1993 年版。

[32] [德] 赫尔巴特：《普通教育学·教育学讲授纲要》，李其龙译，浙江教育出版社 2002 年版。

[33] 洪汉鼎：《当代西方哲学两大思潮》，商务印书馆 2010 年版。

[34] 胡壮麟：《认知隐喻学》，北京大学出版社 2004 年版。

[35] ［英］怀特海：《教育的目的》，徐汝舟译，生活·读书·新知三联书店 2002 年版。

[36] 季广茂：《隐喻视野中的诗性传统》，高等教育出版社 1998 年版。

[37] 季广茂：《隐喻理论与文学传统》，北京师范大学出版社 2002 年版。

[38] 贾春增主编：《外国社会学史》，中国人民大学出版社 2000 年第 2 版。

[39] ［美］简·杜威等：《杜威传》，单中惠编译，安徽教育出版社 2009 年修订版。

[40] 姜美玲：《教师实践性知识研究》，华东师范大学出版社 2008 年版。

[41] 金林祥主编：《20 世纪中国教育学科的发展与反思》，上海教育出版社 2000 年版。

[42] 金生鈜：《理解与教育：走向哲学解释学的教育哲学导论》，教育科学出版社 1997 年版。

[43] 靳怀堵：《中华文化与水》，长江出版社 2005 年版。

[44] 居阅时、瞿明安主编：《中国象征文化》，上海人民出版社 2011 年第 2 版。

[45] 鞠玉翠：《走近教师的生活世界——教师个人实践理论的叙事探究》，复旦大学出版社 2004 年版。

[46] ［德］恩斯特·卡西尔：《语言与神话》，于晓等译，生活·读书·新知三联书店 1988 年版。

[47] ［德］卡西尔：《人论》，甘阳译，上海译文出版社 2004 年版。

[48] ［加］康纳利、克兰迪宁：《教师成为课程研究者》，刘良华等译，浙江教育出版社 2004 年版。

[49] ［捷］夸美纽斯：《大教学论》，傅任敢译，教育科学出版社 1999 年版。

[50] 《昆体良教育论著选》，任钟印选译，人民教育出版社 2001 年第 2 版。

[51] ［美］雷可夫、詹森：《我们赖以生存的譬喻》，周世箴注译，台北：联经出版事业股份有限公司 2006 年版。

[52] 李秉德主编：《教学论》，人民教育出版社 2001 年第 2 版。

[53] 李定仁、徐继存主编：《教学论研究二十年（1979—1999）》，人民教育出版社2001年版。

[54] 李福印主编：《隐喻与认知：中国大陆出版物注释目录（1980—2004）》，中国文史出版社2004年版。

[55] 李广晨等编著：《中学物理教学中的比喻和类比》，河北教育出版社1989年版。

[56] 李吉林：《李吉林与情境教育》，北京师范大学出版社2005年版。

[57] 李如密：《教学美的价值及其创造》，广东高等教育出版社2007年版。

[58] 李如密：《教学艺术论》，人民教育出版社2011年第2版。

[59] 李如密：《儒家教育理论及其现代价值》，中华书局2011年版。

[60] 李泽厚：《华夏美学·美学四讲》，生活·读书·新知三联书店2008年版。

[61] ［英］理查德·普林：《教育研究的哲学》，李伟译，北京师范大学出版社2008年版。

[62] ［法］利奥塔：《后现代状态：关于知识的报告》，车槿山译，生活·读书·新知三联书店1997年版。

[63] 梁工：《圣经叙事艺术研究》，商务印书馆2006年版。

[64] ［法］列维—布留尔：《原始思维》，丁由译，商务印书馆1981年版。

[65] ［法］列维—斯特劳斯：《野性的思维》，李幼蒸译，中国人民大学出版社2006年版。

[66] 刘大为：《比喻、近喻与自喻——辞格的认知性研究》，上海教育出版社2001年版。

[67] 刘徽：《教学机智论》，华东师范大学出版社2008年版。

[68] 刘良华：《校本教学研究》，四川教育出版社2003年版。

[69] 刘晓东：《儿童精神哲学》，南京师范大学出版社1999年版。

[70] 刘亚猛：《西方修辞学史》，外语教学与研究出版社2008年版。

[71] 刘正光：《隐喻的认知研究——理论与实践》，湖南人民出版社2007年版。

[72] 卢家楣：《情感教学心理学》，上海教育出版社2000年版。

［73］［法］卢梭：《爱弥儿》，李平沤译，商务印书馆1978年版。
［74］［美］罗杰斯：《自由学习》，伍新春等译，北京师范大学出版社2006年版。
［75］罗廷光：《教学通论》，商务印书馆1946年第2版。
［76］洛克：《教育漫话》，傅任敢译，教育科学出版社1999年版。
［77］［美］麦克洛斯基等：《社会科学的措辞》，许宝强等编译，生活·读书·新知三联书店2000年版。
［78］［美］米尔斯：《社会学的想像力》，陈强、张永强译，生活·读书·新知三联书店2001年版。
［79］［英］米兰达·布鲁斯—米特福德、菲利普·威尔金森：《符号与象征》，周继岚译，生活·读书·新知三联书店2010年版。
［80］［美］内格尔：《科学的结构》，徐向东译，上海译文出版社2002年版。
［81］南京师范大学教育系编：《教育学》，人民教育出版社1984年版。
［82］［德］尼采：《古修辞学描述》，屠友祥译，上海人民出版社2001年版。
［83］［美］帕克·帕尔默：《教学勇气：漫步教师心灵》，吴国珍等译，华东师范大学出版社2005年版。
［84］［美］帕特里克·斯莱特里：《后现代时期的课程发展》，徐文彬、孙玲等译，广西师范大学出版社2007年版。
［85］彭聃龄主编：《普通心理学》，北京师范大学出版社2004年修订版。
［86］彭增安：《隐喻研究的新视角》，山东文艺出版社2006年版。
［87］皮连生主编：《教育心理学》，上海教育出版社2004年第3版。
［88］［瑞士］皮亚杰：《发生认识论原理》，王宪钿等译，商务印书馆1981年版。
［89］《皮亚杰教育论著选》，卢濬译，人民教育出版社1990年版。
［90］［瑞士］皮亚杰：《智慧心理学》，洪宝林译，中国社会科学出版社1992年版。
［91］齐如山：《谚语录》，辽宁教育出版社2007年版。
［92］［美］乔尔·斯普林格：《脑中之轮：教育哲学导论》，贾晨阳译，北京大学出版社2005年版。

[93] [美] 乔伊斯·P. 高尔、M. D. 高尔、沃尔特·R. 博格：《教育研究方法实用指南》，屈书杰等译，北京大学出版社 2007 年第 5 版。

[94] 尚荣译注：《坛经》，中华书局 2010 年版。

[95] 申小龙主编：《语言学纲要》，复旦大学出版社 2003 年版。

[96] 盛东涛：《倪瓒》，河北教育出版社 2006 年版。

[97] 石中英：《教育学的文化性格》，山西教育出版社 1999 年版。

[98] 石中英：《知识转型与教育改革》，教育科学出版社 2001 年版。

[99] 束定芳：《隐喻学研究》，上海外语教育出版社 2000 年版。

[100] 束定芳主编：《隐喻与转喻研究》，上海外语教育出版社 2011 年版。

[101] [英] 斯宾塞：《斯宾塞教育论著选》，胡毅、王承绪译，人民教育出版社 1995 年版。

[102] [美] 斯普罗：《思想的结果》，胡自信译，北京大学出版社 2006 年版。

[103] [美] A. J. 斯塔科：《创造能力教与学》，刘晓陵、曾守锤译，华东师范大学出版社 2003 年第 2 版。

[104] [美] 斯坦哈特：《隐喻的逻辑：可能世界中的类比》，黄华新、徐慈华等译，浙江大学出版社 2009 年版。

[105] 《斯霞教育文集》，江苏教育出版社 1985 年版。

[106] [苏] 苏霍姆林斯基：《育人三部曲》，毕淑芝等译，人民教育出版社 1998 年版。

[107] 苏军、燕平：《符号与教育》，上海三联书店 2006 年版。

[108] 苏立昌主编：《英汉概念隐喻用法比较词典》，南开大学出版社 2009 年版。

[109] 孙昌武、李庚扬译注：《杂譬喻经译注（四种）》，中华书局 2008 年版。

[110] 孙孔懿：《教育像什么——一部形象化的教育学》，江苏教育出版社 2010 年版。

[111] 孙培青主编：《中国教育史》，华东师范大学出版社 2000 年第 2 版。

[112] 孙双金：《孙双金与情智教育》，北京师范大学出版社 2005 年版。
[113] ［瑞士］索绪尔：《普通语言学教程》，高名凯译，商务印书馆 1980 年版。
[114] ［英］爱德华·泰勒：《原始文化》，连树声译，广西师范大学出版社 2005 年版。
[115] ［英］泰伦斯·霍克斯：《隐喻》，穆南译，北岳文艺出版社 1990 年版。
[116] 滕守尧：《审美心理描述》，中国社会科学出版社 1985 年版。
[117] 田正平、肖朗主编：《中国教育经典解读》，上海教育出版社 2005 年版。
[118] 王炳社：《隐喻艺术思维研究》，中国社会科学出版社 2011 年版。
[119] 王策三：《教学论稿》，人民教育出版社 1985 年版。
[120] 王策三主编：《教学认识论》，北京师范大学出版社 2002 年修订版。
[121] 王坤庆：《教育学史纲要》，湖北教育出版社 2000 年版。
[122] 王树人：《回归原创之思："象思维"视野下的中国智慧》，江苏人民出版社 2005 年版。
[123] 王寅：《认知语言学》，上海外语教育出版社 2006 年版。
[124] ［苏］列夫·维果茨基：《思维与语言》，李维译，北京大学出版社 2010 年版。
[125] ［意］维柯：《新科学》，朱光潜译，人民文学出版社 2008 年版。
[126] 吴恩锋：《经济认知域的隐喻思维》，浙江大学出版社 2010 年版。
[127] 吴风：《艺术符号美学：苏珊·朗格符号美学研究》，北京广播学院出版社 2002 年版。
[128] 吴念阳：《隐喻的心理学研究》，上海百家出版社 2009 年版。
[129] 吴秋林：《寓言文学概论》，辽宁少年儿童出版社 1991 年版。
[130] 吴秋林：《世界寓言史》，辽宁少年儿童出版社 1994 年版。
[131] 吴式颖主编：《外国教育史教程》，人民教育出版社 1999 年版。
[132] 吴卫东：《教师个人知识研究——以小学数学教师为例》，教育科学出版社 2011 年版。
[133] 吴也显主编：《教学论新编》，教育科学出版社 1991 年版。

[134] 吴永军：《课程社会学》，南京师范大学出版社 1999 年版。

[135] 吴正宪主编：《儿童心中的数学世界：数学日记》，北京师范大学出版社 2010 年版。

[136] 吾淳：《中国思维形态》，上海人民出版社 1998 年版。

[137] 夏静：《礼乐文化与中国文论早期形态研究》，中华书局 2007 年版。

[138] ［美］谢弗勒：《教育的语言》，林逢祺译，台北：桂冠图书股份有限公司 1994 年版。

[139] 谢之君编著：《隐喻认知功能探索》，复旦大学出版社 2007 年版。

[140] 熊川武：《反思性教学》，华东师范大学出版社 1999 年版。

[141] 徐碧美：《追求卓越——教师专业发展案例研究》，陈静、李忠如译，人民教育出版社 2003 年版。

[142] 薛瑞萍：《薛瑞萍班级日志：心平气和的一年级》，长春出版社 2010 年版。

[143] 薛贤荣：《寓言学概论》，安徽少年儿童出版社 1991 年版。

[144] ［古希腊］亚里士多德：《修辞术·亚历山大修辞学·论诗》，颜一、崔延强译，中国人民大学出版社 2003 年版。

[145] 杨启亮：《困惑与抉择——20 世纪的新教学论》，山东教育出版社 1995 年版。

[146] 杨启亮：《道家教育的现代诠释》，湖北教育出版社 1996 年版。

[147] 叶澜等：《教师角色与教师发展新探》，教育科学出版社 2001 年版。

[148] 叶舒宪：《圣经比喻》，广西师范大学出版社 2003 年版。

[149] 于谷：《禅宗语言和文献》，江西人民出版社 1995 年版。

[150] 张岱年、成中英等：《中国思维偏向》，中国社会科学出版社 1991 年版。

[151] 张光鉴等：《相似论》，江苏科学技术出版社 1992 年版。

[152] 张光鉴等编著：《科学教育与相似论》，江苏科学技术出版社 2000 年版。

[153] 张君劢等：《科学与人生观》，黄山书社 2008 年版。

[154] 张沛：《隐喻的生命》，北京大学出版社 2004 年版。

[155] 张琼、于祺明、刘文君：《科学理论模型的建构》，浙江科学技术

出版社 1990 年版。

［156］赵俐：《语言以人为本——第三轮语言哲学对话》，中国经济出版社 2003 年版。

［157］赵廷为：《教材及教学法通论》，福建教育出版社 2007 年版。

［158］赵维森：《隐喻文化学》，西北大学出版社 2007 年版。

［159］郑荔：《学前儿童修辞特征语言研究》，高等教育出版社 2010 年版。

［160］郑子瑜、宗廷虎主编：《中国修辞学通史》，吉林教育出版社 1998 年版。

［161］郅庭瑾：《为思维而教》，教育科学出版社 2007 年第 2 版。

［162］中国社会科学院哲学研究所现代外国哲学组编：《当代美国资产阶级哲学资料（第 3 集）》，商务印书馆 1979 年版。

［163］周加仙：《教育神经科学引论》，华东师范大学出版社 2008 年版。

［164］周山主编：《中国传统思维方法研究》，学林出版社 2010 年版。

［165］周绍良译注：《百喻经译注》，中华书局 2008 年第 2 版。

二　中文期刊论文类

［1］白丽芳：《儿童隐喻性思维的特点及其发展》，《外语与外语教学》2004 年第 4 期。

［2］白瑞雪：《生物学类比与演化经济学的发展阶段》，《教学与研究》2011 年第 3 期。

［3］曹永国：《论园丁——对现代教育教师隐喻的反思》，《社会科学论坛》2004 年第 2 期。

［4］陈奋策：《比喻、比较和类比》，《学科教育》1998 年第 12 期。

［5］陈淑敏：《儿童隐喻理解能力之发展》，《屏东师院学报》1989 年第 13 期。

［6］陈向明：《理论在教师专业发展中的作用》，《北京大学教育评论》2008 年第 1 期。

［7］陈向明：《教师实践性知识研究的知识论基础》，《教育学报》2009 年第 2 期。

［8］刁生虎：《水：中国古代的根隐喻》，《中州学刊》2006 年第 5 期。

［9］丁炜：《从对教师的隐喻性陈述看教师形象之变迁》，《教育评论》2001年第3期。

［10］范衍道：《浅谈物理教学中的类比法》，《教学与管理》1992年第6期。

［11］范增民、毕华林、刘一兵：《高中化学教科书中类比特征的分析及编写建议》，《化学教育》2011年第12期。

［12］傅惠生：《〈周易〉爻辞语篇认知隐喻结构分析》，《华东师范大学学报》（哲学社会科学版）2006年第4期。

［13］高维：《国外教师教育视野下的教学隐喻研究》，《上海教育科研》2009年第12期。

［14］高维：《教学隐喻与课程改革》，《上海教育科研》2011年第5期。

［15］高维、刘文娟：《幼儿园教师是什么——学前教育专业学生对幼儿园教师隐喻的理解》，《幼儿教育》（教育科学版）2011年第7—8期。

［16］高维、李如密：《教师教学隐喻图画的比较研究》，《上海教育科研》2011年第7期。

［17］高维：《谁的理论？谁的实践？——教育理论与实践的关系重审》，《现代教育管理》2011年第12期。

［18］高维：《师范生对自身学习经历的认识与评价——基于学习生活史和教学隐喻的研究》，《上海教育科研》2012年第3期。

［19］高文：《维果茨基心理发展理论与社会建构主义》，《全球教育展望》1999年第4期。

［20］郭贵春、安军：《隐喻与科学理论的陈述》，《社会科学研究》2003年第4期。

［21］郭贵春：《科学隐喻的方法论意义》，《中国社会科学》2004年第2期。

［22］郭贵春、贺天平：《科学隐喻："超逻辑形式"的科学凝集——论科学隐喻的基本原则和表现形态》，《哲学研究》2005年第7期。

［23］侯怀银：《20世纪上半叶中国教育学科学化思潮述评》，《教育理论与实践》2003年第9期。

［24］胡乐乐：《教育的隐喻——从故事到启发》，《上海教育科研》2005

年第 7 期。

[25] 胡敏文：《当代隐喻学跨学科多元研究述评》，《湖南社会科学》2010 年第 1 期。

[26] 金忠明：《喻：传统教育的思维范式》，《华东师范大学学报》（教育科学版）1993 年第 4 期。

[27] ［加］康内利、柯兰迪宁、何敏芳：《专业知识场景中的教师个人实践知识》，《华东师范大学学报》（教育科学版）1996 年第 2 期。

[28] 李秉德：《教学理论与教学实践"两张皮"现象剖析》，《教育研究》1997 年第 7 期。

[29] 李冲锋：《四种教学隐喻的分析》，《上海教育科研》2006 年第 5 期。

[30] 李德华：《新手教师实践性知识的建构——从教师生活史分析》，《当代教育科学》2005 年第 12 期。

[31] 李法元：《比喻句探析及其教学策略》，《小学教学参考》2009 年第 7 期。

[32] 李福印：《认知模式：隐喻的根源》，《修辞学习》1995 年第 6 期。

[33] 李福印：《研究隐喻的主要学科》，《四川外语学院学报》2000 年第 4 期。

[34] 李季湄：《教育心理学的发展历程综述——梅耶的四隐喻说》，《心理科学》2001 年第 4 期。

[35] 李如密、刘云珍：《课堂教学比喻艺术初探》，《全球教育展望》2009 年第 6 期。

[36] 李如密：《〈坛经〉中的教学艺术初探——读禅悟教之一》，《当代教育与文化》2011 年第 2 期。

[37] 李如密：《禅宗语录中的教学艺术初探——读禅悟教之二》，《当代教育与文化》2011 年第 3 期。

[38] 李如密：《原来还可以这样教学——读禅悟教之三》，《当代教育与文化》2011 年第 4 期。

[39] 李如密：《用"心"教学的智慧——〈坛经〉禅悟"顿教"思想及其教学影响》，《河北师范大学学报》（教育科学版）2011 年第 4 期。

[40] 李首明：《从黑格尔的艺术象征论再论音乐的象征》，《艺术百家》2009年第3期。

[41] 李小红：《教师个人理论刍议》，《高等师范教育研究》2002年第6期。

[42] 李醒民：《隐喻：科学概念变革的助产士》，《自然辩证法通讯》2004年第1期。

[43] 林丽君：《唐诗中"草"的隐喻认知解读》，《山东社会科学》2010年第6期。

[44] 刘宝才：《"以水喻人"的学说及其思维方式》，《中国哲学史》2003年第1期。

[45] 刘徽：《论教学隐喻——从五位教师的教学隐喻说起》，《教学月刊（中学版下）》2008年第1期。

[46] 刘建洲：《隐喻：生物学与社会学对话的桥梁》，《学术探索》2003年第5期。

[47] 刘庆昌：《论教育家》，《山西大学学报》（哲学社会科学版）2001年第5期。

[48] 刘宇红：《隐喻研究的哲学视角》，《外国语》2005年第3期。

[49] 刘云红：《认知隐喻理论再研究》，《外语与外语教学》2005年第8期。

[50] 刘云艳、叶丽：《教师缄默知识显性化策略探讨》，《学前教育研究》2007年第2期。

[51] 吕大吉：《宗教是什么？——宗教的本质、基本要素及其逻辑结构》，《世界宗教研究》1998年第2期。

[52] 吕艳、易蕊英：《圣经中隐喻多元模式的认知探讨》，《南华大学学报》（社会科学版）2011年第1期。

[53] 麻天祥：《宗教的象征与无限》，《中国宗教》2009年第9期。

[54] 麻彦坤：《心理隐喻的变迁与心理学的发展》，《西南师范大学学报》（人文社会科学版）》2003年第6期。

[55] 梅德明、高文成：《以〈老子〉为语料的概念隐喻认知研究》，《外语学刊》2006年第3期。

[56] 孟维杰、马甜语：《论心理学中的"隐喻"》，《南京师大学报》（社

会科学版）2005 年第 5 期。

[57] 潘新和：《教育：失去了想象力还有存在价值吗（续）》，《福建论坛》2007 年第 4 期。

[58] ［土耳其］萨班：《隐喻在教学和教师教育中的功能》，高维编译，《上海教育科研》2010 年第 10 期。

[59] 尚继惠：《浅议数学教学中的比喻艺术》，《教育实践与研究》2002 年第 2 期。

[60] 石磊、刘振前：《隐喻能力研究：现状与问题》，《外国语》2010 年第 3 期。

[61] 石中英：《简论教育学理论中的隐喻》，《北京师范大学学报》（社会科学版）1997 年第 2 期。

[62] 石中英：《缄默知识与教学改革》，《北京师范大学学报》（人文社会科学版）2001 年第 3 期。

[63] 宋广文、都荣胜：《专家型教师的研究及其对教师成长的启示》，《当代教育科学》2003 年第 1 期。

[64] 宋晔：《隐喻语言：一个被忽视的教育范畴》，《清华大学教育研究》2003 年第 5 期。

[65] 孙燕良：《成语·格言·比喻三者关系试析》，《语文教学通讯》1988 年第 1 期。

[66] 唐宗明：《数学教学中类比推理的几种方式》，《苏州教育学院学报》（自然科学版）1993 年第 3 期。

[67] 王传玲、贾勇：《例谈比喻在初中生物教学中的作用》，《当代教育科学》2007 年第 11 期。

[68] 王东：《隐喻在科学发展各阶段的不同作用——以库恩理论为例》，《华南师范大学学报（社会科学版）》2007 年第 1 期。

[69] 王红艳：《一名新手教师对教学风格的摸索——兼议其实践性知识的生成》，《全球教育展望》2010 年第 3 期。

[70] 王敏：《对教学论科学化取向的反思》，《教育理论与实践》2002 年第 2 期。

[71] 王薇：《隐喻：春秋战国时期诸子文人的言说方式》，《东北师大学报》（哲学社会科学版）2010 年第 6 期。

[72] 王寅、李弘：《语言能力、交际能力、隐喻能力"三合一"教学观》，《四川外语学院学报》2004年第6期。

[73] 魏宏聚：《柯兰迪宁实践性知识观中的"教师喻像"内涵诠释》，《教师教育研究》2006年第3期。

[74] 魏利群：《巧用类比 轻松解惑——妙用类比法于生物课堂教学》，《教学月刊（中学版下）》2010年第6期。

[75] 魏书生：《教学经历回顾》，《语文教学通讯》1995年第1期。

[76] 魏在江：《隐喻与文学语篇的建构》，《外语与外语教学》2008年第3期。

[77] 吴卫东：《论教育研究中的类比思维》，《浙江教育学院学报》2007年第2期。

[78] 夏铁成：《物理教学中类比方法的应用》，《江苏教育》1983年第6期。

[79] 肖川：《教育的隐喻》，《人民教育》2004年第12期。

[80] 辛自强：《心理学的措辞：隐喻和故事的意义》，《华东师范大学学报》（教育科学版）2005年第2期。

[81] 熊和平：《课程的离间效果与课程改革：基于隐喻的分析》，《教育发展研究》2008年第22期。

[82] 徐学福：《论类比教学模式》，《广西师范大学学报（哲学社会科学版）》1998年第2期。

[83] 许可峰：《"教育家"问题研究述评》，《中国地质大学学报》（社会科学版）2008年第2期。

[84] 严世清：《隐喻能力与外语教学》，《山东外语教学》2001年第2期。

[85] 杨启亮：《论先秦道家的自然主义教育观》，《南京师大学报》（社会科学版）2001年第6期。

[86] 杨启亮：《儒、墨、道教学传统比较及其对现代教学的启示》，《南京师大学报》（社会科学版）2002年第4期。

[87] 杨启亮：《守护家园：课程与教学变革的本土化》，《教育研究》2007年第9期。

[88] 杨启亮：《教师专业发展的几个基础性问题》，《教育发展研究》

2008 年第 12 期。

[89] 杨启亮:《教师学科专业发展的几个层次》,《教育发展研究》2009 年第 Z2 期。

[90] 杨启亮:《教师职业专业发展的几种水平》,《教育发展研究》2009 年第 24 期。

[91] 杨增宏:《认知视域下的隐喻张力》,《现代语文》2007 年第 12 期。

[92] 叶澜:《让课堂焕发出生命活力——论中小学教学改革的深化》,《教育研究》1997 年第 9 期。

[93] 叶桂华:《类比方法在物理教学中的运用》,《物理教师》1998 年第 10 期。

[94] 郁李:《比拟和比喻的同异》,《语文教学通讯》1982 年第 2 期。

[95] 张盾:《解构、隐喻和论证——关于哲学本性的一种理解》,《社会科学战线》1990 年第 2 期。

[96] 张节末:《禅观与譬喻——论中国禅宗与印度佛教的一个区别》,《哲学研究》2000 年第 3 期。

[97] 张康桥:《弥散心灵深处的月光——〈望月〉教学实录》,《小学青年教师(语文版)》2006 年第 10 期。

[98] 张康桥:《教学就是游戏》,《小学青年教师(语文版)》2006 年第 11 期。

[99] 张康桥:《童年的价值在于幸福——游戏精神视野下的课堂修炼》,《小学青年教师(语文版)》2006 年第 11 期。

[100] 张康桥:《教学如游戏——〈滥竽充数〉教学实录与思考》,《小学教学(语文版)》2008 年第 Z1 期。

[101] 张立昌:《"教师个人知识":涵义、特征及其自我更新的构想》,《教育理论与实践》2002 年第 10 期。

[102] 张灵芝:《走向"和合之境"——从隐喻的视角透视课程观的嬗变及走势》,《上海教育科研》2002 年第 7 期。

[103] 张祥云:《人文教育:复兴"隐喻"价值和功能》,《高等教育研究》2002 年第 1 期。

[104] 张逸婧:《隐喻与形而上学的关系——德里达和利科关于隐喻的争论》,《复旦学报》(社会科学版)2009 年第 5 期。

［105］ 赵蒙成：《论隐喻在教育研究中的作用与规则》，《湖南师范大学教育科学学报》2008年第4期。

［106］ 折延东、龙宝新：《隐喻在教育理论研究体系重构中的作用》，《教育评论》2004年第2期。

［107］ 郑金洲：《若干教育隐喻探源》，《上海高教研究》1997年第9期。

［108］ 钟启泉：《知识隐喻与教学转型》，《教育研究》2006年第5期。

［109］ 周榕：《儿童时间隐喻能力发展趋势初探》，《现代外语》2003年第3期。

［110］ 朱保柱：《类比教学法在中学物理教学中的应用》，《教育实践与研究（中学版）》2008年第2期。

［111］ 朱小蔓：《童心母爱：永不熄灭的教育精神——纪念斯霞诞辰100周年》，《课程·教材·教法》2011年第2期。

三　中文学位论文类

［1］ 安军：《科学隐喻的元理论研究》，博士学位论文，山西大学，2007年。

［2］ 白锋宇：《儿童对隐喻的意义理解及其隐喻理解认知过程分析》，硕士学位论文，华东师范大学，2008年。

［3］ 高维：《教学理论中的教学隐喻研究》，硕士学位论文，南京师范大学，2010年。

［4］ 郭萍：《基于隐喻的词汇教学研究》，硕士学位论文，广西师范大学，2008年。

［5］ 侯怀银：《20世纪上半叶中国教育学发展问题的反思》，博士学位论文，华东师范大学，2000年。

［6］ 李丽：《"隐喻"对中学语文教学的启示》，硕士学位论文，首都师范大学，2006年。

［7］ 苏芳：《隐喻能力与外语教学》，硕士学位论文，苏州大学，2001年。

［8］ 王松鹤：《隐喻的多维研究》，博士学位论文，上海外国语大学，2009年。

［9］ 王秀国：《语文课程中隐喻教学的探索》，硕士学位论文，山东师范

大学，2009 年。

四　英文著作类

［1］ Peter J. Aubusson, Allan G. Harrison and Stephen M. Ritchie, eds., *Metaphor and Analogy in Science Education*, Dordrecht: Springer, 2006.

［2］ Lynne Cameron, *Metaphor in Educational Discourse*, London: Continuum, 2003.

［3］ Lynne Cameron and Robert Maslen, eds., *Metaphor Analysis: Research Practice in Applied Linguistics, Social Sciences and the Humanities*, UK: Equinox Publishing Ltd., 2010.

［4］［英］卡梅伦（Lynne Cameron）、［英］洛（Graham Low）：《隐喻的研究与应用》，上海外语教育出版社 2001 年版。

［5］ Raymond W. Gibbs, Jr. ed., *The Cambridge Handbook of Metaphor and Thought*, New York: Cambridge University Press, 2008.

［6］ Randal Holme, *Mind, Metaphor and Language Teaching*, New York: Palgrave Macmillan, 2004.

［7］ Donald A. Sanders and Judith A. Sanders, *Teaching Creativity Through Metaphor*, New York: Longman, 1984.

五　英文论文类

［1］ Leslie Aspinwall, "Metaphors Frame Classroom Cultures that Can Empower Students", *Middle School Journal*, Vol. 40, No. 2, 2008.

［2］ Lynne M. Baker, "The Art of Visualisation: Understanding Metaphors", *International Journal of Disability, Development and Education*, Vol. 54, No. 2, 2007.

［3］ Alison L. Black and Gail Halliwell, "Accessing Practical Knowledge: How? Why?", *Teaching and Teacher Education*, Vol. 16, No. 1, 2000.

［4］ Robert P. Bowman, "Using Metaphors as Tools for Counseling Children", *Elementary School Guidance & Counseling*, Vol. 29, No. 3, 1995.

［5］ Kathy Carter, "Meaning and Metaphor: Case Knowledge in Teaching", *Theory into Practice*, Vol. 29, No. 2, 1990.

[6] Susan Carter and Rod Pitcher, "Extended Metaphors for Pedagogy: Using Sameness and Difference", *Teaching in Higher Education*, Vol. 15, No. 5, 2010.

[7] Darlinda Cassel and Daniel Vincent, "Metaphors Reveal Preservice Elementary Teachers' Views of Mathematics and Science Teaching", *School Science & Mathematics*, Vol. 111, No. 7, 2011.

[8] Yusuf Cerit, "School Metaphors: The Views of Students, Teachers and Administrators", *Educational Sciences: Theory & Practice*, Vol. 6, No. 3, 2006.

[9] Olive Chapman, "Metaphors in the Teaching of Mathematical Problem Solving", *Educational Studies in Mathematics*, Vol. 32, No. 3, 1997.

[10] Marcel Danesi, "A Conceptual Metaphor Framework for the Teaching of Mathematics", *Studies in Philosophy and Education*, Vol. 26, No. 3, 2007.

[11] Paul Ernest, "Mathematics and Metaphor", *An International Journal of Complexity and Education*, Vol. 7, No. 1, 2010.

[12] Dawn Francis, "The Reflective Journal: A Window to Preservice Teachers' Practical Knowledge", *Teaching and Teacher Education*, Vol. 11, No. 3, 1995.

[13] Candida Gillis and Cheryl L. Johnson, "Metaphor as Renewal: Re-imagining Our Professional Selves", *English Journal*, Vol. 91, No. 6, 2002.

[14] Shawn Glynn, "Conceptual Bridges: Using Analogies to Explain Scientific Concepts", *The Science Teacher*, Vol. 62, No. 9, 1995.

[15] Charles B. Hutchison and Bobby L. Padgett, "How to Create and Use Analogies Effectively in the Teaching of Science Concepts", *Science Activities: Classroom Projects and Curriculum Ideas*, Vol. 44, No. 2, 2007.

[16] Stanley D. Ivie, "Methapor: A Model for Teaching Critical Thinking", *Contemporary Education*, Vol. 72, No. 1, 2001.

[17] Devon Jensen, "Metaphors as a Bridge to Understanding Educational and Social Contexts", *International Journal of Qualitative Methods*, Vol. 5, No. 1, 2006.

[18] Graham Low, "On Teaching Metaphor", *Applied Linguistics*, Vol. 9,

No. 2, 1988.

[19] María A Martínez, Narcís Sauleda and Güenter L Huber, "Metaphors as Blueprints of Thinking about Teaching and Learning", *Teaching and Teacher Education*, Vol. 17, No. 8, 2001.

[20] Arthur I. Miller, "Metaphors in Creative Scientific Thought", *Creativity Research Journal*, Vol. 9, No. 2 – 3, 1996.

[21] Brigitte Nerlich and David D. Clarke, "Mind, Meaning and Metaphor: The Philosophy and Psychology of Metaphor in 19th-Century Germany", *History of the Human Sciences*, Vol. 14, No. 2, 2001.

[22] Laurie R. Noe, "What's It Like? Making Meaning with Metaphors", *Young Children*, Vol. 62, No. 4, 2007.

[23] S. Asli Özgün-Koca, "If Mathematics Were a Color...", *Ohio Journal of School Mathematics*, Vol. 62, 2010.

[24] Ahmet Saban, "Functions of Metaphor in Teaching and Teacher Education: A Review Essay", *Teaching Education*, Vol. 17, No. 4, 2006.

[25] Marc S. Schwartz and Kurt W. Fischer, "Useful Metaphors for Tackling Problems in Teaching and Learning", *About Campus*, Vol. 11, No. 1, 2006.

[26] Gladys Sterenberg, "Investigating Teachers' Images of Mathematics", *Journal of Mathematics Teacher Education*, Vol. 11, No. 2, 2008.

[27] René T. Stofflett, "Metaphor Development by Secondary Teachers Enrolled in Graduate Teacher Education", *Teaching and Teacher Education*, Vol. 12, No. 6, 1996.

[28] Kenneth Tobin, "Changing Metaphors and Beliefs: A Master Switch for Teaching?", *Theory into Practice*, Vol. 29, No. 2, 1990.

[29] Stella Vosniadou and Andrew Ortony, "The Emergence of the Literal-Metaphorical—Anomalous Distinction in Young Children", *Child Development*, Vol. 54, No. 1, 1983.

[30] Stella Vosniadou, Andrew Ortony, Ralph E. Reynolds and Paul T. Wilson, "Sources of Difficulty in the Young Child's Understanding of Metaphorical Language", *Child Development*, Vol. 55, No. 4, 1984.

[31] Stella Vosniadou, "Children and Metaphors", *Child Development*,

Vol. 58, No. 3, 1987.

[32] Vivian H. Wright, Cheryl W. Sundberg, Sondra Yarbrough, et al., "Construction of Teaching Metaphors Through the Use of Technology", *Electronic Journal for the Integration of Technology in Education*, Vol. 2, No. 1, 2003, http://ejite.isu.edu/Volume2No1/Wright.htm.

后　　记

当前，隐喻是跨学科的研究热点，但在教育学领域隐喻仍然是一个边缘的话题。本书是在我博士学位论文的基础上修改而成的。希望本书的出版能够引起教育学同行对隐喻研究予以更多的关注。

在本书即将付梓之际，一直埋在心里的诸多感谢需要表达。

首先要感谢我的导师杨启亮先生。在写这篇后记时，我的身旁就放着博士论文的历次修改稿。看着杨老师以工整的行书在每页纸上的批注以及最后用整整一页纸对论文重点要突破的问题的分析，不禁思绪万千。

读博期间，最喜欢上杨老师的课，先生面前常摆着一摞讲义，循循善诱，妙喻连珠，不知不觉，一个上午就过去了。下课了，常常一群同学追着老师讨论课上未尽的问题，老师缓慢地推着自行车，直到宁海路的校门口。杨老师的教学艺术和隐喻智慧感染着我，也不断地激发着我对教学隐喻的思考。

感谢我的硕士生导师徐文彬教授。一直以来，徐老师非常关心我的学习、研究和工作，并给予了诸多的帮助。感谢李如密教授，他的《教学艺术论》和《教学美学》课程开阔了我研究的思路。

在论文开题和答辩过程中，金生鈜教授、张乐天教授、李如密教授、吴永军教授、杨小微教授、张武升教授等对本书给予了充分的肯定，并提出了诸多建设性的意见，在此一并表示感谢。

感谢我的同门师兄（姐）弟：王彦明、贾群生、李勇、张天明、孙玲、吴亮奎以及吴晓玲老师、何善亮老师。作为杨老师年龄最小的弟子，我从他们那里得到了更多的关心和爱护。

感谢2010级博士生廖圣河、杨晓奇、王申连等同学，求学期间，我们结下了深厚的同窗之谊。

我到天津师范大学工作后,和学新教授、纪德奎教授多次对本书及相关研究给予关心和指导,本书的出版还得到天津师范大学教育科学学院的资助,纪德奎副院长在出版过程中做了大量的工作,特此表示感谢;也感谢天津师范大学教育科学学院的领导和老师们对我工作和生活的支持和帮助。

在本书编辑过程中,责任编辑马明先生以其高水准的编校工作保证了本书的出版质量,在此深表感谢。

最后要特别感谢我的爱人,也是我从本科到博士期间十年的同学武秀霞女士。是她驱散了我的惰性,扩展了我的精神世界,让我在常常枯燥的求学生活中快乐、充实而倍感温暖。

隐喻是我将近十年来持续关注的研究主题。本书象征着我研究生阶段的探索画上了圆满的句号,但并不意味着我的隐喻研究的终结。希望我在这片偏僻的小园地里,能够耕耘出更多的花朵。

高 维

2017 年 7 月 13 日于天津华苑